王伟光　夏宝龙／总主编

中国梦与浙江实践

—— 政治卷 ——

房　宁／主　编

陈华兴　贠　杰／副主编

社会科学文献出版社

SOCIAL SCIENCES ACADEMIC PRESS (CHINA)

"中国梦与浙江实践" 课题组名单

领导小组组长

王伟光　中国社会科学院院长、党组书记

夏宝龙　中共浙江省委书记、省人大常委会主任

丛书编撰委员会主任

李培林　中国社会科学院副院长

葛慧君　中共浙江省委常委、宣传部长

中国社会科学院总协调组

组　长：晋保平　中国社会科学院副秘书长

成　员：马　援　中国社会科学院科研局局长

　　　　张国春　中国社会科学院科研局副局长

秘　书：孙　晶　中国社会科学院科研合作处正处级调研员

浙江总协调组

组　长：葛慧君　中共浙江省委常委、宣传部长

副组长：胡　坚　中共浙江省委宣传部常务副部长

　　　　舒国增　中共浙江省委副秘书长、政研室主任（时任）

　　　　张伟斌　浙江省社会科学院党委书记

　　　　迟全华　浙江省社会科学院院长

　　　　金延锋　中共浙江省委党史研究室主任

政治组

组　　长：房　宁　中国社会科学院政治学研究所所长、研究员
副组长：陈华兴　浙江省社会科学院政治学研究所所长、研究员
　　　　　贠　杰　中国社会科学院政治学研究所行政管理学研究室主任、研究员
成　　员：孙彩红　中国社会科学院政治学研究所行政管理学研究室副研究员
　　　　　马　斌　浙江省政府研究室社会发展处副处长、研究员
　　　　　唐　玉　浙江省社会科学院政治学研究所副研究员
　　　　　宋小海　浙江省社会科学院法学研究所副研究员

序言（一）

党的十八大以来，习近平总书记发表了一系列重要讲话，深刻回答了新形势下党和国家事业发展的一系列重大理论和现实问题，勾画了党和国家走向未来的宏伟图景，为我们在新的起点实现新的奋斗目标提供了科学指南和基本遵循。习近平同志在浙江工作期间的深邃思考和丰富实践，是科学运用马克思主义世界观和方法论解决当代中国问题的典范，是坚持实事求是思想路线、坚持辩证唯物主义和历史唯物主义的高度体现。2014 年 3 月，为从历史大视野和发展大趋势方面加深对习近平系列重要讲话内在联系的理解，真正在深层次上提高思想理论水平，中国社会科学院与中共浙江省委合作启动了"中国梦与浙江实践"重大课题研究工作。

经过近一年的潜心研究，"中国梦与浙江实践"系列丛书正式出版。这套丛书由 7 卷专著组成，约 200 万字，全景式、立体式地揭示了浙江通过实施"八八战略"取得的发展经验。"八八战略"是习近平同志深入调查研究，科学分析省情，一切从浙江实际出发而形成的科学思路，是战略思维，它明确了中国梦在浙江实践的目标和原则，也指明了浙江实践的路径和方法。"八八战略"的实践成就，是形成了以"经济民本多元、社会包容有序、文化自强创新、政府服务有为、党建坚强有力"为主要特点和基本内容的浙江经验。党的十七大以来，特别是党的十八大以来，中共浙江省委继续坚定不移地实施"八八战略"，推进浙江新实践、新探索。新阶段中国梦在浙江实践的突出特点和基本经验，可以概括为"经济倒逼转型、主动引导，政治基层民主、有效政府，文化务实守信、崇学向善，社会城乡一体、平安和谐，生态绿水青山、金山银山，党建巩固基础、发挥优势"。"八八战略"的经验不仅属于浙江，也属于全国。当前，中国全面建成小康社会进入决定性阶段，全面深化改革进入攻坚期，我们必须破解改革发展稳定难题和应对全球性问题。不断总结浙江人民深入科学探索、成功实践中国梦的基本经验，对于我们正确认识所处时代环境和国内外形势，从容应对各种各样的风险挑战，具有特别重要的理论价值和实践意义。

丛书提出了中国梦在浙江实践的五点重要启示，值得我们深入思考：必须始终坚持和加强党的科学领导；必须把充分发挥市场配置资源决定性作用与更好发挥政府作用紧密结合起来；必须高度重视发掘和弘扬传统文化，用文化软实力支撑和助推经济硬实力；必须坚持科学规划、创新与继承相结合，一张蓝图绘到底；必须弘扬尊重规律、尊重实践、尊重人才、尊重群众的首创精神。

"中国梦与浙江实践"系列丛书的研究编著，是中国社会科学院建设中国特色新型智库、发挥智库作用的一个范例。中国社会科学院正在努力建设成具有国际影响力的世界知名智库，正在努力实践全体哲学社会科学理论工作者的中国梦。我们同样要坚持党的领导，把握正确的政治方向和学术导向；要坚持围绕中心、服务大局；要坚持科学精神，鼓励大胆探索；要坚持深化改革，持续推进体制机制和组织形式创新。只有这样，我们才能充分发挥中国社会科学院资政建言、理论创新、舆论引导、社会服务和公共外交等重要功能。

这套丛书是中国社会科学院与中共浙江省委、省政府第二次合作研究的结晶。2005年，双方携手开展"浙江经验与中国发展"重大课题研究。2007年，《浙江经验与中国发展——科学发展观与和谐社会建设在浙江》（6卷本）出版，在社会上产生了广泛的影响，构建了学术研究机构与地方政府紧密合作、理论源于实践又有力地反作用于实践的范式与机制。这次合作研究是上次研究的继续和深化，中国社会科学院党组和中共浙江省委高度重视这项工作，中国社会科学院抽调了7个研究所（院）的所长及20余位研究骨干，浙江省也精心选调了30多位科研精英、党政领导干部，共同开展调研。书稿曾数易其稿，成稿后，双方专家又反复进行了认真修改，中共浙江省委宣传部、省委政策研究室等部门的领导提出了许多宝贵意见和建议。尤其是夏宝龙同志多次精心指导，并为丛书作序。在此，我们要向付出辛勤劳动的他们表示衷心感谢！

让我们不断奋力谱写中国梦浙江实践、中国梦全国实践的新篇章。

中国社会科学院院长 王伟光

中国社会科学院党组书记

2015 年 2 月 9 日

序言（二）

党的十八大以来，习近平总书记站在坚持和发展中国特色社会主义、实现中华民族伟大复兴中国梦的战略高度，发表了一系列重要讲话，深刻阐释了党和国家发展的重大理论和实践问题，提出了许多富有创见的新思想、新观点、新论断、新要求。习近平总书记系列重要讲话精神是中国特色社会主义理论体系的最新成果，是指导具有许多新的历史特点的伟大斗争的最鲜活的马克思主义。特别是，中国梦以一个朴实无华的概念，把远景的期盼和具体的现实、党的执政理念和人民群众对美好生活的向往，紧密地融合在一起，进一步指明了全党全国各族人民共同的奋斗目标，深刻揭示了中华民族的历史使命和当代中国的发展走向，鲜明宣示了我们党执政为民的理念，已成为中国人民团结奋进的精神旗帜，也得到了世界各国人民的广泛赞誉和高度认同。

习近平总书记在浙江工作期间，坚持干在实处、走在前列，深入实施"八八战略"，推进中国特色社会主义在浙江的生动实践，为浙江留下了宝贵的精神财富。我们学习贯彻习近平总书记系列重要讲话精神，需要与学习贯彻习近平总书记在浙江工作时的重要论述结合起来，切实做到温故知新、学新用新，学而信、学而用、学而行。为此，中共浙江省委和中国社会科学院于2014年3月联合开展"中国梦与浙江实践"重大课题研究，全面梳理2003年以来历届中共浙江省委坚持一张蓝图绘到底、深入实施"八八战略"的历史进程，科学总结中国特色社会主义在浙江生动实践的宝贵经验，深入研究解读习近平总书记在浙江工作期间形成的一系列关于经济、政治、文化、社会、生态文明建设和党的建设的主要思想观点和重大决策部署，深入挖掘阐释其中所蕴含的马克思主义的立场、观点和方法。历经10个月，这一课题研究形成了最终成果——"中国梦与浙江实践"系列丛书。该丛书共有7卷，即总报告卷、经济卷、政治卷、社会卷、文化卷、生态卷和党建卷。

"中国梦与浙江实践"系列丛书，以中国梦为切入口，聚焦浙江经验，解析浙江现象，全面研究了中国特色社会主义在浙江的创新实践。我相信，这套丛书的出版，一定有助于我们更好地把握习近平总书记系列重要讲话精神形成的思想渊源和实践基础；有助于我们更加全面系统地总结浙江的实践经验，更深刻地认识到"八八战略"是引领浙江发展的总纲，是推进浙江各项工作的总方略，是认识新常态、适应新常态、引领新常态的金钥匙；有助于我们进一步坚定一以贯之地续写好"八八战略"这篇大文章的信心和决心，通过干好"一三五"、实现"四翻番"，加快建设物质富裕、精神富有的现代化浙江和建设美丽浙江、创造美好生活，全面推进中国特色社会主义在浙江的伟大实践，谱写好中国梦的浙江篇章。

特别值得一提的是，"中国梦与浙江实践"重大课题研究得到了中国社会科学院的高度重视和大力支持。王伟光院长专程率领专家团队来浙商谈，并就课题研究的主要内容、组织架构、成果规划和具体实施提出了明确要求。由中国社会科学院和以浙江省社会科学院为主的双方专家组成的课题组成员多次深入基层考察调研，精心研究撰写。浙江省各地各部门认真准备，积极配合，为课题研究和丛书出版做了大量工作。在此，我谨代表中共浙江省委，一并表示衷心的感谢！

中共浙江省委书记

浙江省人大常委会主任

2015 年 2 月 5 日

目 录

导论
治理现代化：
浙江政治发展的时代意涵与实践经验

推进国家治理现代化，是新时期中国政治发展的现实要求和时代主题。党的十八届三中全会将"完善和发展中国特色社会主义制度，推进国家治理体系和治理能力现代化"作为全面深化改革的总目标，深刻反映了当前我国改革发展的总趋势和新任务，为在新的历史起点上全面深化改革、推进国家治理范式的转型升级指明了前进的方向，具有深刻的时代意涵和重要的现实意义。

浙江始终处于我国改革开放前沿，在经济社会发展各个领域都走在全国前列，在政治建设方面也探索和积累了许多成功的经验。浙江政治发展和改革的基本经验，就是坚持从实际出发，不断开拓创新、勇于实践，始终坚持党的领导、人民当家作主和依法治国的有机统一，注重发挥市场作用和激发社会活力，注重战略引领和基层创新相结合，积极推进地方治理体系的优化和自身治理能力的加强，以提升治理有效性作为政治发展的核心和动力，通过全面加强法治建设、有序民主、有效管理，走出了一条符合浙江实际的政治建设和发展之路，对于坚定中国特色社会主义道路自信、理论自信、制度自信，在新时期探索推进国家治理体系和治理能力现代化，提供了丰富而宝贵的经验和启示。

第一节 国家治理现代化：中国梦的浙江起点

推进国家治理现代化，是实现中华民族伟大复兴中国梦的重要战略指引和制度支撑。党的十八大以来，习近平总书记提出并深刻阐述了实现中华民族伟大复兴中国梦的内涵和意义，明确了实现中华民族伟大复兴的中国梦，就是要实现国家富强、民族振兴、人民幸福。中国梦的提出，生动准确地表达了全体中国人民的共同理想追求，昭示着国家富强、民族振兴、人民幸福的美好前景，为坚持和发展中国特色社会主义注入了新内涵并彰显了新时代精神。中国梦已经成为凝聚中国力量，弘扬中国精神，激励中华儿女为实现中华民族伟大复兴而奋斗的强大精神动力。改革开放以来，特别是进入 21 世纪以后，浙江经济社会发展取得历史性进步，治理体系逐步完善，治理能力不断加强，这个地处改革潮头的东部沿海省份，又以崭新的面貌站在了实现中国梦的新的历史起点。

一　走在前列的浙江集聚追求中国梦的力量

中国梦是民族梦、国家梦，是每个中国人的梦。中国梦同样也是浙江梦，是每个浙江人的梦想和希望。实现中国梦，必须凝聚包括浙江人民在内的中国力量，而凝聚中国力量的基础是经济力量，核心是文化力量，关键是制度保障。

地处东部沿海发达地区的浙江，在改革开放进程中走在了全国发展的前列，在实践中创造了许许多多能够引领全国改革发展的成功经验。进入 21 世纪以来，浙江各级党委和政府继续大胆探索、勇于实践、开拓创新，一张蓝图绘到底，一届接着一届干，不断推动浙江经济社会的全面、协调、可持续发展，使地域面积不大的资源小省释放出巨大的生产力，逐步成为我国经济增长最快、发展活力最强、改革成效最为明显的省份之一。近十年来，浙江省从"八八战略"到"创业富民、创新强省"，从建设"两富"现代化浙江到干好"一三五"、实现"四翻番"，建设美丽浙江，创造美好生活，谱写了中国特色社会主义在浙江的生动篇章，为实现中国梦集聚了强大的动能和力量。

2003 年 7 月，时任浙江省委书记的习近平同志在省委十一届四次全会上全面系统地总结了历届省委实施"富民强省"发展战略的基本经验，提出了进一步发挥浙江"八大优势"、推进"八大举措"的战略，即"八八战略"①，开启了中国特色社会主义事业在浙江的新实践。近十年来，在"八八战略"的指引下，浙江经济社会发展取得巨大成就，中国特色社会主义事业在浙江形成了丰富的实践经验和发展成果。

（1）浙江综合实力和发展质量显著提升。2003～2014 年，浙江经济总量从 9200 亿元达到 4.02 万亿元；人均生产总值从 19730 元达到 72967 元。三次产业结构从 2001 年的 9.6∶51.8∶38.6 调整为 2013 年的 4.8∶49.1∶46.1。2012 年，据中国国际经济交流中心评测，浙江转变经济发展方式水平居全国各省区第 2 位；根据中国科学院发布的《中国科学发展报告》，浙江科学发展总水平已连续 4 年居全国各省区第 1 位，浙江 GDP 质量指数连续两年居全国各省区第 1 位。

（2）人民生活水平和社会和谐程度显著提升。2003～2014 年，浙江城镇居民人均可支配收入、农村居民人均纯收入分别从 13180 元、5431 元增长到 40393 元、18373 元，分别连续 13 年和 29 年居各省区首位，城乡居民收入差距缩小到 2.35∶1，是城乡居民收入差距最小的省份之一。基本医疗、公共卫生、公共文化和便民服务体系基本实现城乡全覆盖，社会救助水平稳步提高，住房保障体系建设不断加强。通过深入推进"平安浙江"和"法治浙江"建设，2012 年浙江人民群众安全满意率达到 95.93%，被认为是全国最安全的省份之一。

（3）可持续发展能力和生态文明建设水平显著提升。2014 年，全省城市化率达到 64.9%，比 2001 年提高近 14 个百分点，高出全国平均水平10.3 个百分点。全省欠发达地区发展普遍快于全省平均水平，区域差距逐步缩小。2008～2014 年，衢州、丽水、舟山三市生产总值年均增长 11.1%，增幅比全省高 1.7 个百分点。在生态省建设方面，全面部署和推进生态文明建设。完成"811"环境污染整治行动和"811"环境保护行动，深入实施

---

① 参见习近平《干在实处 走在前列——推进浙江新发展的思考与实践》，中共中央党校出版社，2006，第 71 页。

"三改一拆"、"四边三化"和"美丽乡村"建设，以水的整治为突破口，打造"美丽浙江"。①

（4）改革开放水平显著提升。深入实施"四大国家战略举措"，统筹城乡综合配套改革、农村改革试验区和集体林权制度改革、要素市场化配置改革。大力优化民营经济发展环境，促进浙商回归创业创新。对外贸易跃上新台阶，利用外资质量提高，"走出去"步伐加快。贯彻实施国家长三角区域发展规划，区域合作向纵深拓展。在改革开放中，浙江还锤炼了一支信念坚定、为民服务、勤政务实、敢于担当、清正廉洁的党员干部队伍。②

党的十八届三中全会开启了改革开放的新阶段，浙江省委十三届四次全会对浙江全面深化改革、再创体制机制新优势作出了新的部署，要求更加深入地实施"八八战略"，更加扎实地干好"一三五"、实现"四翻番"，更加全面地深化改革，将浙江的先发优势转化为可持续优势，进一步夯实浙江发展的动力与基础，让中国梦在浙江早日实现。

二 开拓创新、富有特色的浙江近十年政治发展历程

实现中华民族伟大复兴的中国梦，必须完善和发展中国特色社会主义制度，推进国家治理体系和治理能力现代化。当前，我们国家改革开放事业已进入攻坚期、深水区，诸多矛盾和问题错综复杂地交织叠加在一起。只有制度更加成熟、定型，在国家治理体系和治理能力现代化上形成总体效应、取得总体效果，才能有效破解经济社会转型升级中的发展难题，成功应对现代化过程中的各种风险考验，为实现中国梦奠定坚实的治理基础。

进入 21 世纪以来，浙江省在经济社会快速发展中也面临各种矛盾和问题。发展中的各种不协调问题，如经济结构转型升级问题，社会事业建设

---

① 参见中共浙江省委理论学习中心组《中国特色社会主义在浙江实践的重大理论成果》，《浙江日报》2014 年 4 月 4 日，第 1 版。
② 参见胡坚《中国梦想　浙江实践》，《浙江日报》2013 年 12 月 20 日，第 14 版。

相对滞后问题，资源约束和环境保护问题，区域经济社会协调发展问题，城乡一体化协调发展问题，等等，都对治理模式的优化升级形成了强大的阻力。面对治理体系和治理能力现代化的新要求、新挑战，浙江省各级党政部门与时俱进，根据形势的发展变化，更加注重发挥中国特色社会主义制度的政治优势，在经济建设、政治建设、文化建设、社会建设、生态文明建设和党的建设等各方面，积极推出新的战略举措，并切实加以贯彻执行，努力实现科学发展，探索推进更加符合实践发展要求的治理模式转型升级之路。

2003年7月，在十一届四次全会上，浙江省委明确提出了具有重大意义的"八八战略"，作出了进一步发挥"八个优势"、推进"八项举措"的重大决策。所谓发挥"八个优势"，就是发挥浙江的体制机制、区位、块状产业、城乡协调发展、生态、山海资源、环境和人文等优势，将潜在的优势转变为现实的优势；推进"八项举措"，就是探索和完善相应的实施机制，进一步发挥、培育和转化优势，推动浙江发展再上新台阶。"八八战略"内涵丰富，涵盖经济、政治、文化、社会和生态文明建设各领域，体现的是"五位一体"总布局在浙江的实践，为浙江在新的历史条件下全面实现现代化奠定了坚实基础。

2004年5月，浙江省委十一届六次全会审议通过了《中共浙江省委关于建设"平安浙江"，促进社会和谐稳定的决定》，对"平安浙江"建设作出了全面部署，并按照促进浙江省经济更加发展、政治更加稳定、文化更加繁荣、社会更加和谐、人民生活更加安康的总体目标，积极构建具有中国特色、时代特征和浙江特点的和谐社会。"平安浙江"中的"平安"，不是狭义的"平安"，而是涵盖了经济、政治、文化和社会各方面，宽领域、大范围、多层面的广义"平安"，体现了经济、政治、文化、社会建设之间的有机统一和内在联系。

2005年7月，在推进实施《浙江省建设文化大省纲要（2001~2020）》的基础上，中共浙江省委十一届八次全会又作出了《关于加快建设文化大省的决定》，积极创新工作载体，大力实施文明素质工程、文化精品工程、文化研究工程、文化保护工程、文化产业促进工程、文化阵地工程、文化传播工程、文化人才工程等"八项工程",加快建设教育、科技、卫生、体育"四个强省",采取各项措施加大"文化大省"的建设力度。

2006年4月,中共浙江省委十一届十次全体(扩大)会议在杭州举行,审议通过了《中共浙江省委关于建设"法治浙江"的决定》,明确提出了建设"法治浙江"的总体要求、基本原则和主要任务,全面推进浙江的民主法治建设。"法治浙江"战略注重改进党的领导方式和执政方式,注重发挥依法治国、依法执政在推进治理体系和治理能力现代化中的作用,是为贯彻落实社会主义法治理念、推进浙江社会主义民主政治建设而作出的重大决策部署,是法治中国建设在省域层面的早期实践探索,直接体现党的领导、人民当家作主和依法治国的有机统一。

创建生态省、打造"绿色浙江",是浙江省大力倡导并着力推进的重大决策部署。早在2002年12月,时任浙江省委书记的习近平同志就在省委十一届二次全会上明确提出:要积极实施可持续发展战略,以建设"绿色浙江"为目标,以建设生态省为主要载体,努力保持人口、资源、环境与经济社会的协调发展,努力把浙江率先建设成为经济繁荣、山川秀美、社会文明的生态省。2003年8月,浙江省委、省政府据此制定《浙江生态省建设规划纲要》,具体部署实施"十大重点工程",开展"811"环境治理行动,明确努力建设"五大体系"的目标。2005年后,浙江省委又进一步提出绿水青山就是金山银山的发展思路,使浙江在保持经济持续较快发展的同时,生态环境质量持续名列全国各省区市前茅。2013年以来,新一届浙江省委着眼于新的形势和任务,顺势而为地谋划和推进"两美浙江"建设,深入实施"三改一拆"、"四边三化"和"美丽乡村"建设,以水的整治为突破口,打造"美丽浙江"。

在党的建设方面,2004年10月,浙江省委召开十一届七次全会,认真学习贯彻中央精神,紧密结合浙江实际,通过了《中共浙江省委关于认真贯彻党的十六届四中全会精神,切实加强党的执政能力建设的意见》,确定了浙江加强党的执政能力建设的主要任务和工作部署,明确提出了"巩固八个方面的基础，增强八个方面的本领"的具体要求，着力提升各级党组织和党员领导干部的自我净化、自我完善、自我革新、自我提高能力。此后历届浙江省委都重视加强党的建设，并在不同时期出台了一系列加强党建的制度性文件。

近十年来，浙江省委作出的深入实施"八八战略"、全面建设"平安浙江"、加快建设"文化大省"、建设"法治浙江"、创建生态省和打造"绿色浙江"，以及加强党的执政能力建设等重大决策部署，有机构成了浙江省经济、政治、文化、社会、生态文明和党的建设协调发展的总体布局，体现了科学发展的战略性、整体性和系统性，以辩证的思维、从全局的高度、按统筹的方法，谋划浙江全面协调发展的"五位一体"新格局，为浙江推进治理体系和治理能力现代化创造了良好的条件，为中国梦在浙江早日实现奠定了坚实的基础。

第二节 治理体系现代化：浙江政治发展的战略布局

在中国改革开放的大潮中，浙江省脱颖而出、走在前列，经济社会发展取得了历史性进步，创造了中国发展中的一个传奇，形成了令世人瞩目的浙江经验。进入 21 世纪以来，浙江政治发展承前启后、开拓创新，坚持从市场先发、民营经济发达的浙江实际出发，注重发挥体制机制优势，注重治理体系的优化和治理能力的加强，不断推进战略规划和政策引导，尊重和鼓励基层创新，充分发挥市场和社会活力，使独具特色的"浙江模式"不断丰富、完善和发展。在这一历史进程中，浙江省各级党政领导部门发挥了关键作用，为建设中国特色社会主义，特别是在如何建设和驾驭社会主义市场经济，实现科学发展，推进治理模式的转型升级等方面，积累了宝贵的经验。

一 "八八战略"：推进治理体系现代化的战略纲领

浙江的政治发展经验具有鲜明的时代特征，既具有经济社会改革的先发优势，又具有经验先行、问题先出、科学转型的省域特征。作为地方党委和政府，浙江省委、省政府始终坚决贯彻和执行中央的路线、方针、政策，与国家发展战略保持一致。浙江政治建设和发展是中国改革开放的一部分，从浙江的发展能够清晰地体察到中国改革开放历史进程中上层建筑与经济基础之间的互动关系，由此观察和认识中国改革开放所带来的经济社会结构变化和发展以及制度变迁。经济社会发展走在前列的浙江，其地方治理之路及其所面临的问题，是当前和未来探索国家治理现代化的参照标杆，也是实现中华民族伟大复兴的中国梦的重要政治实践。

浙江省委、省政府在改革开放的伟大进程中有所作为、注重前瞻，在推动经济社会发展中发挥了关键性作用。作为地方党政领导机关，浙江省委、省政府因地因时制宜，结合本地实际，创造性地运用中央的指导思想和各项政策，积极推进本省各项改革事业的发展。在这个过程中，浙江各级党政领导部门能够把全局与局部、国家利益与地方利益、当前利益与长远利益有机地结合起来，针对地方发展特点科学有为、为所当为，加强战略规划和布局，优化、整合治理体系，充分发挥省域优势，积极探索地方治理的转型升级，从而开辟了浙江改革开放事业的崭新局面。

"八八战略"的提出，就是把中国特色社会主义理论与浙江的实际紧密结合的直接体现。进入 21 世纪以来，面对经济社会发展中出现的各种复杂问题和矛盾，浙江省委、省政府深刻地认识到，百尺竿头要再进一步，压力和难度一定会更大，既要发挥传统优势，也应在战略布局和治理思路上实现新的突破。时任浙江省委书记的习近平同志，着眼于浙江全面建设小康社会、提前基本实现现代化的目标，基于经济社会发展面临的机遇和挑战，在深入调查研究的基础上，提出了浙江"八八战略"的构想，有力推动了治理体系与治理方式的优化转型，激活了浙江内涵式发展的不竭动力。2003 年 7 月，中共浙江省委举行第十一届四次全体（扩大）会议，在总结浙江经济多年来的发展经验基础上，全面系统地总结了浙江省发展的八个优势，提出了面向未来发展的八项举措，即进一步发挥八个方面的优势、推进八个方面的举措，正式启动实施了对浙江改革发展具有重要意义的"八八战略"。

"八八战略"具体为：①进一步发挥浙江的体制机制优势，大力推动以公有制为主体的多种所有制经济共同发展，不断完善社会主义市场经济体制。②进一步发挥浙江的区位优势，主动接轨上海，积极参与长江三角洲地区交流与合作，不断提高对内对外开放水平。③进一步发挥浙江的块状特色产业优势，加快先进制造业基地建设，走新型工业化道路。④进一步发挥浙江的城乡协调发展优势，统筹城乡经济社会发展，加快推进城乡一体化。⑤进一步发挥浙江的生态优势，创建生态省，打造"绿色浙江"。⑥进一步发挥浙江的山海资源优势，大力发展海洋经济，推动欠发达地区跨越式发展，努力使海洋经济和欠发达地区的发展成为浙江经济新的增长点。⑦进一步发挥浙江的环境优势，积极推进基础设施建设，切实加强法治建设、信用建设和机关效能建设。⑧进一步发挥浙江的人文优势，积极推进科教兴省、人才强省，加快建设文化大省。

概括而言，"八八战略"中的第一个"八"指的是，发挥浙江的体制机制、区位、块状产业、城乡协调发展、生态、山海资源、环境和人文等优势，将潜在的优势转变为现实的优势。第二个"八"指的是，探索和完善相应的实施机制，进一步发挥、培育和转化优势，推动浙江发展再上新台阶，在全面建设小康社会的基础上，提前基本实现现代化。时任浙江省委书记的习近平同志曾经指出，"八个优势"并非单纯指已经体现出来的优势，而是按照科学发展观的要求，结合实际做出的总体把握，体现了继承和创新的统一，是将已经显现出来的优势进一步发挥好，将潜在的优势变为现实的优势。①

"八八战略"立足实践，以浙江改革发展中形成的优势为基础，着眼的是治理结构和发展思路的开拓创新。"八八战略"的各项优势和举措，有的是以往长期奋斗形成的，如民营经济、市场先发、块状经济、人文底蕴等；有的是新形势下不断推进和深化的，如生态文明、山海并利、发展环境建设等；有的是顺应发展新趋势而不断强化的，如接轨上海，推动长三角经济一

---

① 参见董少鹏《"八八战略"从头越——专访浙江省委书记习近平》，《国际金融报》2006年2月9日，第1版。

体化、新型城市化、城乡一体化等。① 面对宏观环境的深刻变化，浙江深入实施"八八战略"，不断认识和发挥自身优势，努力把潜在优势转化为现实生产力。这些方面相辅相成、相互促进，构成了一个有机整体。"八八战略"的有效实施，为浙江省在新的历史条件下全面实现现代化奠定了坚实的基础。

"八八战略"内涵丰富，涵盖经济、政治、文化、社会和生态文明建设各领域，体现的是"五位一体"总布局在浙江的实践。"八八战略"充分体现了全面协调可持续发展的理念，从经济、政治、文化、社会和生态各个方面提出了发展的总的思路理念、途径方法，既突出增强体制机制优势的深化改革，又突出接轨上海、融入长三角、走向世界的扩大开放；既强调加快先进制造业基地建设，走新型工业化道路，又强调民主法治、文化大省建设和生态浙江建设；既突出发展沿海先发地区的海洋经济，又重视解决欠发达地区跨越发展的"山海协作"，实现城乡一体化发展；等等。其核心和精髓就是，调动一切积极因素，保持和发扬浙江的各种优势，构建起浙江发展的总战略。这是推进地方治理体系现代化的积极探索和有效尝试。"八八战略"充分展现了"干在实处、走在前列"的优良作风与理想信念，彰显了求真务实、敢于担当的精神风范。

二 "法治浙江"：中国特色民主政治建设的浙江经验

党的十八大报告明确指出，政治体制改革是我国全面改革的重要组成部分，必须坚持党的领导、人民当家作主、依法治国有机统一，一定要坚定不移地沿着中国特色社会主义政治发展道路前进，使我国社会主义民主政治展现出更加旺盛的生命力。党的十八届三中全会进一步提出：全面深化改革的总目标是完善和发展中国特色社会主义制度，推进国家治理体系和治理能力现代化。党的十八届四中全会又对全面推进依法治国作出了新的战略部署，提出了建设中国特色社会主义法治体系、建设社会主义法治国家的总目标。

---

① 参见夏宝龙《"八八战略"：为浙江现代化建设导航》，《求是》2013 年第 5 期。

党的十八大报告和十八届三中、四中全会决定为新时期全面深化改革开放、推进依法治国指明了前进的方向，对于建设中国特色社会主义、实现中华民族伟大复兴的中国梦具有广泛而深远的意义。

改革开放以来，浙江省委始终高度重视社会主义民主法治建设，积极探索符合浙江实际的中国特色社会主义政治发展道路。特别是党的十六大以来，浙江把法治建设作为实施"八八战略"和建设"平安浙江"的一项重要内容，摆在突出位置来抓，全社会法治化进程不断加快，为建设"法治浙江"奠定了良好的基础。浙江省委审时度势，深入分析和准确判断经济社会发展的阶段性特征和总体趋势，认为全面建设小康社会的攻坚阶段既是发展的战略机遇期，也是社会矛盾的凸显期。社会主义先进生产力的发展、经济体制改革的不断推进、人民群众民主法制意识的不断增强，对法治建设提出了新的更高要求，对党的执政能力特别是坚持科学执政、民主执政、依法执政提出了新要求。在这种背景下，加快推进社会主义民主法治建设就成为一种必然的选择。

2006年4月，中共浙江省第十一届委员会第十次全体会议通过了《中共浙江省委关于建设"法治浙江"的决定》（以下简称《决定》），确定了建设"法治浙江"的战略。《决定》指出，建设"法治浙江"是一项长期任务，是一个渐进过程，是一项系统工程。"法治浙江"的主要任务，是坚持和改善党的领导，坚持和完善人民代表大会制度，坚持和完善中国共产党领导的多党合作和政治协商制度，加强地方性法规和规章建设，加强法治政府建设，加强司法体制和工作机制建设，加强法制宣传教育，确保人民的政治、经济和文化权益得到切实尊重和保障，为全面落实"八八战略"、"平安浙江"、文化大省等重大战略部署，顺利实施经济社会发展规划，加快全面建设小康社会，提前基本实现现代化提供重要法治保障。[①]

在党的建设方面，"法治浙江"对贯彻依法治国基本方略、完善党的领导方式、提高依法执政水平和加强执政能力等方面提出了明确要求。《决

---

① 参见《中共浙江省委关于建设"法治浙江"的决定》，《浙江日报》2006年5月8日，第1版。

定》强调，要按照党总揽全局、协调各方的原则，规范党委与人大、政府、政协的关系，支持人大依法履行国家权力机关的职能，支持政府履行法定职能、依法行政，支持政协围绕团结和民主两大主题履行职能。要加强党对立法工作的领导，善于把党委的重大决策与地方立法结合起来，从制度上保证"八八战略"、"平安浙江"、文化大省等战略部署的贯彻实施。督促、支持和保证国家机关依法行使职权，在法治轨道上推动各项工作的开展。支持审判机关和检察机关依法独立公正地行使审判权和检察权，加强对司法活动的监督和保障。着力提高党员干部的思想政治素质和业务能力，加强领导班子和干部队伍建设，把各级领导班子建设成为坚强的领导集体，造就一支高素质的干部队伍；扎实推进党风廉政建设和反腐败斗争，严肃查办职务犯罪；加强党内监督，充分发挥纪委作为党内监督专门机关的作用；健全党的领导制度和工作机制，改革和完善决策机制，提高决策水平，推进党的建设和党内生活制度化、规范化。

在坚持和完善人民代表大会制度方面，"法治浙江"建设对支持和保证人大及其常委会依法行使各项职权、充分发挥人大代表的作用、正确履行人大的监督职能、加强人大常委会制度建设等方面提出了明确要求。《决定》强调，人民代表大会制度是我国的根本政治制度，是党领导、支持、保证人民当家作主，实现党对国家和社会事务领导的政权组织形式。要进一步加强和改善党对人大工作的领导，支持和保证省和有地方立法权的市县人大及其常委会行使地方立法权，支持和保证各级人大及其常委会依法行使监督权、重大事项决定权和选举任免权。要改进人大代表选举工作，完善代表候选人公示制度，优化代表构成，提高代表的综合素质和履行职责的能力。各级人大及其常委会要把依法履行监督职责与支持政府、法院、检察院依法开展工作统一起来。各级人大常委会要围绕坚持党的领导、发挥代表作用、履行宪法和法律赋予的职责，进一步完善组织制度和运行机制。

在坚持和完善中国共产党领导的多党合作和政治协商制度方面，"法治浙江"建设对加强同民主党派合作共事，完善同各民主党派的政治协商，进一步完善人民政协政治协商的内容、形式和程序，积极推进人民政协的民主监督，深入开展人民政协的参政议政，加强人民政协自身建设等内容作出了明确规定。《决定》强调，中国共产党领导的多党合作和政治协商制度是我国的一项基本政治制度，要坚持"长期共存、互相监督、肝胆相照、荣辱与共"的方针，充分发挥民主党派和无党派人士的参政议政作用和民主监督作用，巩固和发展最广泛的爱国统一战线。

在加强地方性法规和规章建设方面，"法治浙江"建设对健全法规规章、完善立法机制、提高立法质量等方面提出了明确要求。《决定》指出，要按照《宪法》《立法法》有关地方立法的规定和权限，根据浙江实际，着眼于推进经济社会协调发展和可持续发展，科学制订立法计划，合理确定年度立法项目，进一步完善落实科学发展观与构建和谐社会的法制保障。要完善省委领导地方立法的工作制度，适时向省人大提出立法建议，坚持民主立法、科学立法。按照法治统一的要求，进一步完善法律冲突审查机制，增强立法的针对性和可操作性，确保各项法规和规章明确具体、科学规范、切合实际。

在加强法治政府建设方面，"法治浙江"建设对深化行政体制改革，全面推进依法行政，建设政治合格、懂法守法、严格依法行政的公务员队伍等方面提出了明确要求。《决定》指出，要按照职权法定、依法行政、有效监督、高效便民的要求，积极推进政府职能转变，全面履行经济调节、市场监管、社会管理和公共服务职能。要深化政府机构改革，合理划分和依法规范各级政府和政府各部门的职责权限，继续开展机关效能建设，深化投资体制改革，加快公共财政体系建设。要认真贯彻国务院《全面推进依法行政实施纲要》，切实做到行政权力授予有据、行使有规、监督有效。要认真贯彻实施《公务员法》，加强对公务员的社会主义法治理念教育，严格依法惩处执法人员徇私枉法、贪赃枉法、执法犯法行为，加强各级政府部门法制机构和队伍建设，更好地为建设法治政府服务。

在加强司法体制和工作机制建设方面，"法治浙江"对认真落实中央推进司法体制改革的各项举措、规范司法行为、加强和规范法律服务等方面提出了明确要求。《决定》指出，要按照中央统一部署，稳步推进法院改革，深化检察改革，推进监狱工作改革，进一步健全权责明确、相互配合、相互制约、高效运行的司法体制，切实维护司法公正。要坚持实体公正与程序公正并重，保障公民、法人和其他组织的合法权益。要加强律师队伍建设，完善律师监管机制，规范公证管理和公证服务、商事仲裁和城乡基层法律服务，完善司法鉴定管理制度，建立面向社会的统一的司法鉴定体制。

在确保人民的政治经济文化权益得到切实尊重和保障方面，"法治浙江"对扩大基层民主、完善保障公民权益的体制机制、健全权利救济和维护机制、切实保障人民群众生命财产安全等方面提出了明确要求。《决定》指出，要认真总结和推广浙江各地在健全基层自治组织和民主管理制度等方面的经验和做法，坚持和完善公开办事制度，保证人民群众依法实行民主选举、民主决策、民主管理和民主监督。完善村民自治和城市居民自治，坚持和完善职工代表大会和其他形式的企事业民主管理制度。要建立健全利益协调机制、社会公平保障体系，坚持和完善民族区域自治制度，全面贯彻党的宗教信仰自由政策。严格执行行政赔偿和补偿制度，全面落实信访工作的各项制度，加强法律援助的组织建设和制度建设，强化律师的法律援助义务，加强和改进维权工作。要全面落实建设"平安浙江"的各项部署，维护社会和谐稳定。

除此以外，《决定》还对加强法制宣传教育、提高全民法律素质，以及加强对"法治浙江"建设的领导等方面，提出了明确要求，作出了全面部署。

浙江省委提出并推进"法治浙江"建设，是根据中央各时期的决策部署对浙江现代化建设总体布局的进一步完善。"法治浙江"建设的蓝图，浙江各级党政部门一以贯之，一绘到底，以法治促发展、谋民生、保和谐。八年来，浙江顺应发展新定位、新要求和新机遇，"法治浙江"建设的内涵也不断丰富完善，初步形成了富有浙江特色的地方法治体系。一是加强重点领域立法，推进科学立法、民主立法，提高立法质量。2013 年，浙江通过了我国第一部规范民间融资的地方性法规——《温州市民间融资管理条例》。至 2014 年 9 月底，浙江通过和批准的地方性法规、自治条例和单行条例共

352 件，其中《浙江省促进中小企业发展条例》《企业商号管理和保护条例》等先行性立法有 100 余件。二是坚持严格执法，认真落实行政执法责任制，做到权责统一、权威高效，逐步实现严格规范公正文明执法。率先推行环境监察网格化、精细化管理，建立起监管到位、服务到位、互通到位的环保执法责任制，强化行政执法和刑事司法的衔接，并率先印发法治政府建设实施标准和主要评价指标。三是推进审判公开、检务公开、警务公开、狱务公开，设置干预司法行为的高压线，加强对司法机关和办案人员的监督，加强人权司法保障，让人民群众在每一个案件中都能感受到公平正义。2012 年 6 月，浙江高院率先探索零佣金网络司法拍卖，并在全省 103 家法院全面铺开。公布全国首个"阳光司法指数"，8 家法院被确定为全国司法公开示范法院。2013 年，浙江省相继纠正了杭州两起发生在十多年前的错案，并出台 33 项防止冤假错案制度，建立健全办案质量终身负责制和错案责任倒查问责制。四是增强全民守法观念，把"三改一拆""五水共治"等重点工作作为"法治浙江"建设的大平台、实验田、试金石和活教材，营造崇尚法律、遵守法律、维护法律的社会氛围。

　　2014 年 10 月底召开的党的十八届四中全会明确提出，全面推进依法治国的总目标是建设中国特色社会主义法治体系，建设社会主义法治国家。这为进一步推进"法治浙江"建设奠定了坚实的思想基础，指明了前进的方向。2014 年 12 月，浙江省委十三届六次全会进一步提出，要秉承习近平同志提出的"法治浙江"建设理念、思路和方法，按照省委十一届十次全会决定的部署，坚持把建设"法治浙江"作为一项重大战略任务，咬定青山不放松，一任接着一任干，坚持依法治国、依法执政、依法行政共同推进，坚持法治国家、法治政府、法治社会一体建设，实现科学立法、严格执法、公正司法、全民守法，继续在全面推进依法治国、建设社会主义法治国家的进程中走在前列，争创示范，努力形成完备的法律规范体系、高效的法治实施体系、严密的法治监督体系、有力的法治保障体系和完善的党内法规体系，全面提升全省经济建设、政治建设、文化建设、社会建设、生态文明建设以及党的建设的法治化水平。

在浙江的发展战略中，深入实施"八八战略"是落实科学发展观的总抓手，全面建设"平安浙江"是构建和谐社会的主要载体，加快建设文化大省是发展社会主义先进文化的重要举措，努力建设"法治浙江"是发展社会主义民主政治的有效途径，加强党的执政能力建设和先进性建设为此提供根本保证，打造生态省、"绿色浙江"则是提升综合发展水平、推进科学发展的必然选择。这几个方面的总体布局是内在统一、有机联系、相辅相成、不可分割的。作为浙江现代化建设整个战略布局中的重大举措，"法治浙江"建设举足轻重，事关长远，是浙江落实"干在实处、走在前列"要求的战略举措，是全面落实科学发展观、构建社会主义和谐社会、发展社会主义政治文明和提高党的执政能力的内在要求和制度支撑，是推进地方治理体系现代化、探索中国特色社会主义政治发展道路的重要实践。

第三节　治理能力现代化：浙江政治建设的实践创新

党的十八届三中全会提出的全面深化改革的总目标，就是完善和发展中国特色社会主义制度，推进国家治理体系和治理能力现代化；要求紧紧围绕坚持党的领导、人民当家作主和依法治国有机统一深化政治体制改革，加快推进社会主义民主政治制度化、规范化、程序化，建设社会主义法治国家，发展更加广泛、更加充分、更加健全的人民民主。浙江的政治发展经验，就是在坚持党的领导、人民当家作主和依法治国有机统一的原则下，推进中国特色社会主义民主政治建设的具体路径探索。其中，"八八战略"和"法治浙江"建设，是近十年来浙江政治建设和发展的总纲领，是对治理体系转型升级的有益实践。

进入21世纪以来，浙江省委在改革开放进程中，从自身实际出发，不断深化认识、开拓创新，全面推进"法治浙江"建设，探索符合浙江实践特点的中国特色社会主义政治发展道路，更加注重改进党的领导方式和执政方式，更加注重健全民主制度、丰富民主形式，更加注重发挥依法治国、依法执政在推进治理体系和治理能力现代化中的作用，更好地发挥社会主义政治制度的优越性。近十年来，浙江在坚持和完善人民代表大会制度、社会主义协商民主制度、基层民主制度，推进依法治省，深化行政体制改革，健全权力运行制约和监督体系，巩固和发展最广泛的爱国统一战线等领域，进行了一系列积极有效的探索，积累了丰富的政治建设经验，也涌现出一些具有典型特点和示范意义的创新实践。

一　坚持和完善人民代表大会制度

人民代表大会制度作为我国的根本政治制度，是中国特色社会主义民主政治最鲜明的特点，是推进国家治理体系和治理能力现代化的重要制度支撑，也是实施依法治国方略、推进法治中国建设的重要制度保障。2002 年12 月，时任浙江省委书记的习近平同志在浙江省纪念"八二"宪法颁布实施20 周年大会上强调，全面贯彻实施宪法，必须坚持和完善人民代表大会制度，充分发挥各级国家机关的职能作用；建设社会主义民主政治，最重要的就是要坚持和完善人民代表大会制度。①"法治浙江"战略对进一步坚持和完善人民代表大会制度发挥了重要作用，在各个层级、各个方面，极大地促进了人民代表大会制度的实践创新。

1. 加快地方性法规建设、提高立法质量

2006 年至2014 年7 月，浙江省人大常委会共制定（修订）地方性法规92 件，修改和废止地方性法规70 件，批准杭州市、宁波市和景宁畲族自治县报批法规114 件，内容涉及经济转型、政权建设、文化发展和社会管理等各个方面，基本形成了与国家法律法规相配套，与浙江经济社会发展相适应的比较完备的地方性法规体系。浙江省人大及其常委会坚持把推进科学立法、民主立法作为提高立法质量的根本途径，建立"立法项目申报论证"和"年度立法计划确定前的逐项论证"等机制，以规范立法程序和项目；通过召开论证会的形式，对立法事项逐个进行论证，确保选准、选好立法项目；

---

① 参见《习近平同志在浙江省纪念"八二"宪法颁布实施20 周年大会上的讲话》，《浙江日报》2002 年12 月4 日，第1 版。

实施立法项目进度精细化管理，建立法规草案提前介入工作机制，探索常委会组成人员法规审议事先调研制度，等等。通过规范立法标准、程序，完善工作机制和管理内容，不仅加快了法规建设进程，而且有效提高了立法质量。

2. 坚持开门立法、深化立法公开

坚持开门立法、深化立法公开是浙江省人大制度建设的重要特点。浙江省人大通过网络、报纸等媒体将所有法规规章草案向社会公开征求意见，编制年度立法计划时向社会公开征集立法项目建议，邀请公民旁听常委会会议、审议法规草案，保证社会公众对立法工作的知情权、参与权、表达权和监督权。拓宽公众参与立法途径，率先在全国举行立法听证会，出台《浙江省地方立法听证会规则》，实现了立法听证的制度化、规范化，取得了良好的立法效果和社会影响。2008 年制定城市市容和环境卫生管理条例以及2010 年制定消防条例时，省人大联合"浙江在线"等网站与网友进行在线交流，探索立法机关与社会公众的互动交流新机制。2011 年制定食品安全法时，首次举行立法公听会，使立法工作更有效地集中民意、汇聚民智。2014 年浙江省人大出台《立法基层联系点工作制度》，从县级以下地方选择确定若干立法基层联系点，依托联系点开展立法调研、征集群众意见，不断扩大人民群众对立法活动的有序参与。在地方层面，浙江省各市县也广泛运用公听会、公民旁听、网络视频直播等形式，提高人大监督工作的透明度，扩大群众对监督工作的参与范围。目前，全省已有83.6% 的市县将年度监督工作计划向社会公开，收到了很好的效果。

3. 加强常委会与人大代表、人大代表和群众的联系制度

2008 年，省人大常委会出台了《浙江省人民代表大会常务委员会联系省人民代表大会代表办法》和《浙江省人民代表大会代表联系原选举单位和人民群众办法》，有效加强了全省各地人大常委会与代表、代表和群众的联系制度。2013 年，省人大还建立了"浙江人大代表履职服务平台"，为全省8 万多名各级人大代表的履职提供及时、全面的服务。据统计，平台向代表发送工作信息、文件和资料累计达150 万条，代表直接参与交流的发帖量达到5 万余人次，代表主动登记重要履职信息5000 多项，涉及代表2.5 万

多人次，有效地提升了人大常委会与代表互动的便捷性和时效性。全省各地还结合自身实际，主动创新人大代表联系制度，搭建信息化网络平台，推进人大常委会与代表的常态化联系；创建代表联络站，推进代表与群众的阵地化联系。浙江全省超过95%的乡镇、街道已建立代表联络站，2014年底基本实现全覆盖。

4. 乐清"人民听证"制度与人大监督机制创新

浙江省各级人大依法加强监督工作，监督领域不断拓宽，监督方式不断改进，监督机制不断创新，监督实效不断提高。乐清"人民听证"制度就是强化人大对"一府两院"监督的重要实践。"人民听证"起源于2007年，是乐清市人大履行监督职权时引入社会参与的一种监督机制。从2007年5月至2011年3月，"人民听证"共进行了14场，涉及教育、环保、城建、交通、乡镇区划调整、社会治安等"一府两院"相关专项工作49项。与通常的人大常委会会议相比，"人民听证"突出了人大对重大事项和专题事项的监督，同时构建了民意表达的平台，让民众有序参与重大问题的讨论和决策。"人民听证"制度的主要优点是公开透明、民主参与和监督刚性，有效提高了基层人大在地方政治架构中的地位和监督作用，使基层人大对政府和政策的监督经常化、制度化、具体化，是对发挥基层人民代表大会制度优越性的有益探索。

二　社会主义协商民主的实践与创新

协商民主是我国民主政治建设中独特的形式。浙江省委、省政府始终坚持从实际出发，创造性地贯彻中央精神，积极探索具有浙江特色的协商民主实践，形成了具有普遍意义而又特色鲜明的浙江经验。浙江协商民主的发展，折射出协商民主的发展态势，对全国各地协商民主实践具有重要启示和借鉴意义。

1. 充分发挥人民政协作为协商民主的重要渠道作用

人民政协以宪法、政协章程和相关政策为依据，以中国共产党领导的多党合作和政治协商制度为保障，集协商、监督、参与、合作于一体，是社会主义协商民主的重要渠道。十年来,浙江省委先后召开三次全省政协工作会议,多次强调政协协商民主的优势与作用。根据党的十八大关于健全社会主义协商民主制度的部署,浙江省大胆探索,积极开拓,创新和完善多个履职载体,突出党派协商鲜明特点,突出界别民意通道功能,发挥专委会专业性特长,扩大各界群众有序参与政协协商活动的范围,同时深化专题协商,丰富活跃对口协商,积极探索界别协商,不断完善提案办理协商,推动协商民主制度建设不断深化,充分发挥人民政协作为协商民主的重要渠道作用。

2. 推进执政党与民主党派协商制度化、规范化和程序化

党际协商是以中国共产党领导的多党合作和政治协商制度为载体,以民主集中制为基本运行原则,以宪法为根本保障,保障各民主党派与执政党围绕国家和地方重大方针政策、重要事务进行平等协商的一种民主形式。党的十六大以来,浙江党际协商逐渐制度化、规范化和程序化,定期召开党外人士座谈会、民主协商会、情况通报会,围绕中共党委和政府中心工作、重要会议文件、重要人事安排和经济社会发展重大事项,进行座谈交流、沟通协商。浙江省委常委与省级民主党派、工商联建立了"一对一"联系,每年至少开展一次谈心活动。各民主党派省委会在调研基础上,可以直接以调研报告形式提出协商建议。省委统战部门牵头,经常性地组织各民主党派共同调研,开展专题协商会,搭建面对面协商议政平台。

3. 积极推进基层民主协商,有效化解社会矛盾

浙江各地积极推进基层民主自治中的议事协商,积极探索富有浙江特色、地方特点的社会协商,建立了议事协商会、民主恳谈会、民间智囊团、听证会、"民情气象站"等各具特点的协商决策形式;积极鼓励引导社会中介机构、行业协会、社团组织及专业性机构广泛参与协商,以网络论坛、网络社区、网络社团和网络博客等为载体,推动协商民主不断向网络拓展,逐步实行多元主体共同协商治理的有效机制。2003年,温岭市在新河镇羊毛衫行业率先探索工资集体协商制度,经过多年发展完善,目前已形成"行业协商谈标准、区域协商谈底线、企业协商谈增幅"的协商模式,并探索开展了实时工资"微协商"、工资三级集体协商等新的工资协商机制。实施

这一协商机制后，一年间该镇羊毛衫行业劳资纠纷上访次数同期下降 70%，2006 年以来实现零上访，有效改善了劳资双方关系，保障了职工和企业主的权益，有效维护了社会稳定。

三 推进基层民主建设的实践创新

基层民主作为基层群众自治组织形式及其运作方式，是人民行使民主权利、参与管理国家事务和社会事务的一种重要形式，是社会主义民主制度的有机组成部分。近十年来，浙江省基层民主建设稳步推进，城乡社区治理机制不断完善，逐步形成了民主选举有序进行、民主决策日益强化、民主管理不断规范、民主监督依法强化、民主协商机制不断涌现的良好局面。进入 21 世纪以来，浙江省积极推进基层民主建设的实践创新，在农村村民自治、城市社区治理、企业基层民主等方面，涌现出一系列具有典型意义的经验和做法，可谓亮点纷呈、特色鲜明，极大丰富了基层民主建设的实践。

1. 首创"自荐海选"，探索村民选举方式创新的途径

村民委员会选举是村民自治的一项重要内容。浙江在四年前就已顺利完成了第九届村民委员会换届选举工作，民主选举日益制度化、规范化。同时，基层民主创新也不断涌现，"自荐海选"模式就是一个典型例证。2005 年 3 月，杭州市余杭区唐家埭村村民以无候选人、自荐参选的"自荐海选"方式选出新一届村委会成员，在全国基层民主选举中首开先河。唐家埭村选举采用无候选人的直接选举方式，有 3 名自荐人竞选村委会主任，2 名自荐人竞选村委会副主任。经过两轮选举，选出全国第一位通过"自荐海选"上任的村委会主任。相对于其他选举方式，"自荐海选"的特点是民主化程度高、选举成本低等综合优势明显。由于得到广泛认同，余杭区 122 个尚未进行过规模调整村的村委会选举全部采用了"自荐海选"方式，共有 730 人自荐报名参加村委会职位竞选，平均每个职位 1.97 人，参加选民达 160179 人，参选率达到 99.1%，创下余杭区历次村委会选举之最。在浙江省第九届村委会选举工作中，共有 88.4% 的村委会采用了这种选举方法，比上届提高了 37.45 个百分点，目前，"自荐海选"已成为浙江省村委会选

举最主要的方式。

2. 以"五步工作法"推进农村民主决策和民主监督

2005年以来，台州市天台县实施了由村党组织主导监督，以"民主提案、民主议案、民主表决、公开承诺、监督实施"为主要内容和基本程序的村级重大事务民主决策"五步工作法"。"五步工作法"有效地解决了农村基层民主建设中民主决策和民主监督薄弱的问题，不仅从提案、议案、决策、实施到监督等各环节都体现和保障了村民当家作主的权利，而且有效地发挥了党支部的作用，通过建立村务监督委员会监督机制和规定专门的程序让村干部作出承诺，保证了民主决策和民主监督事项的落实。这种制度设计除了易于操作、简单易行、便于监督的优势外，还初步理顺了村两委关系，加强了农村"四个民主"中的薄弱环节，充分保障了村民当家作主的权利，具有基层民主创新的典型特征。

3. 杭州市"以民主促民生"工作机制

杭州市"以民主促民生"的工作机制可以概括为"四问四权"，即问情于民、落实知情权，问需于民、落实选择权，问计于民、落实参与权，问绩于民、落实监督权，使公共政策从制定、执行到评估监督，都有民主机制和程序保障，从而使民生问题得到了符合民意的有效解决，使民主政治在解决民生问题的实践中发挥了重要作用，为城市的和谐发展提供了有效的制度保障。杭州市"以民主促民生"机制中公民（团体）参与的方式，主要有直接参与重大工程项目评判、以利益相关人为主体的分众式参与、开放式决策、民主评议等几种类型。杭州市"以民主促民生"的基层实践在提高公民有序参与、汇集民间诉求、提升政策认同、提高政府效能等方面都发挥了重要作用。

四 推进依法治省，提高法治化水平

浙江历来重视法治建设，法治发展在浙江具有良好的基础。2000年初，浙江省委就作出了《关于进一步推进依法治省工作的决定》；2006年4月正式推出的《中共浙江省委关于建设"法治浙江"的决定》，标志着浙江法治建设迈入了新阶段。"法治浙江"战略提出后，浙江的法治化水平明显提升，在依法治省、法治政府建设等各领域，都取得了积极的成效和明显的进展。

1. 全面建设法治政府，推进依法行政走在前列

2004 年 3 月，国务院正式颁布了《全面推进依法行政实施纲要》。2005 年 1 月，浙江省政府在充分调研、征求意见的基础上，推出了《关于贯彻落实〈全面推进依法行政实施纲要〉的意见》，对浙江省全面推进依法行政进行了整体部署，重点解决政府决策程序、深化投资体制改革、构建公共财政体制和完善社会保障制度、"解决人民内部矛盾、预防和化解社会纠纷"、解决农村基层工作等五个领域中的依法行政问题。2006 年 6 月，浙江省政府进一步出台了《关于推进法治政府建设的意见》，全面落实法治政府建设的各项任务与工作，加快法治政府建设的步伐。2009 年浙江省政府制定了《关于加强市县政府依法行政的意见》，进一步加强基层依法行政。2013 年 10 月，浙江省政府印发了《浙江省法治政府建设实施标准》及其附录《浙江省法治政府建设考核评价体系（试行）》，细化了法治政府建设的具体目标、任务和要求，是全国范围内第一个省级法治政府建设的系统化实施标准，对全面深化浙江法治政府建设产生了重要的推动作用。

2. 严厉查处职务犯罪，推进党风廉政建设

2003~2007 年，浙江省检察院共立案查处贪污贿赂、渎职侵权犯罪嫌疑人 7730 人，比前五年增加 23%，其中贪污贿赂犯罪 6849 人，渎职侵权犯罪 881 人。贪污贿赂案件中大案达 3490 件，滥用职权、玩忽职守等渎职犯罪中重特大案件达 283 件，涉及县处级以上国家工作人员 592 人，其中厅级以上 33 人。查处拉拢腐蚀干部、危害严重的行贿犯罪嫌疑人 1107 人。通过查办案件，为国家挽回直接经济损失 10.8 亿元。着力查处城镇建设、征地拆迁、医疗教育、电力环保、重大安全生产责任事故等涉及人民群众切身利益的案件 1406 件。同时，全省检察机关按照中央"惩防并举、注重预防"的要求，结合办案，着力加强预防工作。

3. 因地制宜，不断提升公职人员的法律素养

浙江突出抓好各级领导干部和公职人员的普法教育，在全社会发挥领导干部及公职人员学法、用法的模范表率作用。"四五"普法期间，浙江出台了《关于进一步加强领导干部学法用法工作的实施意见》，浙江领导干部学法、用法工作走上了制度化、规范化的轨道，浙江近90%的市、县（市、区）建立了领导干部任前法律知识考试考核、领导干部定期法制讲座等规范性制度。"五五"普法期间，浙江各地举办市、县（市、区）级领导干部法制讲座962场次，听取讲座的领导干部达8万余人次，参加法制培训的县以上领导干部2.6万余人，占领导干部总人数的98%，其中97%的县以上领导干部参加了法律知识考试。县级以上党政机关普遍建立了重大事项决策前的法律咨询和法律顾问制度。① 2008年，浙江省在全国率先开展了"省管干部闭卷法律考试"，161个省直单位和11个市的1149名省管领导干部集中参加了闭卷考试，省、市、县三级共组织领导干部闭卷法律考试137场，共有42681名各级领导干部参加考试，公职人员法律意识明显加强。

五 深化行政体制改革

政府职能转变是行政体制改革的核心问题，其关键是处理好政府与市场、政府与社会之间的关系，使市场在资源配置中起决定性作用，更好地发挥政府作用。近年来，浙江省在各个方面、各个领域不断深化行政体制改革，推进政府职能转变和管理方式创新，涌现了一批具有典范意义的实践创新。

1. 积极推进"强县扩权"改革

浙江省委、省政府在市场化进程中，积极推进行政权力下放，不断优化各级政府间的权力配置，探索省管县由财政领域向行政领域的扩展，有效地调动了基层政府的积极性。自20世纪90年代以来，浙江省先后4次出台政策，扩大部分经济发达县（市）的经济管理权限。2002年，省委、省政府

---

① 参见陈东升、马岳君《领导干部带头 形成示范效应——浙江省扎实推进领导干部学法用法》，《法制日报》2010年7月10日，第4版。

实行新一轮的"强县扩权"政策，将 12 大类 313 项原属地级市的经济管理权限下放给 17 个县（市）和萧山、余杭、鄞州 3 个区。2006 年 11 月，浙江省出台了《关于开展扩大义乌市经济社会管理权限改革试点工作的若干意见》，确定将义乌市作为进一步扩大县级政府经济社会管理权限的改革试点。2008 年 12 月，在总结义乌市扩权改革试点经验的基础上，浙江省下发了《关于扩大县（市）部分经济社会管理权限的通知》，在全省范围内全面实施"强县扩权"。"强县扩权"改革进一步增强了基层政府的自主性，提高了行政效率，促进了县域经济的繁荣发展。

2. 深化行政审批制度改革，推行"四张清单一张网"

行政审批制度是政府对经济社会公共事务规范、管理与服务的一种重要权力安排方式，直接体现了政府与市场、政府与社会以及政府与政府之间的关系。随着第 4 轮简政放权改革的推进，浙江省推行了"四张清单一张网"——制定政府权力清单、企业投资负面清单、财政专项资金管理清单、政府责任清单，加快构建省、市、县三级联动的政务服务网。2013 年，新一轮行政审批制度改革正式启动以来，浙江省级行政许可事项从 706 项减少到 424 项、非行政许可事项从 560 项减少到 96 项，省级审批事项削减了 59%。政府投资项目办结时间由 360 天缩短到 60 天，企业投资项目由 300 天缩短到 55 天，贸易主体设立时程由 30 天缩短到 10 天。① "四张清单一张网"是浙江省行政审批制度改革的深化，是一场以"清权、确权、制权"为核心的权力革命，在全国范围具有重要的参照意义。

3. 舟山市"大部门体制"改革

2013 年 3 月，舟山市全面启动行政体制创新工作，以提高新区统筹发展、海洋海岛开发保护和综合管理能力为重点，以强化新区统筹协调职能、政府职能转变、经济功能区建设以及优化部门机构设置、乡镇（街道）行政区划、基层社会管理和公共服务等"三强三优"为特色，着力构建机构精简、职能综合、结构合理、运作高效的行政管理体制。为进一步优化部门

---

① 参见温红彦等《三张清单一张网　政府瘦身更健身》，《人民日报》2014 年 5 月 12 日，第 1 版。

机构设置，舟山组建新区党工委管委会办公室，市委办、市府办与其合署，实行"一套班子三块牌子"，同时稳步实行大市场、大农业、大文化、大卫生等大部门制改革。组建市场监督管理局，在市、县（区）、乡镇（街道）三级全面整合工商、质监、食品药品监管的职责和力量；在全国率先探索建立陆上综合执法体制和海上联合执法机制。机构整合后，市委工作部门从11个减至8个，市政府工作部门从34个减至25个，所属4个县（区）党委、政府工作部门也精简24%～40%不等。市本级29家改革单位减少县处级领导职数46名，减少科级领导职数79名，精简幅度分别达到27.9%和16.8%。

六 健全权力运行制约和监督体系

完善权力运行制约和监督体系，是我国社会主义民主政治发展的重要内容，是推进国家治理体系和治理能力现代化的客观要求。进入21世纪以来，浙江省不断完善权力运行制约和监督制度体系，创新监督工作方式方法、拓宽监督渠道，推动权力运行制度化、规范化和公开化，着力构建有浙江特色的惩防体系，不断探索加强权力监督机制的创新实践。

1. 加强权力公开运行的监督机制

加强对权力运行的监督，是浙江反腐倡廉工作的重点。浙江省委、省政府以廉洁政治为目标，通过"阳光工程"推进权力运行监督，建立健全权力公开透明运行的有效机制。2012年，浙江省出台了《关于深入推进"阳光工程"建设的意见》，规范权力阳光运行，实现了"部门全覆盖、事项全公开、过程全规范、结果全透明、监督全方位"的工作目标。2013年以来，浙江省"阳光工程"建设力度进一步加大，全省从最初确定的14个部门21个权力事项公开试点，逐步扩展为省、市、县、乡、村五级全覆盖。其中，省级47个部门公开行政权力事项共2645项，由群众点题公开的重点民生事项达68项。① 浙江省在推进"阳光工程"基础上，全面推进"权力清单"

---

① 参见方力《把权力关进制度笼子里》，《浙江日报》2014年1月6日，第1版。

制度，做到职权由法定、有权必有责、用权受监督、违法要追究、侵权须赔偿。权力清单制度的核心是"清权、减权、制权"。依法公开权力运行流程和行使结果，有效地加强了对权力运行的监督机制。

2. 强化对领导干部的监督管理

2004年6月，浙江制定实施《关于推行干部生活圈、社交圈考察的意见》，重点在市、县党政机关县处级以下干部的考察中全面推行"两圈"考察。为了加强对关键岗位干部的重点管理，2006年，浙江省出台《关于进一步加强和改进省管领导干部日常管理的意见》，对省管干部明确提出思想政治建设、日常管理方面的具体管理措施。2009年，首次对1518名省管领导干部进行集中性年度考核，还出台了《关于进一步加强县委书记队伍建设的实施意见》，加强对县委书记的选任配备、教育培训、分类考核、监督管理。2004~2009年，共对103个省直单位主要负责人、5名市长和56名县（市、区）长进行经济责任审计。从2009年起，全面开展县（市、区）委书记和县（市、区）长经济责任同步审计工作。①

3. 温岭市民主评议监督法官和检察官

从2008年开始，温岭市人大按照制度设定的条件，采用电脑随机抽选的方式，每年在法院或检察院中确定一部分法官或检察官作为评估对象，通过网络向全社会公示评估名单，让群众参与监督的全过程；专门组建市人大常委会绩效评估小组，对被评估对象进行工作绩效满意度测评。仅在2013年，温岭市人大在法院正、副庭长中通过电脑抽选出6位被评估对象，通过组织法院全体180多名干警进行民主测评，走访政法委等13个单位以及4家律师事务所，向被评估对象所居住的社区了解其家庭邻里关系以及8小时外的表现，观摩庭审16次，抽查案件123件，向被评估对象主办案件的当事人发送征求意见函476份，历时3个月深入调查被评估对象的司法业绩、办案情况以及法律效果和社会反响。温岭市通过对法官、检察官的工作绩效

---

① 参见张军《提高选人用人公信度——浙江深化干部人事制度改革综述》，《今日浙江》2010年第12期。

评估，将"两官"从接受内部小范围监督拓展为接受人大和社会的公开化监督，有效加强了人大对所任免司法人员的监督力度，取得了较好的监督效果。

七 巩固和发展最广泛的爱国统一战线

近年来，浙江各级党组织、统战部门和统一战线广大成员，不断深化对统一战线工作重要性的认识，干在实处、走在前列，积极贯彻落实统一战线各领域的方针政策，使浙江统一战线工作不断取得新进展。

1. 积极引导新社会阶层发展和加强党外代表人士队伍建设

改革开放后，社会结构发生深刻变化，新社会阶层逐渐形成。浙江新社会阶层主要由非公有制经济人士和自由择业的知识分子组成，是推动经济社会发展和社会主义市场经济的一支新兴力量，近年来呈现快速增加的态势。因此，广泛团结新社会阶层人士，最大限度地把他们团结在党的周围，充分发挥他们的作用，积极引导新社会阶层发展，是新世纪新阶段浙江统一战线的重要任务。同时，在党外代表人士队伍建设方面，浙江省统战部门主要通过发现储备、教育培养、选拔任用、加强管理等四个环节完善工作机制，不断拓宽党外代表人士的物色选拔渠道，建立健全党外代表人士的推荐机制，加强党外代表人士后备队伍建设；严格执行中央关于党外代表人士在各级人大、政协中的比例和数量的规定；不断健全选拔任用工作机制，加大竞争性选拔任用工作力度，形成有利于优秀党外人才脱颖而出的机制；建立完善监督管理机制，建立健全省、市、县三级党外代表人士数据库，加强动态管理和科学管理。

2. 不断推进港澳台及海外统战工作

浙江省统战部门重视运用亲情、乡情、友情、商情开展工作，不断拓展港澳台及海外统战工作领域，扩大交流合作。在港澳统战工作方面，通过各种途径和方式加强与港澳社团及代表人士的联系，支持同乡会建设，发展壮大爱国爱港、爱国爱澳力量；举办"香港·浙江周""澳门·浙江周"等活动，促进浙港、浙澳经贸交流与合作。在对台工作方面，举办"台湾大学生浙江夏令营""金秋故乡游""中青年企业家经贸考察团"等两岸交流活动，推进海峡两岸人员往来和经济文化交流合作。在海外统战工作方面，充分发挥海外联谊会作为港澳台侨工作重要载体、平台和窗口的功能，进一步拓宽海外统战工作覆盖面，使统战工作不断取得新进展。

3. 推进民间信仰活动场所规范化管理

针对长期以来民间信仰活动场所存在的乱象和问题，台州市积极创新管理方式，加强规范化管理。其中，在路桥区和黄岩区各镇（街道）设立"宗教活动场所财务委托代理中心"，对各宗教活动场所的财务实行监督和管理，"统一制度、统一票据、统一账户"，加强了财务的规范化管理。目前台州市90%的宗教活动场所推广了此项制度。台州市路桥区还积极探索宗教活动场所规范化管理评价体系建设和民间信仰场所备案管理，黄岩区则通过建立财务监督组的方式推进规范化管理工作。近年来，台州市推行民间信仰场所备案管理，对民间信仰活动场所备案条件、程序、分类备案及场所动态管理、民主管理、大型活动等作出了具体规定。通过这些领域的工作机制创新，较好地解决了民间信仰活动场所长期存在的管理难题。

由上述成效明显的改革措施可以看出，浙江省的政治发展和实践创新，体现在政治建设的各个方面、各个领域，呈现全面推进和亮点纷呈的总体特征。总体来看，浙江的政治建设和实践创新是以"八八战略"和"法治浙江"建设为总纲领，以提升治理有效性作为政治发展的核心和动力，紧紧围绕坚持党的领导、人民当家作主和依法治国的有机统一，重视战略指引和总体规划，尊重基层群众的首创精神，不断提高法治化水平，健全民主制度、丰富民主形式，从各层次、各领域扩大公民有序政治参与，着力推进社会主义民主政治建设的制度化、规范化和程序化，为浙江在新的历史条件下全面实现现代化提供了重要的制度支撑和法治保障，为推进地方治理体系和治理能力现代化奠定了坚实的基础。

第四节 提升治理有效性：浙江政治发展的经验特质

在改革开放进程中，浙江各级党委、政府注重发挥中国特色社会主义制度的政治优势，干在实处，走在前列，一张蓝图绘到底，一届接着一届干，在经济社会发展中发挥了重要的引领作用，积极推进治理模式的转型升级，推动浙江经济社会的全面、协调、可持续发展，不断创造着浙江发展的新奇迹。

浙江政治发展和改革的基本经验，就是坚持从实际出发，不断开拓创新、勇于实践，始终坚持党的领导、人民当家作主和依法治国的有机统一，注重发挥市场作用和激发社会活力，注重战略引领和基层创新相结合，积极推进地方治理体系的优化和自身治理能力的加强，以提升治理有效性作为政治发展的核心和动力，充分发挥法治建设、有序民主、有效政府在推进治理现代化中的作用，走出了一条符合浙江实际的政治建设和发展之路。

概括而言，浙江政治发展的经验特质主要体现在以下方面。

一 提升治理有效性是浙江政治发展经验的核心要素

改革开放使中国发生了历史性的巨变。中国成功地走上了一条独具特色的现代化之路，发展成就举世瞩目。但是，中国特色社会主义建设是一项前无古人的新事业，任务之繁巨、挑战之严峻前所未有。要实现国家长治久安，充分发挥政治制度的优越性，传统的治理体系和治理能力已经不能完全满足现实发展的需要，存在诸多亟待改进的方面。全面深化改革，不断提升治理有效性，推进国家治理现代化，就成为政治发展中一种必然的选择。

浙江十年来政治建设和实践创新的突出特点，就是紧紧围绕提升治理有效性，探索推进地方治理体系和治理能力现代化的具体实现途径。其中，"法治浙江"建设的战略思路和具体实施，就是对以实现有效治理为目标的中国特色社会主义政治发展道路的有益实践和探索。浙江省委书记夏宝龙明确指出，建设"法治浙江"既是法治中国建设在地方的实践，更是推进国家治理体系和治理能力现代化在地方的实践，深化"法治浙江"建设十分重要、非常紧迫、机遇难得。①

---

① 参见朱海兵《建设法治中国的浙江实践》，《浙江日报》2014年10月13日，第1版。

以提升治理有效性为核心动力的浙江十年来政治发展实践，更加注重改进党的领导方式和执政方式，更加注重健全民主制度、丰富民主形式，从各层次、各领域扩大公民有序政治参与，推进社会主义民主政治的制度化、规范化和程序化，更加注重发挥依法治国、依法执政在政治建设中的作用，着力提高治理的法治化水平，更加注重治理体系的优化和治理能力的加强，推进地方治理模式的转型升级，并且将这种发展思路贯穿于坚持和完善人民代表大会制度、社会主义协商民主制度、基层民主制度，推进依法治省，深化行政体制改革，健全权力运行制约和监督体系，巩固和发展最广泛的爱国统一战线等各个领域，以有效治理理念引领和推进浙江政治发展和实践创新。实践证明，不断提升治理有效性，已成为浙江政治发展经验的核心要素和重要特征。

二　加强战略引领与鼓励基层创新并重是浙江政治发展的基本路径

浙江政治发展的基本路径是注重发挥体制机制优势，注重战略规划和宏观引领，同时尊重和鼓励基层创新，注重激发市场活力和民间活力，充分发挥基层政府的主动性和创造性，以提升治理有效性为基本着眼点，上下结合、有效互动，共同推进浙江各领域改革开放事业的发展。

浙江经济社会发展走在前列，同时也面临经验先行、问题早发先发的矛盾。因此，加强战略规划和宏观引领，提高治理的前瞻性、主动性和有效性，就显得相当重要。回顾浙江十年来的改革发展历程，"八八战略"的引领作用举足轻重。"八八战略"作为一项重大决策，解决的是浙江经济、政治、文化、社会、生态"五位一体"建设协调发展的关键性问题，是浙江全面建设小康社会、提前基本实现现代化的全局性问题。以"八八战略"为纲领，浙江省委又相继出台了建设"平安浙江""法治浙江"等一系列重大决策。实践证明，这些重大决策的筹划部署完全符合客观实际，前瞻性和引领作用非常明显，对浙江在复杂多变的国内外环境中化挑战为机遇，推动经济社会发展再上新台阶、迈入新阶段，发挥了不可替代的作用。

与此同时，基层创新的不断推进在"八八战略"等战略部署付诸实践过程中也发挥了相当重要的作用。地处沿海经济发达地区的浙江，走在改革发展前列的浙江人民，始终是改革发展的"弄潮儿"，在基层实践中创造了许许多多的新鲜经验。浙江政治发展过程的一个突出特点，就是基层创新非常活跃。浙江各级党委、政府始终尊重群众的首创精神和基层创新的热情，充分激发和调动民间活力，为实施"八八战略"，建设"平安浙江""文化大省""法治浙江"，创建生态省和打造"绿色浙江"，充分汲取民间和基层智慧，构建政治发展的重要基础支撑。

注重战略规划和宏观引领，尊重和鼓励基层创新，使浙江改革开放的各项政策能够真正做到从本省、本地实际出发，既体现了前瞻性和系统性，又调动了民间活力和基层的积极性与创造力，使战略规划和政策实施能够顺民心、合民意，做到既合规律性又合目的性，从而使浙江经济社会得到又快又好的发展。浙江的政治发展实践，生动体现了自上而下与自下而上的辩证统一，极大地提升了治理的有效性，为具有浙江特色的民主政治发展实践提供了强大动力。

三　法治建设、有序民主、有效政府是推进治理现代化的重要手段

浙江省推进治理体系和治理能力现代化的重要手段，是全面加强法治建设，推进有序民主，打造有效政府。通过加强法治建设，促进中国特色社会主义民主政治的制度化、规范化和程序化；通过健全民主制度、丰富民主形式，积极推进有序民主，拓宽公民有序参与的政治途径；通过打造有效政府，推进科学决策，建设效能政府、廉洁政府、责任政府，为全面提升治理有效性提供实践载体和行政支撑。

法治是治国理政的基本方式，是国家治理能力现代化的直接体现，是坚持党的领导、人民当家作主和依法治国有机统一的中国特色社会主义民主政治建设的重要组成部分。浙江在改革开放进程中始终重视加强法治建设，以"法治浙江"建设为纲领，不断提高依法执政水平，加快地方性法规建设，完善立法机制，提高立法质量；全面推进依法行政，加强政府法制建设，行政执法逐步规范；司法改革不断深化，司法公正得到加强；法制宣传教育深

入开展，法律服务体系逐渐完善，全民法律意识特别是领导干部的法治观念不断增强。十年来，浙江以加强治理有效性为目标，不断充实和加强法治建设的时代内涵和现实针对性，既重视法律体系的不断完善，也注重法律实施的改进和有效性的提高，以符合实践和时代发展需要的法治治理方式，推进地方治理体系和治理能力现代化。

民主是社会主义的应有之义。依法办事、合规守序是民主政治发展的内在要求，是实现国家有效治理的重要标志。中国特色社会主义民主政治建设始终是以发展有序民主为原则的，选举民主、协商民主等多种民主形式相互融合、共同发展，始终注重民主目的与手段的统一，注重民主效果与经济社会发展目标的一致。这一制度特征与以竞争性选举为核心的西方民主理念和实践有着根本区别。改革开放以来，随着经济社会的快速发展，浙江民主实践空前活跃，公民民主权利意识日益增强。浙江在民主政治建设中积极探索有序民主的具体实现途径，既注重充分调动和维护人民当家作主的积极性，也注重依法、依规、循序渐进地丰富民主实践的内涵和形式，不断健全民主制度、丰富民主形式，拓宽公民有序参与的政治途径，始终保持民主建设的有序性和政治发展的稳定性，在充分保障公民民主权利的同时，成功实现经济的繁荣发展和社会的和谐稳定。

有效政府是经济社会全面、协调、可持续发展的重要保证。打造有效政府，促进科学决策和管理，是推进治理体系和治理能力现代化的必然选择。有效政府不是全能政府，而是效能政府、廉洁政府、责任政府、法治政府，是通过多种民主途径与社会、市场形成良性互动的政府。改革开放以来，浙江政府职能定位总体上经历了从"无为而治"到"科学有为"的转变。在政治发展中，各级党政部门正确把握政府与市场、政府与社会的关系，充分尊重市场经济的内在规律，充分释放民间活力和创造力，有所为有所不为，科学有位、为所当为，使浙江在经济和自然资源禀赋并不突出的条件下，取得了辉煌的发展成就，将改革开放事业不断推向新的发展阶段。

总体来看，浙江政治建设和改革的基本经验特征，就是坚持从实际出发，坚持党的领导、人民当家作主和依法治国的有机统一，注重战略规划和宏观引领，尊重和鼓励基层创新，以提升治理有效性作为政治发展的核心和动力，积极推进地方治理体系的优化和自身治理能力的加强，将强化法治建设、推进有序民主、打造有效政府作为推进地方治理体系和治理能力现代化的重要手段，积极探索中国特色社会主义政治发展的实现路径，并通过推进经济社会发展来检验治理的有效性。

浙江的发展成就与实践创新是伟大的，浙江的经验与启示是丰富而深刻的。浙江各级党委、政府开拓创新、勇于实践，不断创造着经济社会发展的新奇迹。浙江广大人民用自己勤劳的双手建设起了富裕幸福的生活，而党和政府也得到了广大人民群众的信任和拥护。"八八战略"提出的十年，是浙江经济飞翔、政治发展、文化繁荣、社会进步、生态趋美的十年，是浙江继续干在实处、走在前列、脱颖而出的十年。浙江的发展预示着中国美好的未来。浙江经验不仅属于浙江，也属于中国。浙江的改革开放事业和政治发展成就具有深刻的时代意涵和重要的现实意义，为推进国家治理体系和治理能力现代化提供了有益的启示，是凝聚中国力量、弘扬中国精神、努力实现中华民族伟大复兴中国梦的重要政治实践。

第一章
不断推进人民代表大会制度的创新[*]

人民代表大会制度作为我国的根本政治制度，是中国特色社会主义民主政治最鲜明的特点，是推进国家治理体系和治理能力现代化的重要制度支撑，也是全面推进依法治国、法治中国建设的重要制度保障。党的十八大和十八届三中、四中全会对坚持和完善人民代表大会制度，推进人民代表大会制度与时俱进作出了一系列重大决策部署，习近平总书记先后就人大制度、人大工作发表了一系列重要讲话，提出了许多新思想、新观点、新要求，为我们生动勾勒、具体描绘了人大制度创新发展的新目标、新远景、新蓝图，为我们在新的历史条件下推进人民代表大会制度与时俱进指明了前进方向、提供了基本遵循、规划了现实路径，有效构筑了中国梦的政治发展路径。

第一节　扎实推进人民代表大会制度在浙江的生动实践

人大制度的生命力在于实践。当我们回望 21 世纪之初的峥嵘岁月，就会发现，习近平同志在浙江工作期间关于民主政治、法治建设、人大制度、人大工作等一系列重大问题的思考与实践，与党的十八大以来习近平总书记相继发表的系列重要讲话构成一个紧密联系、相互贯通的整体。习近平同志在浙江工作期间，一方面以省委主要领导身份，切实加强省委对人大工作的

---

[*] 本章由浙江省人大组织的专门课题组完成。课题协调人：浙江省人大常委会副秘书长、研究室主任王强，浙江省人大常委会研究室副主任张国强；课题联络人：浙江省人大常委会研究室洪开开、调研处邹绍平；课题组成员：浙江省人大常委会办公厅申艳国、浙江省人大常委会法工委吴江、浙江省人大常委会研究室调研处邹绍平、浙江省人大常委会代工委樊鹏。

领导；另一方面又以省人大常委会主任身份，亲力亲为，亲自主持省人大常委会工作。在他的领导和主持下，省人大常委会工作和建设有了明显提高和重大进展，并带动全省各级人大开创崭新局面、取得丰硕成果，为我们在新形势下如何推动人民代表大会制度的理论创新与实践创新积累了宝贵经验、提供了历史镜鉴。

一　充分认识坚持和完善人民代表大会制度的重要意义

认识所达到的高度决定了实践所能达到的广度与深度。习近平同志主政浙江期间，十分重视人大制度的具体实践和人大工作的完善发展。在许多重要场合，他反复强调要深化对人大制度和人大工作重要性的认识。2002 年12 月，到浙江工作后不久，习近平同志即在浙江省纪念"八二"宪法颁布实施 20 周年大会上强调：全面贯彻实施宪法，必须坚持和完善人民代表大会制度，充分发挥各级国家机关的职能作用；建设社会主义民主政治，最重要的就是要坚持和完善人民代表大会制度。[①] 2003 年 1 月，在担任省人大常委会主任之后的第一次常委会会议上，他特别强调，新一届省人大常委会要深入学习贯彻党的十六大精神，切实提高对人大工作重要性的认识。2004 年 5 月，在全省人大工作会议上，他再次强调，要站在战略高度，充分认识坚持和完善人民代表大会制度的重要意义，进一步深化对人民代表大会制度本质特征、重要地位和作用的认识，不断增强坚持和完善人民代表大会制度、关心和支持人大工作的自觉性。在关于人大工作的一系列重要讲话和重大决策中，他从多个层次、多个维度，对坚持和完善人大制度的重大现实意义作了系统论述、深刻把握。

1. 坚持和完善人民代表大会制度是发展社会主义民主政治、建设社会主义政治文明的根本途径

马克思主义的基本原理告诉我们，人民当家作主离不开党的领导，人民的

---

① 参见《习近平同志在浙江省纪念"八二"宪法颁布实施 20 周年大会上的讲话》，《浙江日报》2002 年 12 月 4 日，第 1 版。

民主事业要靠党来推动。没有党的领导，人民就无法建立自己的政权。而当人民有了自己的政权之后，仍然需要坚持党的领导，才能真正当家作主，行使管理国家的权力。我们的党作为执政党，要提高执政水平和领导水平，必须实行领导方式的转变，善于运用国家政权组织形式，领导和支持人民当家作主，最广泛动员和组织人民群众依法管理国家和社会事务，管理经济和文化事业，维护和实现人民群众的根本利益。人民代表大会制度，是体现我国"一切权力属于人民"这一社会主义民主实质的根本制度，是实现人民当家作主的有效的组织形式，也是维护最广大人民群众根本利益的可靠保证；通过人民代表大会这种组织形式，把党的主张变为国家意志，从根本上保障广大人民群众掌握和行使民主权利，能够集中人民内部不同阶层的共同利益，反映和协调各方面的特殊利益，更好地维护广大人民群众的根本利益，从而把全国人民的力量凝聚和调动起来，充分发挥人民当家作主的积极性、主动性、创造性。

2. 坚持和完善人民代表大会制度是深入贯彻依法治国基本方略、扎实推进依法治省的迫切需要

习近平同志十分重视法治问题，重视发挥人大制度和人大工作在法治建设中的重要作用。他明确指出，在贯彻依法治国方略、推进依法治省工作中，人大及其常委会担负着重要的职责和任务，具有其他机关不可替代的作用。从一定意义上讲，推进依法治国、依法治省的过程，就是充分发挥人大及其常委会的重要作用，不断坚持和完善人民代表大会制度的过程。在他的主持下，2006 年 4 月，省委十一届十次全会作出关于建设"法治浙江"的决定，其中第三部分专门强调要"坚持和完善人民代表大会制度"，并从支持和保障人大履职、发挥人大代表作用、正确履行人大监督职能、加强人大常委会制度建设等四个方面提出具体要求。根据省委决定精神，2006 年 5 月，省十届人大常委会第二十五次会议依法作出建设"法治浙江"的决议，习近平同志在会议结束时发表重要讲话，充分肯定人大的决议，认为这是推进"法治浙江"建设的一个十分重要的文件，并强调建设"法治浙江"是一项艰巨而复杂的系统工程，全省各级人大在"法治浙江"建设中的责任重大，必须发挥应有的作用，作出应有的贡献。

3. 坚持和完善人民代表大会制度是加快浙江全面建设小康社会、提前基本实现现代化的内在要求

习近平同志主政浙江期间，正是全省上下加快全面建设小康社会、向提前基本实现现代化大步迈进的关键历史阶段。以习近平同志为省委书记的十一届省委先后作出深入实施"八八战略"、全面建设"平安浙江"、加快建设文化大省、努力建设"法治浙江"、加强党的执政能力建设和先进性建设等一系列重大决策部署，有机构成了浙江经济、政治、文化和社会建设"四位一体"的总体布局。省委始终认为，要更好地推进和实现"四位一体"总布局，必须更好地发挥人民代表大会制度作为根本政治制度的保驾护航功能，更好地发挥人大工作在"四位一体"总布局中的引领推动作用。正是基于对人大制度和人大工作重要性的认识，省委于2004年5月，即在时隔15年之后，重新召开全省人大工作会议，并出台了《关于进一步加强人大工作的意见》，明确新阶段全省人大工作的总体思路和基本要求。习近平同志明确指出，全省各级人大及其常委会要以此为契机，进一步增强使命感和责任感，充分发挥在浙江物质文明、政治文明、精神文明与和谐社会建设中的应有作用，努力为加快浙江全面建设小康社会、提前基本实现现代化作出新的贡献。①

回顾和总结习近平同志在浙江工作期间关于人大制度和人大工作重要性的论述和判断，可以发现，他始终把人大制度和人大工作放到党的事业、国家事业、人民利益的全局高度来认识，放到统筹推进经济、政治、文化、社会、生态文明等各项建设的战略高度来认识，放到改革和完善党的领导方式和执政方式、提高党的执政能力和巩固党的执政地位的政治高度来认识，放到加快浙江全面建设小康社会、提前基本实现现代化的历史高度来认识。正是从这样的认识高度起航，正是由时任浙江省委书记、省人大常委会主任习近平同志领航，人大制度在浙江的实践，人大工作在浙江的开展，才在原有基础上，大踏步向前迈进，结出累累的硕果。

---

① 参见浙江省人民代表大会志编纂委员会编《浙江省人民代表大会志》，中华书局，2005，序一。

二　扎实推进人民代表大会制度在浙江的深入实践

习近平同志主政浙江期间，人民代表大会制度在浙江的实践与人大制度的整体实践构成了"流"与"源"的关系。一是从空间的维度来看，作为在一个省域的实践，相对人大制度在全国的实践而言，是整体中的局部。二是从时间的维度来看，作为一个时期的实践，相对于人民代表大会制度整整60年的实践而言，是发展中的阶段。习近平同志以战略思维、全局胸怀、发展眼光，客观认识和深刻把握人大制度浙江实践的区域性、阶段性特征，既深入贯彻领会中央的决策和要求，又重视紧紧联系浙江实际研究新情况新问题，因势利导、趁势而为、乘势而上，历史性、创造性地推进人大制度在浙江的深入实践、推进浙江人大工作的深入开展，为坚持好、完善好、发展好人民代表大会制度提供了地方经验与历史经验。

1. *深入学习贯彻中央精神，牢牢把握人大工作的正确政治方向*

习近平同志强调，人大工作是一项政治性、法律性和程序性很强的工作，政治方向在任何时候和任何情况下都不能偏，不能错。做好地方人大工作，必须始终坚持正确政治方向，自觉与中央要求、全国人大常委会部署保持高度一致。为此，他要求省人大常委会要始终把学习领会、贯彻落实中央精神作为推动实践、开展工作的重要前提，并在一些重要场合多次就贯彻落实中央精神提出具体明确的要求。2003年3月，胡锦涛总书记在全国"两会"党员负责人会议上，就加强人大工作和建设作了十分重要的讲话，习近平同志3月底即在省人大常委会法制学习培训班上就贯彻胡锦涛总书记重要指示精神提出具体要求。2003年7月，习近平同志又在省人大常委会理论中心组读书会上，专门就深入学习贯彻"三个代表"重要思想和胡锦涛总书记"七一"重要讲话发表讲话。2005年5月，中央下发了《中共中央转发〈中共全国人大常委会党组关于进一步发挥全国人民代表作用，加强全国人大常委会制度建设的若干意见〉的通知》，习近平同志对学习贯彻文件精神高度重视，在当年7月省十届人大常委会第十九次会议结束时发表讲话，强调要抓好贯彻落实，随后于9月在全省各市人大常委会主任会议上，再次发表重要讲话，就全省贯彻落实中发〔2005〕9 号文件提出了明确要求。2006 年 8 月初，在《中华人民共和国各级人民代表大会常务委员会监督法》（以下简称《监督法》）审议通过前夕，习近平同志专门在全省人大工作经验交流会上发表了题为《认真学习贯彻中央指示精神，努力推进浙江人大工作深入开展》的重要讲话，就贯彻落实即将出台的《监督法》精神，规范和推进全省人大监督工作提出了相关要求。省人大常委会根据习近平同志重要指示精神，始终坚持从全局高度，严格遵循中央要求与法治原则，做到不逾矩、不越轨，不错不偏、稳步推进，从而能够牢牢把准、把稳、把好政治方向，使全省人大工作始终在正确的道路和轨迹上砥砺前行。

2. 坚持和加强党的领导，支持和保证人大及其常委会依法履行职能

习近平同志强调，做好人大工作，必须坚持和加强党的领导，这是人大行使职权、开展工作的基本前提和根本保证，是任何情况下都不可动摇的一条原则。他在担任浙江省委书记、省人大常委会主任期间，始终把支持和保证人大及其常委会依法履行职责作为建设"法治浙江"的重要内容与基础环节，统筹谋划、全面部署，主持召开全省人大工作会议并发表重要讲话，首次明确每届省委要召开一次人大工作会议，还亲力亲为，亲自抓人大工作，在一些重要场合多次发表讲话，明确各方职责要求，协调解决重大问题，有力推进了全省各级人大工作和建设，使人大各项法定职权的行使得到有力支持和有效保障。以他为省委书记的十一届省委不仅大力支持和积极保证省人大及其常委会依法行使立法权、监督权、选举任免权，还对重大事项决定权的行使专门予以强调。省委意见明确规定：凡属人大及其常委会法定职权范围内讨论、决定的重大事项，应依法及时提交人大及其常委会审议；人大及其常委会要抓住事关全局、根本、长远的重大问题，以及人民群众十分关心和迫切要求解决的问题，强化调研、咨询、论证，充分反映民意，广泛集中民智，提高重大决策的民主化、科学化水平。省十届人大常委会认真落实省委意见精神，在任期内共依法作出决议决定 25 个，特别是审议作出的建设生态省、建设"法治浙江"等决议决定，及时将省委决策部署转化

为国家意志和人民自觉，并强化对落实情况的跟踪监督，持续推动省委决策和人大决定落到实处。

3. 加强人大及其常委会的自身建设，为充分发挥人大及其常委会的职能作用提供有效保障

习近平同志多次强调，要更好地履行宪法和法律赋予的职责，更好地适应新形势、新任务对人大工作提出的新要求，必须切实加强人大及其常委会的自身建设。省委意见围绕加强人大及其常委会的思想作风建设、加强人大及其常委会的组织建设、重视提高代表素质和强化代表职务意识、加强乡镇人大建设、建设高素质的人大机关干部队伍、逐步改善人大及其常委会的工作条件等 6 个方面作出详细规定。全省各级各方面深入贯彻落实习近平同志重要讲话和省委意见精神，切实加强人大及其常委会的思想作风建设，强调人大工作党的意识、政治意识、大局意识、群众意识和创新意识，为人大工作深入开展奠定思想基础、提供作风保障；切实加强各级人大及其常委会的组织建设，优化常委会组成人员的年龄结构、知识结构和专业结构，特别是大力推进各级人大常委会委员专职化，逐步提高专职比例，大力推进县级人大常委会主任、乡镇人大主席专职化；坚持代表广泛性与先进性相统一，合理安排代表比例结构，重视代表政治素质和议政能力，强化履职服务和日常培训，充分保障各级人大代表主体作用的发挥；重视各级人大机关建设的人、财、物保障，推进人大机关干部队伍建设，把人大机关干部的培养使用纳入干部队伍建设总体规划，强化人大立法、监督以及重要会议、活动的日常经费与专项经费保障，改善人大机关办公条件，加强人大机关信息化建设，为人大及其常委会工作提供必要的物质保障。

4. 注重总结、规范、完善、提高，着力推动基层人大工作健康有序发展

习近平同志十分重视基层基础，关注基层的实践探索和创新经验，注意保护和鼓励基层首创精神。浙江作为沿海发达省份，社会主义市场经济先发、早发，对人民代表大会制度的发展完善、社会主义民主政治发展进步的需要更为迫切。特别是随着城市化进程的加快，浙江乡镇撤并力度加大，行政区域扩大，人口增多，财政收入大幅增加，基层民主政治建设的任务日益繁重，乡镇人大工作面临着许多新情况、新问题，也进行了许多有益的新探索、新

尝试。不少地方在城市化进程中撤县建区，许多乡镇改设为街道，相应带来了街道人大工委如何定位、人大工作如何开展的问题。对这一系列问题，十一届省委、省十届人大常委会注重及时总结、规范、完善、提高，强调要在依法、依程序的前提下，在当地党委的领导下，积极主动适应经济社会发展新形势、新任务的需要，解放思想，实事求是，与时俱进，善于在探索中前进，在创新中发展，努力开创基层人大工作和民主法制建设新局面。正是在这样一种氛围中，近年来，浙江基层人大工作中不少创新之举渐渐引起各方面的广泛关注，成为基层民主政治实践、基层人大工作实践的生动样本，为我们与时俱进推动人大制度的理论创新和实践创新提供了重要参考。

三 着力推动浙江人大工作的与时俱进和完善发展

党的十八大以来，浙江省委提出，要深刻领会习近平总书记系列重要讲话的精神实质，倍加珍惜习近平同志在浙江工作期间留下的宝贵经验，强化推进浙江改革发展的历史责任，坚定不移地续写"八八战略"这篇大文章，干好"一三五"、实现"四翻番"，努力建设物质富裕、精神富有的现代化浙江。浙江的现代化，当然应该包括省域治理体系和治理能力的现代化，应该包括人大制度与时俱进实践、人大工作不断完善发展。这就要求我们既要认真学习、深刻领会、深入贯彻习近平总书记系列重要讲话精神，也要系统总结、倍加珍惜、大力弘扬习近平同志在浙江工作期间留下的关于做好人大工作的宝贵经验，坚持一张蓝图绘到底，一届接着一届干，在已有基础上续写浙江人大工作新的壮丽篇章。

一是坚持底线思维与一线状态。习近平同志多次强调要坚持底线思维，不回避矛盾，不掩盖问题，凡事从坏处准备，努力争取最好的结果，做到有备无患、遇事不慌，牢牢把握主动权；他还强调，要保持与时俱进、奋发有为的精神状态，要敢作为、勇担当，接过历史的接力棒，担当起该担当的责任，为实现中华民族伟大复兴的中国梦而努力奋斗。这些重要论述和重要指示，要求我们在人大工作中必须始终坚持底线思维与一线状态的有机统一，坚持"有守"与"有为"的有机统一，从底线出发，不断逼近顶线。"有守"，就是始终站稳政治立场、增强政治定力，坚决守住中国特色社会主义制度这条底线，守住人民代表大会制度这条底线，始终坚持党的领导、人民当家作主、依法治国三者有机统一，守住党性、人民性、法律性三条底线。"有为"，就是在守住底线的同时，努力向顶线逼近，以与时俱进、探索创新的激情，不断改进人大工作的方式方法，激发人大工作的内在潜能，开拓人大工作新的发展境界。十八大以来，浙江省委认真领会贯彻习近平总书记系列重要讲话精神，强调做好人大工作必须坚持底线思维、保持一线状态。全省各级人大按照省委要求，始终坚守党性底线、政治底线、法律底线，始终保持一线状态、一线定位、一线标准，坚持在一线履行职责、开展工作，切实发挥国家权力机关一线的职能作用。

二是坚持全局与局部辩证统一。习近平同志经常讲，要大道理管小道理，局部服从全局。就全国而言，浙江是局部，浙江必须服从全国这个整体，切实增强全局意识，要立足全局发展浙江、跳出浙江发展浙江。① 推动和发展浙江人大工作，更需要在纵横两个层面正确看待和把握全局与局部的关系。从纵向层面来看，五级人大工作构成一个有机整体，地方人大工作既要主动对接国家层面的人大工作，也要积极探索实践，为全国大局贡献局部实践与地方经验。从横向层面来看，人大、政府、政协等各套班子都是在同级党委领导下，同心同力、同向同行开展工作，各级人大必须立足全局发展人大，跳出人大发展人大，就是要始终坚持围绕大局、服务大局、推动大局、保障大局。近年来，正是遵循这样的思路和理念，全省各级党委都自觉把人大工作放到经济社会发展大局中去谋划部署和统筹推进，各级人大自觉服从服务于"五水共治""三改一拆""四换三名""浙商回归"等党委中心任务和全局工作，支持促进当地各国家机关工作，形成了全面深化改革、推动科学发展的工作合力。

三是坚持活力与有序统筹兼顾。习近平同志在浙江工作期间曾指出，在和

---

① 相关表述主要依据习近平同志在浙江的两部著作《干在实处 走在前列》和《之江新语》，参见中共浙江省委理论中心组撰写的《中国特色社会主义在浙江实践的重大理论成果——学习〈干在实处 走在前列〉和〈之江新语〉两部专著的认识和体会》，《浙江日报》2014 年 4 月 4 日，第 1 版。

谐状态下，自然界内部、人与人、人与社会、人与自然以及社会内部诸要素之间实现均衡、稳定、有序，相互依存，共生共荣，这是一种动态中的平衡、发展中的协调、进取中的有度、多元中的一致、"纷乱"中的有序。① 党的十八大之后，他再次强调，要处理好活力与有序的关系，社会发展需要充满活力，但这种活力必须是有序活动的。这些重要论述成为近年来浙江科学处理发展民主与推进法治之间关系的重要遵循与科学指南。一方面，通过不断健全民主制度、丰富民主形式、充实民主内容、构建民主平台，完善利益表达机制，畅通有序政治参与渠道，动员和组织人民群众通过人大制度平台依法管理国家和社会事务，管理经济和文化事业，维护和实现人民群众的根本利益，充分激发经济社会方方面面的活力与创造力。另一方面，深入实施依法治国基本方略，推进"法治浙江"建设，充分发挥人大制度与人大工作在"法治浙江"建设中的作用，积极运用法治思维和法治方式深化改革、推动发展、化解矛盾、维护稳定，有效发挥法治在平衡、调整、规范各种社会关系中的重要作用，通过法治实践，不断完善治理体系、提升治理能力，实现和保障经济社会的协调有序运转。

四是坚持群众立场、群众路线。亲民爱民是习近平同志始终不变的情怀。他多次强调，要拜群众为师，为群众办实事，跟着群众跳火坑。② 对于人大工作，他明确指出，要把立党为公、执政为民的本质要求贯彻落实到人大工作方方面面，切实做到权为民所用、情为民所系、利为民所谋。按照这样的要求，近年来，特别是党的群众路线教育实践活动开展以来，各级人大坚持以人为本理念，始终把推动解决民生问题作为履行职责的出发点和归宿，强化工作落实，推动民生改善，取得了积极成效。省十二届人大常委会先后审议通过了一批保障和改善民生的重要地方性法规，对防洪排涝、食品安全、饮用水水源保护、养老服务等一系列重大民生问题进行了专项监督和

---

① 参见习近平《切实把思想统一到党的十八届三中全会精神上来》，《人民日报》2014年1月1日，第2版。

② 相关表述主要依据习近平同志在浙江的两部著作《干在实处 走在前列》和《之江新语》，参见中共浙江省委理论中心组撰写的《中国特色社会主义在浙江实践的重大理论成果——学习〈干在实处 走在前列〉和〈之江新语〉两部专著的认识和体会》，《浙江日报》2014年4月4日，第1版。

执法检查，适时就畜禽污染防治等群众关注的问题作出决议决定。市县人大也都立足当地实际，发挥直接联系群众的优势，围绕群众关注的热点难点问题加大工作力度，推动问题解决，形成了许多特色和亮点。在工作方式中，注重依靠各级人大代表和人民群众的力量，坚持问计于民、问需于民，跟着群众跳火坑，带着群众一起干，奠定了人大工作的民意基础和社会基础，为人大制度实践创造了良好的环境与氛围。

五是坚持一分部署、九分落实。"一分部署、九分落实"① 是习近平同志就贯彻党的十八届三中全会精神提出的重要要求，体现了他重落实、抓落实的执政风格和领导艺术。事实上，这也构成他执政生涯的鲜明特点和显著标志。在浙江工作期间，习近平同志就多次强调抓落实的问题，特别是在2004 年2 月省十届人大二次会议闭幕时，他专门发表题为《大兴求真务实之风，狠抓各项工作落实》的重要讲话，对抓落实提出了系统阐述与全面要求。狠抓落实也成为省十届人大及其常委会工作始终坚持的重要原则和遵循，终其一届连续抓生态建设和环境保护相关工作监督和法律监督，扎实有效地推动了生态浙江建设，取得了显著成效。这项工作直到现在仍为各方面津津乐道、赞誉有加。这充分说明人大工作只要紧盯目标不放松，以钉钉子的精神跟踪落实，一抓到底，抓常、抓长、抓深、抓细，就一定能够取得让党和人民满意的效果。其后连续两届，全省各级人大继续把抓落实、求实效作为重要的工作方式和履职追求，强化对人代会会议确定的年度目标任务完成情况的追踪落实，强化对法律法规与决议决定执行情况的持续监督，强化对审议意见落实情况的跟踪问效，以踏石留印、抓铁有痕的韧劲与狠劲，推动中央和省委各项决策部署的贯彻落实，推动各国家机关依法行政、公正司法，推动最广大人民群众的切身利益得到保障和维护，用实际行动和实际效果，扎实推进人民代表代会制度在浙江的深入实施与生动实践，为同心协力托起中国梦贡献了浙江智慧与浙江力量。

---

① 习近平总书记2013 年11 月28 日在山东考察时提出。参见2013 年11 月29 日《人民日报》第1 版相关报道。

第二节 不断完善地方法制保障体系

地方立法是中国特色社会主义法律体系的重要组成部分，担负着保障宪法和国家法律法规在本行政区域内有效实施、促进本地区经济社会发展的多重职能，也是推进依法治国，实现"两个一百年"和中华民族伟大复兴的中国梦的重要方面。习近平同志在浙江工作期间，高度重视浙江的地方立法工作，出席过 2003 年 8 月召开的全省立法工作会议并作重要讲话，并在2004 年 2 月浙江省人大常委会党组民主生活会和 2006 年 4 月中共浙江省委十一届十次全会等多个重要会议和场合就地方立法进行专门论述，提出明确要求。这些讲话和论述具有很强的思想性、前瞻性和指导性，又富有时代性、针对性和可操作性，为地方立法的发展指明了方向。浙江省认真贯彻落实，积极探索实践，转变立法理念，完善工作机制，不断推动科学立法、民主立法，提高立法质量，完善地方法制保障体系，为中国特色社会主义法律体系的建成和不断完善以及浙江的改革开放和经济社会发展作出了积极贡献。

一 加快立法步伐，发挥立法在法治社会建设中的基础作用

法治是良法善治，体现在立法、执法、司法和普法等各个层面，作用于经济、政治、文化和社会等各个领域。立法无疑是其中最基础、最重要的环节之一。2006 年，浙江省委召开十一届十次全会，习近平同志在会上对法治建设进行专门论述，明确指出：立法是法治的基础。要根据宪法和立法法，适应浙江省经济社会发展走在前列的要求，加快地方立法步伐，不断完善与国家法律法规相配套、具有浙江特色的地方性法规规章体系。[①] 同时，全会围绕发展社会主义政治文明，进一步完善经济、政治、文化和社会建

---

① 参见习近平《干在实处 走在前列——推进浙江新发展的思考与实践》，中共中央党校出版社，2006，第 363 页。

设，作出了建设"法治浙江"的决策部署，提出要在浙江全面建设小康社会和社会主义现代化建设进程中，不断提高经济、政治、文化和社会各个领域的法治化水平，使浙江法治建设工作整体上走在全国前列。"法治浙江"描绘了浙江法治建设的蓝图，强调了地方立法在地方法治建设中的重要地位，指明了地方立法的任务、目标和工作要求，是指导浙江法治建设和地方立法工作的重要纲领。

浙江省认真贯彻落实"法治浙江"的决策部署，充分认识新时期推进法治建设、加强地方立法工作的重要性，不断增强紧迫感、责任感，加快地方性法规立法步伐。2006 年至 2014 年 7 月，浙江省人大常委会共制定（修订）地方性法规 92 件，修改和废止 70 件，批准杭州市、宁波市和景宁畲族自治县报批法规 114 件，内容涉及经济转型、政权建设、文化发展和社会管理等各个方面，基本形成了与国家法律法规相配套，与浙江经济社会发展相适应的比较完备的地方性法规。比如，围绕加快经济转型升级，相继出台促进中小企业发展、高新技术促进、企业商号管理和保护、城乡规划、信息化促进、航道管理、科学技术进步、可再生能源开发利用促进、海域使用管理、违法建筑处置等法规。围绕推动民主政治建设，相继出台各级人大常委会监督、实施村委会组织法办法、村委会选举、实施代表法办法、政府非税收入管理、企业民主管理等法规。围绕加快建设文化大省，相继出台职工教育、文物保护、义务教育、非物质文化遗产保护、历史文化名城名镇名村保护等法规。围绕保障和改善民生，相继出台城市市容和环境卫生管理、流动人口居住登记、残疾人保障、物业管理、预防和制止家庭暴力、集体合同、实施食品安全法办法、未成年人保护、社会救助等法规。这些法规契合浙江实际，适应时代需求，符合公平正义，较好地发挥了地方立法在推进浙江科学发展中的引领和推动作用，为浙江经济社会发展提供了有力的法治保障。

二　明确指导思想，不断提高地方立法质量

质量是地方立法的生命线。提高地方立法质量，首要的是树立正确的指导思想。对此，习近平同志在 2003 年 8 月召开的全省立法工作会议上，对

地方立法工作的指导思想作了精辟的阐述，成为浙江省人大开展好地方立法、提高立法质量的理念指引和行动指南。[①]

一是努力服务发展。发展是执政兴国的第一要务。为发展创造一个必备的法制环境，这是地方立法工作的主攻方向。要坚持立法决策与改革、发展、稳定的重大决策相结合，围绕发展、服从发展、服务发展、促进发展。要遵循生产力发展规律，把制度创新、体制创新、机制创新放在突出位置，通过立法破除制约先进生产力发展的体制性障碍，建立符合市场经济制度要求、有利于发展的新体制。要妥善处理各种利益关系，通过立法合理调整和配置各种社会关系和社会经济权利，体现社会公正，维护社会稳定，为发展创造良好的社会环境。

二是体现地方特色。地方特色是地方立法的生命力所在。地方立法作为国家法律和行政法规的重要补充，必须坚持法制统一原则，不得与宪法和国家法律法规相抵触。同时，立法不在于多，而在于管用。地方立法应当紧密结合当地经济社会发展实际，充分发挥其补充、先行、创制的作用，体现地方特色，提高针对性、可操作性，防止照抄照转，防止"大而全""小而全"。

三是突出立法为民。最广大人民群众的根本利益是地方立法的出发点和落脚点。要按照权利和义务、权力和责任相一致的原则，坚决摒弃立法就是管理老百姓的观念，坚决克服和防止部门利益法制化的倾向，牢固树立立法要为民所用、维护人民根本利益、体现人民共同意志的思想。要通过立法推动政府职能的转变，做到权力运作公开化、透明化，决策机制科学化、民主化，公共管理法律化、制度化，努力建设透明、负责、法治、高效和服务的政府。同时，立法还必须于法周全，于事简便。既要讲规范、讲体系，注重立法的科学性、严谨性，又要简明、适用，便于实际工作的运用、执行。

四是适应时代发展。中国特色社会主义法律体系是动态的、开放的、发

---

① 参见习近平《干在实处　走在前列——推进浙江新发展的思考与实践》，中共中央党校出版社，2006，第363～365页。

展的，而不是静止的、封闭的、一成不变的。立法要体现与时俱进的精神，处理好稳定性与变动性、前瞻性与阶段性的关系。要增强立法的预见性，对每一项通过立法调整的内容、作出的决策、创设的制度，都要从有利于改革、发展、稳定的大局出发，综合考虑、反复权衡，既要通过立法肯定和巩固改革的成果，又要为新的实践、新的探索留下必要的空间，发挥立法的先导作用。要坚持立、改、废相结合，在抓紧出台新的法规的同时，对不适应改革开放和现代化建设需要的地方性法规，及时按照法定程序，该修改的修改，该废止的废止，需要重新制定的重新制定，需要作出立法解释的及时作出解释，使地方立法与时俱进，体现时代要求，避免落后于改革发展实践。

浙江省在地方立法工作中牢牢把握上述指导思想，转变观念，厘清思路，找准着力点，坚持立法围绕中心、服务大局，不断开拓创新、与时俱进，突出地方特色、立法为民，促进立法质量的不断提高。比如，省人大常委会在编制五年立法调研项目库和年度立法计划时，注意紧扣省委中心工作，认真开展调研，确保把具有立法必要性和可行性、调整范围和主要内容明确、经济社会发展迫切需要的立法项目列入立法调研项目库或年度立法计划，使立法项目的选择能够紧贴全省中心工作、回应社会关切、切合浙江实际；在制定农民专业合作社条例时，尊重农民首创精神，总结实践经验，深入调查研究，创设了农民专业合作社制度，赋予合作社法人资格，探索股权规范化管理，在全国产生了深远影响，并为国家农民专业合作社立法提供了蓝本；在制定城市管理相对集中行政处罚权条例时，为权力设定"笼子"，重点对执法行为规范、执法协作和执法监督等制度作了规定，突出强调执法与教育、疏导、服务相结合，保证行政执法的社会效果；在制定未成年人保护条例时，首次在地方性法规中规定未成年人违法和轻罪犯罪记录消灭制度，消除对违法和轻罪犯罪的未成年人的社会歧视，加大对未成年人权益的保护力度；在制定温州市民间融资管理条例时，结合温州实际，设立了民间借贷备案、定向集合资金、定向债券融资等具有地方特色的制度；在制定国有土地上房屋征收补偿条例时，注重保护被拆迁人的合法权利，明确因旧城区改建需要征收房屋的，需经百分之九十以上被征收人同意，方可进行旧城区改建，被征收人选择产权调换的房屋建筑面积应当不小于被征收房屋的建筑面积；等等。

三 完善工作机制，推进科学立法、民主立法

立法法确立了立法的民主原则、科学原则。九届全国人大四次会议提出，"力争做到立法决策的民主化、科学化"；十届全国人大五次会议要求，"科学立法、民主立法继续推进，立法质量进一步提高"；党的十七大进一步指出，"要坚持科学立法、民主立法，完善中国特色社会主义法律体系"；党的十八大、十八届三中全会、十八届四中全会进一步明确了加强科学立法、民主立法的具体思路和工作方向。科学立法、民主立法已成为立法工作的最基本、最核心的要求。推进科学立法、民主立法需要科学、民主的立法工作机制作保障。习近平同志在浙江工作期间多次强调，要进一步完善立法机制，提高立法的民主化、科学化水平，并从坚持走群众路线，充分发扬民主，完善立法公开，拓展立法与人民群众保持密切联系的渠道，加强法规立项论证、草案起草、调研和审议工作，以及加强立法理论研究、立法队伍建设和立法宣传等方面，就完善立法工作机制、推进科学立法、民主立法提出了具体要求。[①]

浙江省人大及其常委会高度重视立法工作机制建设，坚持把推进科学立法、民主立法作为推进立法工作发展的根本途径，不断探索实践，开拓创新，初步形成了贯穿立法工作全过程，适应浙江地方立法发展需要，体现公正、公平、公开原则的科学立法、民主立法工作机制体系，并取得较好的实践效果。

一是完善立法各阶段工作程序。把好选项关，建立"立法项目申报论证"和"年度立法计划确定前的逐项论证"机制，要求申报单位在申报立法建议项目时，除法规草案以外，还应提出有关该立法项目的书面论证报

---

① 参见习近平《干在实处 走在前列——推进浙江新发展的思考与实践》，中共中央党校出版社，2006，第366页。

告，内容包括立法必要性、可行性、立法依据、指导思想、需要规范和解决的重要问题等；浙江省人大常委会法制工作委员会会同立法建议人、省人大有关专门委员会、省政府法制办和有关专家等，通过召开论证会的形式，对立法项目逐项进行论证，确保选准、选好立法项目。实施立法项目进度精细化管理，对列入年度立法计划一类项目的法规，依次细化并明确相关起草单位、提请单位、审议单位、完成时间以及责任人员等，确保立法计划有序、滚动实施。建立法规草案提前介入工作机制，省人大有关专门委员会提前参与起草阶段的调研论证，及时了解并共同研究解决法规涉及的重大问题和关键制度。丰富立法调研方式方法，综合运用实地调研、召开座谈会、开展专题研讨、实施问卷调查等多种形式，完善各方意见的论证、吸收制度，不断提高调研实效。探索常委会组成人员法规审议事先调研制度，专门制定《省人大常委会组成人员、省人大代表参与立法调研工作办法》，努力提高审议质量。加强立法技术规范工作，2012 年全面修订《浙江省地方立法技术规范》，2013 年出台《地方性法规草案起草工作指引》，形成了较为完整的地方立法技术规范要求，实现了法规体例结构、条款表述、语言文字使用等方面的规范化、科学化，有利于地方立法坚持问题导向，突出地方特色，做到有几条规定几条，避免"大而全""小而全"，促进地方立法的转型发展。

二是深化立法公开。坚持开门立法，通过网络、报纸等媒体将所有法规规章草案向社会公开征求意见，编制年度立法计划时向社会公开征集立法建议项目，邀请公民旁听人大常委会会议审议法规草案，保证社会公众对立法工作的知情权、参与权、表达权和监督权。拓宽公众参与立法途径，于《立法法》颁布后率先在全国举行立法听证会，出台《浙江省地方立法听证会规则》，实现了立法听证的制度化。浙江省举行的听证会严格遵循科学规律、程序规范严谨，取得了很好的社会效果和立法效果。2008 年制定城市市容和环境卫生管理条例以及 2010 年制定消防条例时，联合"浙江在线"等网站与网友进行在线交流，探索立法机关与社会公众的互动交流新机制。2011 年制定实施食品安全法办法时，首次举行立法公听会，将立法听证会议题公开、程序规范的特点和座谈会程序简便的特点相结合，使立法更有效地集中民意、汇聚民智。2014 年出台《立法基层联系点工作制度》，根据地域的代表性、突出基层性的要求，从县级以下国家机关、基层自治组织以及其他符合条件的社会机构中选定若干立法基层联系点，依托联系点开展立法调研、征集群众意见，不断扩大人民群众对立法活动的有序参与。

三是提升代表参与立法的实效。十八届三中全会提出，要"加强人大常委会同人大代表的联系，充分发挥代表作用"。浙江省人大常委会经过认真总结经验、深入调研论证，于 2014 年在全国率先出台《关于省人大代表分专业有重点参与立法工作的若干规定》，建立省人大代表分专业有重点参与立法工作机制，要求代表根据自身的社会关注点、职业专长等因素，结合立法工作需要，主动选择希望并能够参与的立法项目，并全程深度参加所选法规项目的各阶段各项立法活动。省人大常委会法制工作委员会和省人大有关专门委员会为每一位重点参与的代表落实专门联系人员，提供资料传送、信息告知、疑问解答、技术协助等全程、全方位个性化服务。这一机制有利于进一步调动代表参与立法的主动性和积极性，更好地发挥代表的特点、优势和作用，使代表更加深入、全面、有效地参与立法工作，也是增强代表参与立法实效、深化立法民主的重要途径。

四是注重发挥专家作用。不断探索创新专家参与立法工作的机制，发挥专家作用，于 2005 年在全国率先组建了由法学、经济、政治、社会、文化等方面专家组成的地方立法专家库，之后出台《关于专家参与立法工作的若干规定》《地方立法专家库工作规则》《关于本届立法工作中发挥社会机构作用的若干实施意见》，在立法选项和法规草案起草、调研、论证等环节，更多地吸收社会机构参与，发挥好专家学者的智囊作用，实现了专家参与地方立法的常态化、制度化和规范化，为保障科学决策提供了可靠的智力支持和专业保障。

五是加强立法工作组织协调。做好立法过程中的组织协调工作，出台《关于进一步加强立法沟通协调改进立法工作的若干意见》《关于进一步加强省人大专门委员会和工作委员会立法沟通协调配合的若干意见》，就进一步加强省人大常委会和省政府之间以及省人大常委会内部之间的沟通协调作出规定，建立了立法工作联席会议制度、法规重要问题修改协商制度、立法计划实施工作安排沟通协商机制等工作制度。同时，对于存在重要分歧意见的法规，善于、敢于在矛盾的焦点上画杠杠，在充分听取各方意见和研究论证的基础上，及时统筹协调各种利益关系，作出决策。这些组织协调机制改变了以往起草部门、政府法制办、人大专门委员会、人大法制委各管一段的"接力式"工作模式，转变为由上述部门组成的"长跑队"，有利于充分发挥人大主导作用，调动各方积极性，形成立法工作的整体合力。

六是加大立法宣传力度。出台《省地方性法规公布工作流程》《关于做好法规宣传工作的若干意见》《浙江省人大常委会地方立法新闻发布会工作规则（试行）》，完善地方性法规公布程序，坚持在每次常委会召开之前举行立法新闻通气会，并就重大立法事项及时举行新闻发布会，为贯彻实施法规营造良好的社会氛围。为增加宣传实效，浙江省人大常委会法制工作委员会于 2013 年与全省发行量最大、影响力最广的都市类平面媒体《钱江晚报》和《都市快报》建立了长效工作机制，构建多途径、多层次的宣传平台。同时，做好全国第一家地方立法专业网站"地方立法网"的维护工作，完善网站信息沟通和反馈功能，发挥地方立法网在宣传地方立法工作、推进地方立法公开、畅通公民有序参与地方立法工作渠道等方面的积极作用。

七是完善立改废释并举机制。综合运用制定、修改、废止等手段，做到多种方式衔接协调，及时制定适应新时期的法规，及时修改和废止不适应经济社会发展需要的法规，特别是一些制定年代较早、已明显不适应全面深化改革需要的法规，保障法律体系的科学和谐统一。为保证行政许可法、行政强制法正确有效实施和确保中国特色社会主义法律体系如期形成，浙江省人大常委会分别于 2003 年、2009 年和 2011 年组织对浙江省现行地方性法规进行全面清理和专项清理，共修改、废止地方性法规84 件，并于 2012 年出台《浙江省地方性法规清理工作若干规定》，促进法规清理工作的制度化、规范化。2014 年，浙江省人大常委会又部署开展全面深化改革涉及立法问题梳理工作，并组织动员全省各级 8 万余名人大代表开展"查找不适应全面深化改革要求的法律法规条文"主题活动，推动相关法律法规的立、改、废，确保重大改革于法有据。

四 不断加强党对地方立法工作的领导

党的领导是立法工作的政治原则，也是做好立法工作的根本保证。习近平同志在 2003 年召开的全省立法工作会议上明确指出，立法工作是一项全局性的工作，随着依法治国进程的不断深入，党的领导方式和执政方式的不断改革和完善，党的主张越来越多地需要通过人大这个国家权力机关，依照法定程序转化为国家意志，成为全社会和全体人民的行为规范。党委要高度重视法制建设，适时提出立法建议，及时研究立法工作中的重大问题，发挥党委总揽全局、协调各方的核心领导作用，保证立法工作的政治方向。

浙江省认真贯彻落实习近平同志的要求，在地方立法中牢固树立党的核心观念，把坚持党的领导和依法治国有机统一于具体的立法实践中，不断改进和加强党对立法工作的领导，形成了一些行之有效的制度和做法，有力地确保了立法工作正确的政治方向。

一是加强对立法工作的整体部署和指导。自 2003 年召开全省立法工作会议后，2008 年和 2013 年，在每一届浙江省人大常委会任期之初都召开全省立法工作会议，省委主要领导作讲话或批示，对本届省人大常委会的立法工作作出整体部署；同时，省委还转发省人大常委会党组关于立法工作的意见，明确地方立法工作的目标、任务和具体工作要求。

二是建立立法重大事项请示报告制度。浙江省人大常委会在编制五年立法调研项目库、年度立法计划，开展重大立法活动时，都及时报请浙江省委，自觉接受省委对立法工作的领导并依法落实好省委的决策和指示，对省委提出的立法建议及时启动立法程序，确保把党的主张通过法定程序转化为全省人民的共同意志。

三是建立重大立法项目报请省委研究制度。省人大常委会年度立法计划确定以后都报送省委，请省委选择确定若干重大立法项目。在相应立法项目提请常委会审议通过前，省人大常委会党组要将法规草案报送省委，由省委常委会对该法规的立法可行性、主要制度设计和拟解决的主要问题等进行专题研究，并提出意见。

浙江地方立法取得了不少成绩，但也存在法规立项的科学性、前瞻性不够，科学立法、民主立法工作机制不够完善，立法理论研究不够深入，立法工作力量不足等问题。针对这些问题，浙江省将积极适应全面深化改革和建设法治中国赋予立法工作的新使命和新任务，不断推进科学立法、民主立法，提高立法质量，进一步发挥地方立法在全面深化改革、建设美丽浙江、创造美好生活中的引领和推动作用，为不断完善中国特色社会主义法治体系，努力推进法治国家、法治政府、法治社会一体建设，推动实现国家治理体系和治理能力现代化作出新的贡献。

第三节　不断加强对"一府两院"的监督和制约

监督权是宪法和法律赋予人大及其常委会的一项重要职权。习近平同志在浙江工作期间对人大监督工作十分重视，提出了许多重要的思想、观点和要求，内涵十分丰富，具有很强的理论性、思想性和实践性特征，体现了习近平同志在省域层面对 21 世纪以来民主法治建设的理论创新和实践探索，与党的十八大以来中央关于加强人大监督决策部署精神是相一致的，与党的十八大以来习近平总书记关于民主法治建设重要论述是紧密联系、相互贯通、一脉相承的，为全省各级人大及其常委会有效履行监督职能提供了基本遵循和行动指南。这十多年来，全省一以贯之地落实习近平同志关于人大监督的重要思想、观点和要求，依法加强监督工作，监督意识不断增强，监督领域不断拓宽，监督方式不断改进，监督机制不断完善，监督实效不断提高，为深入实施"八八战略"和"创业富民、创新强省"总战略，建设物质富裕、精神富有的社会主义现代化浙江提供了重要的法治保障。

一 深化认识，推进人大监督工作规范化、制度化

加强人大监督工作，对于保证宪法和法律的有效实施，督促"一府两院"依法行政和公正司法，不断提高经济社会生活的法治化水平，具有十分重要的意义。习近平同志指出，做好人大监督工作的基本要求有四个方面：第一，坚持社会主义法治理念；第二，走中国特色社会主义政治发展道路；第三，把坚持党的领导、人民当家作主和依法治国有机统一起来；第四，以维护最广大人民群众的根本利益为目的。这些为浙江省人大开展监督工作指明了方向，提出了要求。各地把深化认识作为贯彻实施《监督法》、依法履行监督职责的重要前提，从发展社会主义民主政治和依法治国的高度，深刻认识监督工作的重要地位，准确把握做好监督工作的基本要求，注重规范有序，着力提高监督工作规范化、制度化、程序化水平。

一是强化学习宣传。浙江省各级人大深入学习中央和省委关于人大监督工作的指示和要求，认真学习人大制度理论和实践，全面学习与人大监督工作相关的法律法规。2003 年 3 月，省十届人大常委会组成后不久，即举办了法制学习培训班，习近平同志亲临培训班并发表了讲话。2006 年《监督法》出台前后，各地通过召开中心组读书会、全省人大工作经验交流会、市县人大常委会主任座谈会和组织专题讲座、开展专题培训等方式，认真学习领会中央领导同志关于监督工作的指示精神，利用各种媒体加强宣传，统一思想认识，正确把握《监督法》的基本原则和主要内容，不断增强人大和"一府两院"贯彻实施《监督法》的自觉性，为全面落实《监督法》提供了思想保障。2008 年 8 月，省十一届人大常委会举办了监督法专题学习会，回顾总结浙江地方人大监督工作的探索实践，谋划人大监督工作思路。2013 年 4 月，省十二届人大常委会举办了集中学习会，听取了监督法专题讲座，并就人大监督工作进行了交流讨论。通过多种形式的学习宣传，各地深化了认识，理清了思路，明确了努力方向，较好地把中央精神、法律规定和有关要求贯穿到了人大监督工作全过程、各方面，推进了全省人大监督工作深入开展。

二是依法规范人大监督形式。在《监督法》实施之前，浙江省各级人大积极履行监督职能，通过听取和审议"一府两院"有关工作报告，开展法律法规执行情况检查，以及"两项评议"（即任命干部述职评议、代表评议）等监督方式，不断探索监督工作的有效形式，着力提高监督工作实效。《监督法》对人大常委会监督形式进行了规范，明确了听取和审议专项工作报告、计划和预算监督、法律法规实施情况的检查、规范性文件备案审查等七种基本的监督形式。全省各地坚决贯彻中央和省委指示精神，严格依照《监督法》规定办事，依法规范监督形式，监督工作实现平稳过渡，在维护国家法制统一的前提下，继续探索实践，不断完善规范，人大监督工作有了新的发展、新的成效。

三是加强监督工作制度化建设。浙江省各级人大把加强监督工作制度化建设作为一项基础性工作来抓，着力总结、规范、提高，保证了人大监督工作有序进行。《监督法》实施以来，各地从实际出发，及时制定《监督法》实施意见，明确职责分工和具体要求，细化工作程序，增强针对性和可操作性。同时，对照《监督法》规定，对相关地方性法规、工作制度、议事规则进行全面梳理，对与《监督法》不一致的规定进行了修订，进一步健全相关制度。结合实际，省人大常委会于 2008 年 11 月制定了《浙江监督条例》，就监督计划的制定、监督工作的组织实施以及审议意见处理、监督公开、法律责任等作出具体规定，增强了监督法律的实施性。2009 年 11 月，省人大常委会还制定了监督工作程序，增强了监督工作的操作性。

二 围绕中心，推动中央和省委重大决策部署的贯彻落实

围绕中心、服务大局，是做好人大监督工作的必然要求。习近平同志强调，监督工作服务于党和国家工作大局，说到底就是要为大局创造一个良好的法治环境，提供有效的法治保障。在这方面，需要努力的环节很多，但关键还是要选准题目。选准了题目，就抓住了监督工作的关键，就为监督工作服务大局奠定了一个良好的基础。浙江省各级人大按照围绕中心、突出重点、讲求实效的要求，紧紧抓住改革发展稳定中的重大问题、关系人民群众

切身利益的热点难点问题进行选题，精选载体和抓手，认真组织实施，依法开展监督，推动和保障党委中心任务的深入开展，发挥人大监督在围绕中心、服务发展方面的职能作用。从省人大监督情况来看，这些年来，省人大常委会按照《监督法》规定，每年精心确定监督议题，加强法律监督和工作监督，着力推动中央和省委重大决策部署的落实，促进经济持续健康发展与社会和谐稳定。

一是加强对经济领域重大问题的监督。省人大常委会围绕贯彻落实中央宏观调控政策和"八八战略"实施、经济转型升级和改善民生、全面深化改革、"三改一拆"和推进"五水共治"，认真分析宏观经济走势，密切关注"十五"计划、"十一五"规划、"十二五"规划和年度目标任务的落实情况。从2003年开始，每年年中都听取和审议关于上半年全省经济社会发展情况的报告，督促和支持省政府稳增长、调结构、促改革，促进经济持续健康发展。同时，还听取和审议了实施"五大百亿"工程、统筹城乡发展、发展服务业、深化行政审批制度改革、防洪排涝、全省改革试点情况等报告，对安全生产法律法规、《农业法》及相关法律法规、中小企业发展条例执行情况等进行了专项检查。

二是加强对文化领域重大问题的监督。省人大常委会听取和审议了关于文化大省建设、农村公共文化服务、全民健身活动等报告，对文化遗产保护、历史文化名城保护、文物保护、《专利法》、《著作权法》、民间信仰活动场所管理等进行执法检查和调研，促进加快建设文化大省重大决策部署的落实，推动浙江文化大发展大繁荣。

三是加强对保障和改善民生领域热点难点问题的监督。省人大常委会始终把保障和改善民生作为监督的重点，开展对省卫生厅、省民政厅厅长的述职评议，组织省人大代表对食品药品执法工作等进行评议，先后在全省范围内开展了教育、养老保险基金管理专项工作审议，审议了食品安全、物价调控监管、保障性安居工程建设、医药卫生体制改革、养老服务体系建设等报告，对《劳动法》《食品安全法》《道路交通安全法》等执行情况进行了检查，开展了劳动合同、妇女权益保障、宗教事务等执法调研，推动解决人民群众关注的一些热点难点问题，进一步促进社会建设。

四是加强对环境保护和资源利用工作的监督。围绕生态浙江建设，早在2003年省人大常委会就作出相关决定，2004年即在全省范围内开展生态建设和环境保护执法检查，接着又连续三年进行跟踪督查，有力推进了生态省建设。2010年、2013年，先后采取全省统一部署、上下配合方式开展水污染防治、饮用水水源保护执法检查，取得了较好效果。同时，听取和审议了节能减排、保护海洋环境、建设生态公益林、"三改一拆"等报告，着力推进生态文明建设，为建设"两美"浙江和美丽中国贡献了力量。

五是加强对维护公平正义难点问题的监督。省人大常委会注重综合运用多种监督形式，加强对司法机关及相关部门工作的监督，促进了司法公正和依法行政，维护了社会公平正义。在听取和审议相关专项报告基础上，2010年，常委会作出了《关于加强检察机关法律监督工作的决定》；2011年，听取和审议了省检察院及省高院、省公安厅、省司法厅贯彻执行决定情况的报告，并分别提出了审议意见；2012年，常委会又听取和审议了内司委和公检法司四个部门的报告，就审议意见的落实情况分别进行了满意度测评，切实推动决定的贯彻实施。

三　完善形式，综合运用多种监督手段

深入贯彻《监督法》，充分运用各种监督手段，坚持监督与支持相统一、敢于监督和善于监督相结合，是推进人大监督工作的现实需要。习近平同志指出，监督以支持和推进工作为目的，支持以监督为形式和手段。人大必须在宪法和法律规定的范围内进行监督，坚持法定性，反对随意性，做到敢于监督和善于监督。习近平同志强调，人大监督工作坚持依法治国，就是要维护法律权威，保证有法可依、有法必依、执法必严、违法必究，保证广大人民群众依法行使权利和履行义务，保证国家各项工作都依法进行。浙江省各级人大始终坚持在同级党委的领导下，正确把握监督与支持的关系，突出监督重点，充分运用多种监督形式，依法加强监督工作，确保了监督法律法规在浙江得到全面实施。

一是以听取和审议专项工作报告为人大监督的最基本形式。各地每年都安排听取和审议"一府两院"有关专项工作报告，督促"一府两院"改进工作。从 2003 年以来，全省共听取和审议"一府两院"近 1 万个专项工作报告。《监督法》实施以来，各地听取、审议专项工作报告次数增多，监督力度进一步加大。如在 2013 年这一年时间里，省十二届人大常委会听取、审议的专项报告就达 28 个。各地还根据党委阶段性中心任务和工作重点，及时补充和调整监督工作安排，使人大工作更具有全局性、时效性和针对性。2003 年"非典"疫情发生后，省人大常委会及时听取和审议省政府关于"非典"防治工作情况的报告，全力支持和参与抗击"非典"斗争。2013 年省人代会闭会之后，及时补充省人大常委会监督工作计划，增加了"三改一拆"、城市交通拥堵治理、行政审批制度改革等重点工作，取得了较好的实际效果。各地审议专项工作报告形式多样，富有特色。如瑞安、泰顺在一届内对政府的各部门工作普遍审议一次。有的地方开展专项工作和部门工作评议。如杭州市 2008 年开展了食用农产品和市区廉租房建设管理情况专项工作评议。

二是以计划和预算监督为人大监督的着力点。习近平同志指出，要强化对财政预决算和经济工作的审查监督，尤其是强化对部门预算、预算外资金和财政资金投资建设重大项目的审查监督。各地以此为着力点，认真审议计划执行、预算执行等报告，审查批准决算和预算变更、调整，加强和改进了预决算审查监督工作。2004 年以来，省人大常委会以部门预算为抓手，进一步深化预算审查监督工作。在推进部门预算的基础上，有重点地开展了政府性债务、科技专项资金和水利专项资金使用情况的监督。嘉兴、海宁等地建立了人大财政在线监督系统，与市财政局联网，对市级各部门的预算执行情况进行实时监督。党的十八大以来，全省各地加强对政府全口径预决算审查监督，规范程序，细化预算编制，改进审查方式，推动预决算审查监督由程序性监督向实体性监督转变。宁波市 2012 年底制定了实施意见，由市人代会授权人大常委会审查批准市属相关开发园区公共财政预算，迈出了对开发园区预算实质性监督的第一步。这几年来，温岭市在实施预算恳谈的基础上，通过对资金全覆盖、过程全公开、参与全方位的监督，加强对政府"钱袋子"的监督，取得了显著成效。

三是以执法检查为人大监督的主要形式。各地积极探索实践，进一步加强和改进执法检查工作，保证了宪法和法律有效实施，维护了宪法和法律的权威。如 2003～2013 年，省人大常委会对 59 部法律法规开展了执法检查和执法调研，其中 2004～2013 年开展全省统一部署的执法检查有 10 项。如 2004 年，习近平同志直接领导了在全省范围内开展生态建设和环境保护执法检查，形成执法检查强大声势和合力，解决了一批全省生态环保工作中存在的突出问题。

四是以规范性文件备案审查为人大监督的重要方面。各地高度重视备案审查工作，坚持在实践中探索、在探索中规范、在规范中提高，加强了备案审查工作制度化和规范化建设。省人大常委会及时制定有关规定，为全省开展备案审查工作提供了可操作的法规依据。进一步理顺工作流程，注重改进方式方法，在全面审查的基础上，结合年度监督工作要点，组织开展有重点的主动审查，加大审查工作力度，保证了社会效应和法律效果的统一。同时，通过召开工作会议、下发指导意见、举办培训班、建立统计报告制度等方式，加强对市（县、区）人大常委会备案审查工作的指导，推动全省备案审查工作积极稳妥开展。

四　注重创新，不断增强监督工作实效

坚持解放思想，开拓创新，积极探索监督工作的有效途径和方式，对于提升监督的针对性和有效性至关重要。浙江省各级人大以增强监督实效为核心，注重监督组织方式方法创新，提高监督工作针对性和有效性，有力推动了人大监督工作与时俱进。

一是采取上下联动方式共同开展专项工作审议。参照执法检查的做法，2008 年、2011 年和 2014 年，浙江省人大常委会采取全省统一部署、上下配合的方式，分别开展了教育工作、养老保险基金管理和贯彻"五水共治"战略决策推进防洪排涝工作专项审议，在专题调研的基础上，听取和审议了

省政府专项工作报告，提出了具体整改要求，并抓好后续跟踪督查。各市、县（市、区）人大常委会加强组织领导，同时开展了专项审议。省、市、县三级人大联动，声势大、效果好，调查问卷显示，认为上下联动效果很好的占81.1%，得到了各地充分认可。

二是认真组织开展专题询问。2010年全国人大常委会开展专题询问后，全省各地陆续开展了这项工作，这已成为各地完善监督形式的重要举措。2011年、2012年和2013年，浙江省人大常委会在审议决算和审计工作报告、开展食品安全执法检查、审议养老服务体系建设情况专项工作报告时，组织开展了专题询问。通过专题询问，把调研与审议、审议与询问、询问与整改结合起来，进一步深化审议专项报告和执法检查工作，增强了监督力度，推动了"一府两院"改进工作方式和作风。

三是通过满意度测评等方式提高审议意见处理质量。为推进审议意见落到实处，这些年来各地注重创新审议意见处理方式，大部分地方开展了对审议意见研究处理落实情况满意度测评，取得了明显的效果。截至2012年底，全省有74.3%的市、县（市、区）人大开展了满意度测评，认为效果很好的占76.4%。从2010年开始，省人大常委会连续开展了满意度测评，分别对农业执法检查、水污染防治执法检查和贯彻落实《关于加强检察机关法律监督工作的决定》等审议意见的情况开展了满意度测评。各地十分注重总结完善，进一步提高审议意见处理制度化、规范化水平。从省人大情况来看，浙江监督条例设专章对审议意见各个环节做了规定，明确了任务要求。2009年，监督工作程序专门对审议意见交办落实做了规定，从工作层面明确程序和职责。2010年，又对改进审议意见起草工作进行了研究，明确了审议意见分为研究参考类、研究落实类、落实反馈类、跟踪督查类，并对各类审议意见处理提出了具体要求。2013年以来，为便于抓好审议意见整改落实，强调要紧紧围绕问题提出具体可行的意见，整改措施要细化、具体化、量化，增强可操作性和可执行性。如2013年饮用水水源保护执法检查审议意见，提出了关停、取缔保护区内55家违法企业或设施，完成72处隐患整治等10个重点问题的具体办理意见，交省政府整改落实，收到了明显效果。

四是采取多种形式加强和改进司法监督工作。各地扣紧司法公正这个主题，以完善司法机关内部监督制约机制和提高司法能力为重点，采取多种形式，进一步增强了司法监督实效。浙江省人大常委会采取行使监督权与重大事项决定权、审议司法机关和行政机关专项工作报告、初次审议与跟踪监督相结合等形式，发挥各种方式的优势，形成了司法监督的合力，这已成为省人大监督的一个显著亮点。如2010年，为推动行政诉讼法贯彻实施，在听取和审议省高院行政审判情况报告同时，还听取了省建设厅、省工商局关于实施行政复议法和行政诉讼法情况的报告，对"一府两院"工作起到了积极促进作用。2013年，省人大常委会制定了监督司法机关工作办法，推动司法监督的制度化、规范化。一些地方探索开展司法机关工作执法评议，如台州椒江等县区人大常委会探索开展对两院"两官"的履职评议，取得了较好的效果。

五是注重强化跟踪监督。发扬"钉钉子"精神，对重点监督事项持续深入开展跟踪监督，通过连续几年层层递进、步步深入，推动了相关热点难点问题的解决。比如在2012年全省开展食品安全执法检查的基础上，2013年继续通过全省统一部署、上下联动的方式对审议意见落实情况进行了跟踪检查，提出了6个具体问题的审议意见；2014年又委托有关专门委员会跟踪督查食品安全执法检查审议意见落实情况，取得了较好的社会效果。富阳市连续五年与省市人大联动，对生态及环境保护执法检查进行跟踪监督；安吉县连续三年监督全县重点项目进展情况，有效推动实际问题解决。在加强跟踪监督过程中，各地注重发挥有关专门（工作）委员会的作用，加强对重大司法和民生领域执法难点问题的关注和监督，通过调研、视察等形式开展跟踪督查，及时了解"一府两院"的整改情况，并督促其按规定向常委会提交整改报告。

五　夯实基础，拓宽人民群众对人大监督工作的参与渠道

推进监督工作公开化、民主化，畅通公民有序参与渠道，充分体现群众

的利益诉求，是做好人大监督工作的重要保证。习近平同志指出，人大代表参与监督工作，有利于人民群众表达意愿、实现有序的政治参与，有利于密切党同人民群众的联系，更好地为人民掌权执政。全省各地坚持行之有效的方法和制度，通过发挥代表联系群众的优势，拓宽人民群众有序参与渠道。在监督选题环节，一些地方注重听取代表意见，通过新闻媒体、代表履职服务平台向代表和人民群众征集议题。嘉兴市通过印发代表征求意见表收集监督议题；台州和金华两市建立了选题公示制度，在选题确定前通过媒体征求社会各界意见。2013年，浙江省人大常委会通过代表履职服务平台向全体省人大代表征集议题。在监督议题组织实施过程中，有针对性地邀请代表参与专题调研、执法检查，就近就便组织代表开展监督活动，充分发挥代表在监督中的作用。2013年，浙江省人大常委会组织各级人大代表开展"查找水污染源"主题活动，2014年又广泛发动各级人大代表参与"五水共治"监督工作，有力促进了省委以治水倒逼转型升级重大决策部署的落实。在推进监督工作公开化、民主化过程中，全省各地坚持公开原则，把人大监督的内容、监督的议题和方式、程序，提出的审议意见以及"一府两院"对监督的反馈，采取多种方式向社会公开，保证了人民的知情权，密切了同人民群众的联系，接受了人民群众的监督。各地运用公听会、公民旁听、网络视频直播等形式，提高人大监督工作的透明度，扩大群众对监督工作的参与。据统计，全省有83.6%的市县将年度监督工作计划向社会公开。省人大常委会在坚持公民旁听、网络视频直播的同时，积极探索推进监督公开化的有效途径，结合开展道路交通安全执法检查，首次举行了公听会和网议，直接听取群众的意见建议，并与网民进行交流互动。各地进一步丰富公开的方式，拓宽群众参与监督工作的渠道，夯实人大监督工作的社会基础。在加强监督工作宣传过程中，各地注重加强与新闻媒体的协调配合，认真策划重大监督事项宣传，突出重点、抓住"亮点"，丰富人大监督报道内容，加强对监督议题的深度报道，积极搭建与群众互动平台，为监督工作顺利开展营造良好的社会氛围。如2013年，省人大常委会与浙江卫视共同举办《问水面对面》电视问政节目，社会反响强烈。

实践充分说明，加强和改进人大监督工作，是推进人民代表大会制度与时俱进的重要内容，是全面深化改革和深化"法治浙江"建设的必然要求，是提高党的执政能力和保证人民当家作主的重要举措。新形势下要按照中央和省委决策部署，坚持依法治国，认真行使监督职权，维护宪法和法律权威，充分发挥法治的引领和规范作用，推进全省人大监督工作再上新台阶。在所坚持的原则方面，要贯彻好监督法规定的"五个坚持"，尤其要处理好加强人大监督和坚持党的领导关系，健全"一府两院"由人大产生、对人大负责、受人大监督的具体制度，完善人大与"一府两院"沟通协调机制，始终在党的领导下依法开展监督工作。在监督的内容方面，要加强对宪法和法律实施的监督，强化对权力运行的制约和监督，强化对贯彻落实中央和同级党委重大决策部署的监督，强化对民生问题的监督，强化人大预算决算审查监督、国有资产监督职能。在方式方法方面，要勇于探索实践，不断创新监督组织方式方法，完善监督形式，健全监督工作机制，注重通过询问等多种监督形式积极回应社会关切，充分听取和反映民意，加大跟踪问责和督促整改落实力度，增强监督实效。

第四节　充分发挥人大代表的主体作用

党的十八大报告指出，支持和保证人民通过人民代表大会行使国家权力。人大代表来自人民、扎根人民，充分发挥代表主体作用是保障人民当家作主、坚持和完善人民代表大会制度的基本要求。进入新世纪以来，浙江省各级人大常委会以充分发挥代表主体作用为主题，以密切代表与群众的联系为主线，坚持走群众路线，牢固树立以代表为中心的工作导向，紧紧围绕浙江工作大局，组织代表开展闭会期间的活动，服务保障代表依法履职，代表的素质不断提高、代表履职的内容不断丰富、代表活动的成效不断显现，充分发挥了人大代表服务经济社会发展、服务民主法制建设的重要作用，为深入实施"八八战略"和"创业富民、创新强省"总战略，建设物质富裕精神富有的社会主义现代化浙江作出了重要的贡献。

一 密切"双联系"，畅通民意诉求表达渠道

人大最大的优势是密切联系群众。习近平同志指出，密切同代表和人民群众的联系，接受代表和人民群众的监督，是做好人大常委会工作的根本保证。2003 年，时任浙江省委书记、省人大常委会主任的习近平同志，在淳安参加省十届人大常委会第一个主任接待代表日活动，带领省有关部门领导与基层代表共商经济社会发展大计，广泛听取和推动解决代表提出的意见建议，并对省人大常委会定期举行接待代表日活动的做法给予充分肯定，为深入实施这一人大密切联系代表的制度作出示范和表率。多年来，浙江各级人大将加强常委会与代表、代表与人民群众这两个方面的联系作为代表工作的基础工程加以推进，扩大代表对常委会会议以及立法、监督等各项工作的参与，开展"代表进社区"、"代表接待日"等形式的代表联系群众活动，在畅通民意表达、促进公民有序政治参与方面积累了有益的经验。党的十八大和十八届三中全会对健全完善代表联系群众工作制度机制提出明确要求，浙江各级人大继续加强"双联系"工作，在健全人大联系代表、代表联系群众机制方面又迈出了新步伐。

一是推进人大常委会与代表的常态化联系。为适应信息化时代密切人大与代表联系的需要，浙江省人大常委会于 2013 年建立了"浙江人大代表履职服务平台"，为浙江 8 万多名全国、省、市、县、乡五级人大代表的履职提供及时、全面的服务。目前，履职平台的访问量超过 750 万人次，平均每月 60 万人次。代表们通过履职平台《工作信息》《议案建议》《网络交流》等 7 个栏目，及时了解重要政情信息、提交代表议案建议、反映社情民意、与人大和"一府两院"交流和互动，一批代表通过平台反映的意见建议得到及时的落实解决。据统计，平台向代表发送工作信息、文件和资料累计达 150 万条；代表在履职平台上发起各类专题讨论 1200 多次，直接参与交流的发帖量达到 5 万余人次；代表主动登记重要履职信息 5000 多项，涉及代表 2.5 万多人次；代表上传个人履职案例 500 多个。平台建成以来，浙江省人大常委会所有立法监督工作、省政府工作报告均通过履职平台征求代表意

见。近期，平台推出手机移动终端，进一步改进代表与人大常委会联系、反映民意的途径，有效地提升了常委会与代表进行联系互动的便捷性和时效性。

二是推进代表与群众的阵地化联系。十多年的探索实践证明，代表联络站是代表和群众实现固定联系交流的重要阵地，是由人大组织保障，实现公民有序表达民意的重要平台。为深入贯彻党的十八大精神，浙江在坚持组织具有灵活性的代表联系群众活动的同时，全力加强代表联络站阵地建设，为代表联系群众提供固定的场所。各地在联络站建设中既结合当地实际，又遵循一定的建设标准，实现人大代表联络站名称统一、正式挂牌、场所固定、制度上墙等规定的落实。目前，浙江1324个乡镇、街道已建立代表联络站2479个，顺利建成覆盖全省的人大代表联系群众网络体系。各地积极完善联络站运行机制，推动代表进站全员化、联系活动长效化、联系工作网络化、舆论宣传多样化，提升联络站活动实效。依托代表联络站体系，浙江省人大常委会已开展"代表查找不适应全面深化改革要求法律法规条文"主题接待活动。据统计，浙江省各级人大代表提出4261条意见建议，其中涉及法律的意见建议为1807条，涉及行政法规的为588条，涉及省地方性法规的为1366条。这些意见建议梳理后，将为全国人大常委会、国务院、浙江省人大常委会修改、废止法律法规提供重要参考。同时，浙江省人大常委会结合人代会审议修改的《浙江省社会养老服务促进条例》，组织全体省人大代表进驻各地代表联络站开展主题接待活动，为代表参加人代会审议好该条例打下坚实的基础。在创建代表联络站的基础上，浙江各级人大加强协同合作，逐步在代表履职服务平台上设立网上代表联络站，实现群众与代表之间建立全天候的联系。

三是推进人大常委会与代表、代表和群众的规范化联系。多年以来，浙江各地结合"双联系"工作实际，制定出台了一系列制度规范。2008年，浙江省人大常委会制定出台了《浙江省人民代表大会常务委员会联系省人民代表大会代表办法》和《浙江省人民代表大会代表联系原选举单位和人民群众办法》，对浙江各地的"双联系"工作予以进一步的规范和指导。随着实践的不断推进，各地进一步建立健全人大常委会组成人员联系代表制度。省人大常委会坚持和完善"常委会主任会议成员接待代表日"制度，进一步提高主任会议成员接待代表活动的频次，本届以来常委会主任会议成员已在丽水、金华、温州、台州等地接待代表。2014 年，省人大常委会先后通过《关于省人大常委会主任会议组成人员直接联系省人大代表的意见》和《关于省人大常委会委员联系省人大代表的意见》，要求每位主任会议组成人员直接联系 5 名以上省人大代表，人大常委会委员联系所在原选举单位的 5 名省人大代表。目前，常委会主任会议组成人员直接联系的代表已有51 名，省人大常委会委员联系的代表已有 261 名。人大常委会组成人员陆续通过走访座谈或者电话联系等方式，听取代表对各方面工作的意见建议，了解经济社会发展和法律法规的实施情况，向代表宣传党和国家的大政方针，帮助代表总结依法履职的好做法和好经验，及时向人大有关部门反馈代表提出的意见建议，促进了联系工作的规范化、有效化开展。

二 丰富闭会期间代表活动，增强代表履职实效

人大代表是人大工作的力量源泉、智慧源泉和活力源泉。浙江有 8 万多名各级人大代表，这是一支很重要的队伍，有计划地组织代表开展视察和专题调研，丰富代表闭会活动的内容，提高活动的实效，对于发挥代表的作用至关重要。浙江省各级人大常委会切实把握代表闭会期间活动和代表会议期间履职的有机统一关系，将保障代表闭会履职，充分发挥代表闭会后的作用，作为代表工作探索实践的重要课题，不断加强和改进代表闭会活动的组织实施工作，努力使代表在闭会期间的履职动起来、活起来和好起来。

一是开展代表主题活动，推动代表履职精准发力、有效发力。多年来，浙江省各级人大围绕浙江中心工作，有计划地组织代表就浙江"平安浙江""文化大省""法治浙江""绿色浙江"建设等方面的专题开展视察和调研活动，提出了一批高质量的意见建议，有力地促进了浙江中心工作的开展。建设创建生态省、打造"绿色浙江"是习近平同志在浙江工作时大力倡导并着力推进的重大决策部署。2013 年，浙江省人大常委会围绕省委深化生

态省建设的最新部署，积极服务于以治水倒逼转型升级的重大决策，组织发动浙江8万多名各级人大代表开展"关心母亲河溪、查找水污染源、恪尽代表职责"主题活动，浙江各级人大代表积极响应，随时就地参与监督治水，通过代表履职平台反映问题、提出建议。浙江各级代表共查明污染源3.1万多个，提出治理建议2.9万多条，活动取得明显成效，有力地推进了浙江污水治理工作。

二是创新代表活动形式，丰富代表履职方式、拓展履职空间。从历史实践经验看，只有坚持不懈地创新，人大工作才能更好地依法办事，才能更好地维护人民群众的根本利益，才能更好地推进社会主义政治文明建设。多年以来，浙江代表工作大胆创新、勇于开拓，形成了一系列成熟的做法和典型的经验。如杭州市开展代表定向视察活动，对特定政府部门的工作形成有力的督促。湖州市人大代表与"一府两院"负责人双向约见活动，强化了代表对"一府两院"工作的日常监督。宁海市实施乡镇政府实事工程代表票决制，推进政府实施民生工程和人民的现实意愿相统一。温岭市组织代表参加"预算民主恳谈"，增强公共财政资金投放的均衡性和合理性。乐清市建立"人民听证"制度，政府重大决策前首先听取代表和群众的意见，夯实政府依法行政的民意基础。这些代表工作为代表更好发挥监督作用提供了新的平台和空间，推动了政府治理水平和成效的提升。

三是建立代表履职激励约束机制，保障代表积极履职、接受监督。浙江省各级人大围绕密切代表与原选举单位和选民的联系，强化代表接受群众的监督，提升代表为民服务的意识，进行了持续的探索实践。据统计，48.9%的县（市、区）人大常委会接受过选举产生的上级人大代表的书面或口头述职报告，73.5%的县级人大常委会组织代表向选民述职，有效地增强了代表依法履职的责任感。当前，依托浙江各地人大代表联络站，各地积极组织代表与群众见面，向群众报告履职情况。从2008年起，各地还大力推行代表履职登记制度，建立了代表日常登记、代表小组集体审核、代表小组长签字确认的流程机制，根据2009年的统计，全体省人大代表和89.8%的市、县级人大代表对履职情况进行了登记。同时，各地加大对代表履职典型事迹的宣传力度，省人大常委会于 2013 年开始组织代表在省人代会预备会议期间开展大会履职经验交流，进一步激发了代表的履职热情。

三 优化代表议案建议处理工作，提高审议和办理质量

提出议案建议是代表的重要职权，也是代表为民代言、服务发展、发挥作用的重要抓手和履职方式。多年以来，浙江省各级人大在"认真"二字上下深功夫，以精细化的举措优化审议和办理工作，做实做好审议和办理工作各个重要节点，健全完善重点建议办理和重点督办工作，探索创造了建议办理"五步法"、"十步走"、办理结果合议制、绩效评估、办理评议、跨年度跟踪问效等一批成熟经验，确保代表的意见建议得到落实。近年来，省人大代表建议得到解决和基本解决的约占 40%，问题部分解决或列入解决计划的约占 52%。

一是在提升代表议案建议质量上做文章。提升代表议案建议的质量是做好议案建议审议和办理工作的前提。各地在人代会召开前，坚持向代表提供重要政情信息资料，寄送代表议案建议范本，组织代表开展视察和调研活动，为有针对性地写好议案建议做好准备。通过代表小组商议的形式，集体交流完善代表拟提交的议案建议，确保代表议案建议质量。2012 年，浙江省人大常委会首创代表议案建议预提交制度，协调市级人大常委会代表工作机构提前介入、审核把关，协助代表修改完善议案建议内容，进一步提升了代表议案建议的规范性和针对性。2003 年至今，浙江省人大代表在省人代会上提交的议案建议数量和质量均呈现持续上升趋势。在 2014 年的浙江省十二届人大二次会议上，省人大代表提交议案建议共 1069 件，数量创历史新高，质量又有新的提升。

二是在推动重要问题的落实解决上做文章。2004 年浙江省政府在全国率先实施省长领办省人大代表重点建议制度，浙江各级政府相继建立了本级政府领导领办重点建议制度，并逐步推行承办单位负责人领办重要建议制度。近年来，浙江省县（市、区）级人大代表提出的建议平均有 5% 作为重点建议进行办理。同时，浙江省各级人大常委会逐步建立健全常委会重点督

办建议制度，由主任会议成员领衔相关专门委员会，选择一定数量的建议，对其办理情况进行跟踪检查。重点办理和重点督办制度的实施，有效提高了各地对建议办理工作的重视程度。很多地方建立了政府或部门办公会议讨论决定建议办理工作的机制。通过重点领办和重点督办制度的实施，多年来，一批事关浙江改革发展稳定大局、事关群众切身利益的重点代表建议得到较好落实，得到了代表和群众的充分肯定。

三是在加大办理公开化力度上做文章。各地普遍运用信息化手段推进办理工作公开化。浙江省人大常委会通过"人大代表履职服务平台"将建议办理的 11 个环节实时向代表公开，将办理进度全过程置于代表的监督之下。温州市人大常委会抓住建议分办这一第一工序，实施建议分办情况向代表公开和征求意见，并根据代表的反馈对建议承办单位作出必要调整。同时，浙江各地大力推进代表对办理工作的参与，组织代表对特定建议的办理工作或承办单位的办理工作进行视察和调研，组织代表小组对建议的办理结果进行集体合议，形成对办理工作的有效监督。

四是在完善办理工作评价机制上做文章。浙江省人大常委会积极开展代表建议分类评估，建立与建议质量相联系的工作机制。健全和完善代表参与建议办理评价机制，在承办单位向代表征求意见的基础上，实施人大常委会向代表征求评价意见，确保对办理工作评价的客观性。当前，浙江省人大常委会正开展办理结果评价指标专项课题研究，建立办理工作的评价指标体系和分值区间，实施办理结果评价打分制度，优化对办理结果的监督考核。

四 加大服务保障力度，为代表发挥主体作用创造条件

各级人大常委会办事机构和工作机构是人大代表依法履职的集体参谋和助手。这一职能的全面强化主要得益于人大代表工作机构的建设。习近平同志在担任浙江省十届人大常委会主任期间，浙江省人大常委会先后设立省人大代表联络处和全国人大代表联络处，配备相应工作人员，浙江省各地级市人大常委会也相应设立省人大代表联络处，进一步加强了浙江人大代表工作

机构的组织建设和人员力量。在加强自身机构建设的基础上，浙江省各级人大常委会牢固树立服务代表、依靠代表的工作意识，采取有效措施，加大服务保障力度，积极为代表发挥主体作用创造良好条件。

一是加强代表履职培训。优良的代表素质是代表发挥好主体作用的基本前提。多年来，浙江省各级人大常委会不断加强代表培训工作，建立代表系统培训机制，保障代表及时接受新知识、新思想，熟悉新政策、新法规，助推代表履职能力提高。近十多年来，浙江省人大常委会平均每届都举办大规模的代表培训班，实现对全体省人大代表培训的全覆盖。浙江省县（市、区）级人大常委会平均每届组织 5 次代表培训，覆盖 90% 以上的代表。通过大范围、系统化的培训，代表履职素质和能力得到了有效的提升。

二是促进代表知情知政。充分地知情知政是代表发挥好主体作用的必然要求。浙江省各级人大常委会代表工作机构积极保障代表知情知政，不断增加邀请代表列席人大及其常委会或专门委员会会议的人数，组织代表参加半年度经济社会发展情况通报会和专题政情通报会，有效地保障了代表对各方面工作的了解。同时，浙江省各级人大常委会顺应信息化时代对代表履职提出的新要求，通过建立信息化平台的方式，保障代表及时、便捷知情知政，取得了良好的效果。

三是保障代表合法权益。健全的权益保障机制是代表发挥好主体作用的重要依托。多年来浙江省各级人大依法行使对限制代表人身自由申请的许可权，严肃查处、绝不姑息迁就侵犯代表合法权益和妨碍代表履行职责的行为，切实保障代表合法权益。浙江省各级人大常委会还坚持与经济社会发展同步，持续提高代表年度活动经费。省人大代表活动经费从 2003 年的 1500元逐步提高至当前的 4200 元。在代表活动经费的使用上，浙江省各级人大常委会重点向基层代表倾斜，积极协调提高对无固定收入代表的履职补助津贴标准。同时，各级人大常委会代表工作部门把联系服务的重点也放在基层代表身上，真诚关心帮助基层代表的生产生活，及时看望慰问生活困难的代表，大力协助解决有关问题，切实把代表工作机构建成"代表之家"。

第二章
社会主义协商民主的实践与创新

协商民主是中国社会主义民主政治中独特的、独有的、独到的民主形式。中共浙江省委始终坚持从实际出发，创造性地贯彻中央精神，积极探索协商民主实践，形成了具有普遍意义而又特色鲜明的实践成果、制度成果和理论成果。

第一节　把协商民主建设纳入法治化轨道

"民主必须在法治的轨道上运行。没有法治的民主，是无政府的民主，就是'文化大革命'式的'大民主'。"① 习近平同志担任浙江省委书记期间，省委始终着眼于坚持党的领导、人民当家作主和依法治国三者有机统一，着力把发展协商民主作为建设"法治浙江"的重要任务加以研究部署。

一　统筹谋划协商民主发展

法治为发展社会主义民主政治提供制度之源。2006 年 4 月，习近平同志提出"要在坚持中国特色社会主义民主政治方向的前提下，推进我省人民民主的制度化、规范化和程序化，把人民群众的民主要求，包括人的权利、人的利益、人的安全、人的自由、人的平等、人的发展等，全面纳入法治化轨道，使公民的政治参与既能够在具体的制度上得到保障，又能够在有序的轨道上逐步扩大，进一步巩固和发展民主团结、生动活泼、安定和谐的

---

① 习近平：《干在实处　走在前列——推进浙江新发展的思考与实践》，中共中央党校出版社，2006，第 361 页。

政治局面"①。此后，省委十一届十次全会作出建设"法治浙江"的决定，为发展社会主义民主政治描绘了具体的"路线图"。这一战略部署明确了"法治浙江"建设的八大任务，提出要坚持和完善中国共产党领导的多党合作和政治协商制度。之后，省委成立建设"法治浙江"领导小组，加强对"法治浙江"建设的领导，定期研究解决法治建设中的重大问题和突出问题。下设办公室，具体负责指导、协调"法治浙江"建设各项工作，加强对各地各部门法治建设的督促检查。各地各部门围绕省委建设"法治浙江"的决策部署，把加强法治建设摆上重要位置，制定具体的贯彻意见和配套文件。这为以"法治浙江"建设为载体推进协商民主发展创造了有利条件。

2007年省第十二次党代会以来，省委把建设"法治浙江"纳入"创业富民、创新强省"总战略。2012年，省第十三次党代会明确了建设物质富裕精神富有现代化浙江的历史使命，并提出了"三个强省、三个浙江"发展任务，建设"法治浙江"成为现代化浙江建设总体布局的重要组成部分。2013年省委十三届四次全会作出的《关于认真学习贯彻党的十八届三中全会精神　全面深化改革再创体制机制新优势的决定》中，把协商民主放在重要位置加以部署，明确提出要进一步健全社会主义协商民主制度，推进协商民主广泛多层制度化发展。2014年12月省委十三届六次全会审议通过了《中共浙江省委关于全面深化"法治浙江"建设的决定》，提出"在建设社会主义法治国家进程中继续走在前列"的总目标，并对总目标作了"六个方面走在前列"的具体要求，其中首要的就是"紧紧围绕依法执政，在社会主义民主政治建设上走在前列"，进一步就支持和推动协商民主广泛多层制度化发展作出部署。

十多年来，虽然历经党政换届、人员变动，但一任接着一任、一届接着一届，在省委领导的率先垂范下，浙江省各级党委、政府始终坚持把协商民主建设纳入法治化轨道来推进、放到全局工作中来谋划，做到在思想上高度

---

① 习近平：《干在实处　走在前列——推进浙江新发展的思考与实践》，中共中央党校出版社，2006，第355页。

重视，工作中摆上重要位置，安排中列入重要议程，确保守土有责、守土负责、守土尽责。

二　建立健全协商民主制度

制度建设带有根本性、全局性、稳定性和长期性，是推进协商民主发展的重要保障。2004 年 9 月，习近平同志指出，政治文明实质上是一种制度文明，发展社会主义民主政治，建设社会主义政治文明，不仅要求建立一整套与建设中国特色社会主义相适应的政治制度，而且要把这些政治制度规范化、程序化、具体化，使之成为一种兼具合法性、科学性、系统性和可操作性的制度安排。2003 年 1 月至 2007 年 4 月，在习近平同志亲自部署下，省委先后制定出台了一系列加强协商民主工作的重要文件，比如《中共浙江省委关于进一步加强民主党派、工商联和无党派人士工作的若干意见》《中共浙江省委关于加强和改善党的领导，支持人民政协履行职能制度化、规范化和程序化建设的意见》《中共浙江省委关于进一步加强中国共产党领导的多党合作和政治协商制度建设的实施意见》《中共浙江省委关于贯彻〈中共中央关于加强人民政协工作的意见〉的实施意见》。省政府出台健全完善科学民主决策制度的规定，提出推进民主议事协商、集体财务审计监督、民主协商村干部工作"三项制度"建设和创新。各地也陆续推行了民主恳谈、民主听证、民主评议"三会"制度，并把这些制度完善起来、落实下去，为协商民主建设规范、有序、富有成效地开展提供了有力指导。

2007 年省第十二次党代会之后，按照中央要求，结合浙江实际，省委、省政府又出台了《浙江省村级组织工作规则（试行）》《关于全面推进职工工资集体协商工作的意见》《关于加强党同党外人士合作共事的若干意见（试行）》等。尤其是 2009 年省委在全国率先出台规范政协政治协商专项文件《关于加强和完善人民政协政治协商促进科学民主决策的意见》，细化了政治协商的内容，明确了政治协商的形式，完善了政治协商的程序，明晰了协商主体的责任，增强了制度的可操作性。近年来，省委按照党的十八大和十八届三中、四中全会的要求，进一步建立健全符合实际、内容完备、配套齐全、科学管用的协商制度体系。比如，2013 年 11 月，省委在全国率先出台了《关于加强人民政协民主监督的意见》，从制度机制层面对推进政协协商民主加以细化、具体化，增强了制度约束力和可操作性。2014 年 1 月，以省委办 1 号文件形式下发了《中共浙江省委浙江省人民政府政协浙江省委员会 2014 年度协商工作计划》，对协商议题、协商形式、时间安排、参加人员、协商准备、协商活动、协商成果报送、协商意见处理反馈、组织实施等作出明确规定，为政协开展协商工作下达任务书、勾勒进度表、绘就路线图，增强政协协商民主的计划性、系统性、预见性，促进政协民主协商工作更加有序有效开展。

与此同时，各级党委、人大、政府、政协按照省委部署要求，认真研究制定了一系列具体实施意见、内部制度规定等，确保对协商民主的思想认识到位、制度保障到位、工作落实到位，为推进协商民主规范有序健康发展，提供了重要依据和有力支撑。比如，2003 ~ 2007 年，省政协坚持以宪法和政协章程为准绳，以中共中央、全国政协和中共浙江省委有关文件为依据，先后制定和修订了 6 个方面 30 多项制度，使政协履行职能的各项工作更加规范有序。2008 ~ 2012 年，省政协研究制定了委员履行职责、重视和发挥界别作用、健全党派交流工作机制等文件，修订和制定了 38 项机关内部办文、办会、办事规章制度，初步形成了政协工作制度体系。2013 年，省政协又制定修订了 9 项履职制度，2014 年年初，制定了包括专题协商、对口协商、界别协商的《政协浙江省委员会 2014 年度协商计划》，起草贯彻落实省委《关于加强人民政协民主监督的意见》的实施办法和各专委会、各界别对口联系党政部门的相关规定。这一系列规范性文件，为推进以协商、监督、参与、合作为一体的政协协商民主在浙江的实践提供了重要的政策依据和制度保障。

三 完善协商民主工作机制

完善工作机制是做好工作的重要保证。省委高度重视协商民主的机制建设。2005 年 11 月，习近平同志在省委十一届九次全体（扩大）会议上指出，进一步完善工作机制和决策机制，是坚持以科学发展观统领经济社会发展全局的重要保证。要善于按客观规律和科学规律办事，善于倾听民声、集中民智、体现民意，使决策真正建立在科学民主的基础之上。对涉及经济社会发展全局的重大事项，要充分进行协商和协调；对专业性、技术性较强的重大事项，要认真进行专家论证、技术咨询、决策评估；对同群众切身利益密切相关的重大事项，要实行公示、听证等制度，扩大人民群众的参与度。要坚持和完善民主集中制，健全党委常委会议和全委会议事规则，强化党内外监督，确保正确行使权力。2005 年 12 月，习近平同志在省政协九届十四次常委会议强调，省政协要进一步建立健全协商整合机制、监督促进机制、议政建言机制、社情民意反映机制和群众工作机制，积极主动地协助党委、政府做好工作。十多年来，省委不断完善协商民主工作机制，着力使各方面、各阶层的利益和愿望在决策过程和执行过程中得到更好体现和保障。

一是完善协商民主组织领导机制。中国共产党领导是发展社会主义民主政治的根本保证，是把准协商民主发展方向的首要政治前提。2003 年 12 月习近平同志在省委十一届五次全体（扩大）会议上指出，要积极探索和完善"总揽全局、协调各方"的领导体制，形成"一个党委""三个党组""几个口子"的领导体制。具体来讲，就是通过"三个党组"，实现省委对省人大常委会、省政府、省政协的领导；通过"几个口子"，实现省委对各个工作领域的领导。2005 年 9 月省委制定《关于进一步发挥省委总揽全局、协调各方领导核心作用的若干意见》，强化省委对同级各种组织的领导核心作用，从政治上、思想上和组织上加强对人大、政府、政协、法院、检察院及工会、共青团、妇联等人民团体的领导，健全研究协调各组织相关工作的有效机制，及时统筹解决他们工作中的重大问题，每届至少召开一次人大工作会议、政协工作会议、工会共青团妇联工作会议；同时，支持各种组织依照法律和章程独立负责、步调一致地开展工作。2007 年 1 月，省委强调，要把政协工作列入重要议事日程，党委主要领导同志要亲自抓政协工作，每届党委任期内至少应召开一次政协工作会议，党委常委会每年应安排一次以上的专题会议；要进一步明确党委、政府在政治协商中的主体地位，进一步完善党委、政府已有的决策议事机制，真正把人民政协的政治协商纳入党委、政府科学民主决策的必要环节和必经程序。省委通过发挥总揽全局、协调各方的作用，按照把握方向、谋划全局、提出战略、营造环境的要求，进一步加强对协商民主的组织领导，逐步明确协商民主发展的基本思路和工作重点，确保协商民主建设的正确政治方向。

二是完善协商民主参与机制。民主协商是多主体共同参与的过程，党政领导是否直接参与协商往往关系协商成效。省委认真贯彻落实中共中央的部署要求，坚持统一安排省委、省政府领导参加人大和政协全会、小组讨论、专题协商活动，坚持省党代会、省委全会作出重大决策前先行协商，坚持省委书记、省长等领导亲自参加政协常委会议、专题协商会议。比如，2003～2006年，习近平同志连续四年参加每年年末的政协常委会议。健全省领导领办政协提案机制。2009年，时任省委书记赵洪祝在全国率先开创由省委主要领导领办重点提案；2013年省委、省政府领导共领办12个方面15件政协重点提案，每件重点提案都有办前、办中和办后协商。又比如，省委建立健全领导干部下访、接访制度，每年定期开展下访、接访，对群众反映的问题，及时交办、处理。建立健全领导干部在线访谈和民主恳谈制度。定期组织省级机关部门领导干部，利用"浙江在线"新闻网站平台与网民在线交流，充分征求意见建议。再比如，省委建立党政领导协调处理信访事项制度和领导包案制度，党政主要领导要定期研究部署信访工作，亲自处理重大信访问题。2004年开始省委、省政府同11个市的书记、市长面对面地签订了信访工作年度责任书，层层明确目标，级级落实责任。充分发挥各级领导干部的示范表率作用，在全省开展"进村入企"大走访活动；积极推行厅（局）市（县）会商、函商办理制度，对基层反映突出、需要帮助协调解决的问题，要及时函告当地或组织召开协调会议，共同协商解决；对本部门和当地都无法解决的，要及时函告服务地上一级党委政府协调解决。此外，省委积极支持省人大、省政府、省政协完善群众参与立法协商、行政协商、政协协商民主的工作机制，推动地方党委、政府完善公民有序政治参与的工作机制，不断健全有事好商量、众人的事情由众人商量的民主参与机制。比如，2003～2007 年，省政协健全完善"听证会"工作机制，探索建立"群众代表旁听政协常委会议"制度，开设"民情热线"专门受理各级政协委员、民主党派成员和其他社会群众的意见建议及信访，探索"提案办理网上直播"，让群众通过网上发帖、跟帖，与提案人和提案承办单位负责人交流互动，开门纳谏，问计于民，有效探索了公民参与政协协商民主的有效机制。

三是完善协商民主沟通协调机制。建立健全省委、省人大、省政府、省政协"四套班子"秘书长联席会议制度，加强工作协商、协调。比如，2007 年 1 月，省委出台《关于贯彻〈中共中央关于加强人民政协工作的意见〉的实施意见》。该意见规定：每年年初，党委根据年度工作重点或政协党组提出的建议，确定协商议题；政协党组根据党委的统一部署，提出具体协商方案，安排协商活动。2009 年 7 月，省委出台《关于加强和完善人民政协政治协商促进科学民主决策的意见》，对人民政协政治协商的主要程序进行规范，包括协商议题的提出和确定、协商活动的准备、协商活动的组织、协商意见的报送、协商意见的处理等几个环节。建立健全了省委领导联系各民主党派省委会、省工商联制度，每个省委常委联系一个民主党派。建立健全完善省委、省政府职能部门与各民主党派、省政协各专门委员会的对口联系机制。2014 年 8 月，省委办公厅、省政府办公厅出台《关于加强省直党政部门同省政协专门委员会和界别对口联系工作的意见》，通过定期走访座谈、开展联合调研、召开知情问政会等多种形式，密切沟通联系，推进协商民主的常态化。

四是完善协商民主督查机制。省委建立定期督查工作机制。比如，2007 年 1 月省委《关于贯彻〈中共中央关于加强人民政协工作的意见〉的实施意见》强调，各级党委要把是否重视人民政协工作，能否发挥好人民政协的作用作为检验领导水平和执政能力的一项重要内容。省委多次就协商民主制度落实情况开展专题督查调研，先后于 2004 年、2006 年、2008 年、2009 年、2013 年组织五次督查，比如，2013 年 6 月，省委副书记王辉忠等 3 位省领导分别带队赴有关市县和部门，对贯彻落实《中共中央关于巩固和壮大新世纪新阶段统一战线的意见》《中共浙江省委、浙江省人民政府关于加强和改进新形势下工商联工作的实施意见》《中共浙江省委关于加强党同党外人士合作共事的若干意见（试行）》等一系列中央和省委有关政协、统战工作文件情况开展督查，有力推动了协商民主的制度化规范化程序化建设。

四 积极推动协商民主实践

协商民主不仅需要完整的制度程序，而且需要完整的参与实践。历届省委书记都积极推动协商民主发展，特别是习近平同志在浙江工作期间，身体力行，率先垂范，为我们树立了榜样。2002 年 10 月 28 日，习近平同志调任浙江工作第 15 天，即会见了浙江省省级各民主党派、工商联负责人，并提出"约法三章"：省委、省政府在作重大决策前，要征求各民主党派、工商联的意见；民主党派也可以就某一专题作些调研、视察，省委、省政府则专门听取意见，做好反馈；党派成员也可以通过电话、书信等各种形式来提建议。这在党外人士中引起了良好的反响，对于推进我省多党合作和政治协商起到了积极作用。从 2002 年 10 月至 2003 年 10 月，习近平同志调任浙江工作一年间，全省共召开 19 次通报协商会，通报中央有关会议精神，征求对人事安排、省委工作和浙江经济社会发展工作的意见。2003 年，习近平同志率部分省领导和省直 15 个部门负责人到浦江县下访，开创了全国省级领导干部下访的先河。同一年，浙江在全国率先开展"民主法治村（社区）"创建活动，普遍推行民情恳谈会等民主协商制度。习近平同志联系民建和致公党省委会时，每年春节前都坚持花半天时间与民建、致公党省委会全体领导班子成员谈心。此后，2008～2010 年，省委书记赵洪祝联系民革省委会，每年春节前都会和习近平同志一样，花半天时间与民革省委会领导班子成员谈心，倾听大家的意见和建议。夏宝龙到浙江工作以来，一直十分重视多党合作和统战工作，多年分管统战工作；任省委书记以来，每逢一年一度的全省统一战线暑期读书会，必定出席并作重要讲话。十一届省政协两年来，省委在十三届三次、四次、五次、六次全会召开前，先后将作出的重大决策委托省政协党组进行政治协商，省委书记夏宝龙每次都亲自出席会议并作重要讲话。

历届省委始终尊重群众的首创精神，着力营造宽松的发展环境，为各地创新实践提供了可靠的政治保障。2004 年 6 月习近平同志视察台州，对温岭民主恳谈实践予以高度评价，强调这是巩固党的执政地位，加强基层民主政治建设的有效载体，完全符合中央精神。又比如，2006 年习近平同志指出，基层的矛盾要用基层民主的办法来解决，要综合运用经济、法律、行政和民主协商的手段，把矛盾化解在基层，化解在萌芽状态，他对武义县后陈村设立村务监督委员会的做法给予了充分肯定。之后，省委、省政府通过加强组织领导、典型引导、督促指导，使全省 3 万多个村全部设立村务监督委员会。2011 年，省委对包括基层协商民主在内的基层民主政治建设的经验进行了总结，制定出台《关于加强"法治浙江"基层基础建设的意见》，提出了 15 项具体任务，其中就包括"推广村级重大事务决策'五议两公开'工作法""推行参与式预算、实事工程代表票决制等基层新做法"等基层协商民主建设的内容。正是在省委领导的率先垂范下，浙江省各级党委、政府以包容和开放的态度来对待基层民主的实践与探索，才使浙江大地出现协商民主蓬勃发展的局面。

第二节　充分发挥人民政协作为协商民主重要渠道作用

人民政协是协商民主的集中体现和国家政治制度的安排。人民政协以宪法、政协章程和相关政策为依据，以中国共产党领导的多党合作和政治协商制度为保障，集协商、监督、参与、合作于一体，是社会主义协商民主的重要渠道。目前，浙江省全省政协组织已由改革开放初期的 46 个发展到 101 个，各级政协委员发展到两万多名，为不同党派、阶层、界别、人民团体充分表达利益诉求提供了重要渠道和保障，对全省社会主义协商民主起着示范、带动、推进作用。

一　政协协商民主的地位作用日益突出

2003 年，习近平同志强调，人民政协与人大、政府互为补充，相辅相成，在我国政治生活中具有不可替代的作用。此后，他要求各级党委要坚持每届至少召开一次政协工作会议，研究新情况，解决新问题；党委定期向政协通报情况，指导和支持政协围绕党和政府的中心工作履行职能、开展活动；党委常委会每年至少专题听取一次政协工作汇报，研究重要问题，提出任务和要求，帮助解决实际困难；党委、政府领导班子成员中都要明确一名同志联系政协工作；党委主要领导同志要关心和过问政协工作，认真听取政协的意见和建议。十年来，省委书记每年在省政协全会闭幕会上发表讲话、提出要求，每年到省政协常委会议和专题协商会通报省委工作、指导政协工作、听取意见建议；省长每年到全省政协主席读书会通报经济社会发展形势；省委、省政府领导坚持出席省政协全会、常委会议、专题协商会听取协商意见；省委常委会每年听取政协工作汇报，研究商定专题政治协商、专项集体民主监督、重点调研课题、重点视察等政协重要履职工作；省委、省政府领导每年领办重点提案。十年来，省委先后召开三次全省政协工作会议，一再强调政协协商民主的优势作用。2004年，时任省委书记习近平指出，要从全局高度充分认识人民政协工作的重要意义；要以制度化、规范化、程序化建设为重点，支持和确保政协履行职能；要充分发挥人民政协人才荟萃、协商监督、联系广泛、协调关系等优势，为落实科学发展观和深入实施"八八战略"服务。他要求各级党委切实加强和改进对政协工作的领导，为政协履行职能积极创造条件；强调要努力营造知无不言、言无不尽、融洽和谐、生动活泼的政治协商氛围，让来自各方面的有利于维护广大人民群众根本利益的意见建议，能够在人民政协中得到充分表达，使党和政府能够听到来自各民主党派、无党派人士、人民团体和各族各界人士的真实意见。2009年，时任省委书记赵洪祝指出，要从建设中国特色社会主义事业的战略高度来认识加强人民政协工作的重大意义；要充分发挥人民政协团结联合的组织优势、人才荟萃的智力优势、协调关系的界别优势，为推进创业创新、转型升级凝聚智慧和力量。他强调要大力支持人民政协履行职能，切实把政治协商纳入决策程序，真正做到重大问题先协商后决策。2013年，省委书记夏宝龙指出，做好政协工作首要的是讲政治，自觉同以习近平同志为总书记的党中央保持高度一致，增强中国特色社会主义的道路自信、理论自信、制度自信，进一步树立群众观点、站稳群众立场、增进群众感情；要树立一线意识，保持一线状态，追求一线作为，敢担当、重实干、有作为；要充分发挥政协作为协商机构、监督机构、咨政机构、民意机构、统战机构、群众工作机构的功能，紧紧团结参加政协的各党派团体和各族各界人士，为浙江经济社会发展献计献策，凝聚强大正能量。

二　政协协商民主的理念思路日益清晰

理念决定方向。坚守什么样的协商民主工作理念，把握什么样的协商民主工作方位，直接决定着协商民主的发展走向。2004 年 9 月，习近平同志充分肯定省政协正确"把握'献策不决策、立论不立法、议政不行政、宽松不放松'的定位"①。这一时期，省政协提出建言献策不在于量的多少，而在于质的高低。要在"专""准""新""精"上下功夫，要做到大题目与小题目相结合，超前献策与同步服务相结合，综合性重大课题和专题性一般课题研究相结合，热点问题和冷门题目调研相结合；要善于从政治的层面上考虑问题，从理性的层次上把握本质，从实践的角度提出对策，不断增强研究问题的深度和对策建议的可行性。省政协还提出"服务大局有高度、建言献策有深度、民主监督有力度、团结联合有广度、自身建设有强度"的工作要求。这为我省推进政协协商民主发展明确了定位、提出了要求。

此后，省政协提出了"围绕核心、服务大局、注重民生、真情履职"的工作要求，明确了扎实做好"优化政协履职环境、强化政协组织功能和发挥委员主体作用"三篇大文章的工作思路。积极开展政协文化研究，强调政协文化重和谐、讲协商、尚兼容、谋创新、求实效。指出政协的首要职能是政治协商，民主监督和参政议政也带有明显的协商性；政协发表意见，不是命令、不是指令，不能强迫人接受和服从；政协总是采取协调、协作、协商、协和、协力等融通方式；协商作为政协独特的工作风格和议事原则，

---

① 习近平：《干在实处　走在前列——推进浙江新发展的思考与实践》，中共中央党校出版社，2006，第 380 页。

体现了民主的精神，体现了平等的精神，渗透在政协履行职能的全过程。省政协要求从事政协工作的同志都要学会协商的本领，养成协商的习惯，坚持平等协商、民主协商、广泛协商，要通过协商议事、办事，更要通过协商办成事、办好事。这为我省推进政协协商民主发展提供了文化支撑。

近年来，十一届省政协认真学习贯彻习近平总书记关于充分发挥人民政协作为协商民主重要渠道的精神，始终坚持"坚决维护核心、紧紧围绕中心、倾力服务大局、真情服务群众"的工作思路，坚持把协调关系、汇聚力量、建言献策、服务大局作为政协协商民主的着力点，把建立健全制度体系作为政协协商民主的有力支撑，把拓展协商形式作为政协协商民主的重要举措，把提高协商民主实效作为政协协商民主的重中之重，把聚焦全面深化改革献计出力摆在政协协商民主的突出位置。同时，省政协坚持以提高民主协商能力来推进政协履职能力现代化，改进协商组织方式，创新协商代表遴选方法，以界别为单位推荐参会和发言人员，突出界别集体声音，着力提升寻求各界最大公约数、增进最大共识度的能力，努力为党委、政府科学民主决策提供有效的智力支持和广泛的民意参考。这为我省落实协商话语权、用好协商话语权、推进政协协商民主发展开拓了新境界。

三　政协协商民主的平台载体日益丰富

2003 年，习近平同志指出要"让来自各方面的有利于维护广大人民群众根本利益的意见和建议，能够在人民政协这个大家庭中得到充分表达，使社会主义民主得到大力发扬"①。为此，省政协周密部署，精心组织，认真抓好政协例会这一最重要的履职平台载体。2003 年 1 月至 2008 年 1 月，省政协五年间共召开全体会议 5 次，常委会议 26 次，主席会议 42 次，精心组织大会发言、委员讨论和专题座谈，使委员意见得到充分发表，增强了协商民主成效。此后，省政协开始探索专题协商会新形式，搭建议题鲜明、研讨集中、

---

① 习近平：《干在实处　走在前列——推进浙江新发展的思考与实践》，中共中央党校出版社，2006，第 378 页。

交流互动的协商议政新平台，省委书记、省长亲自到会听取意见，共商对策，拓展了协商民主的新渠道；加强专委会与职能部门的对口协商，推进了协商民主的常态化。在充分运用历届政协创设的好方法、好载体的基础上，根据党的十八大关于健全社会主义协商民主制度的新部署，十一届省政协大胆探索，积极开拓，创新和完善多个履职载体，取得了新的成果。

一是深化专题协商。组织重大决策前的专题协商：根据党委统一部署，在党代会、党委全会作出重大决策前，政府制定经济社会发展规划等重大决策前，通过政协全体会议、常委会议、专题政治协商会议等开展专题协商，党政主要领导到会直接听取各党派、团体、界别和政协委员的协商意见，会后以协商纪要、建议案或书面建议材料等形式向党委政府报送协商成果。比如，在省委十三届三次、四次、五次、六次全会作出关于全面实施创新驱动发展战略，全面深化改革，建设美丽浙江、创造美好生活，全面深化"法治浙江"建设的重大决策前，召开常委会议或专题政治协商会议。会后，及时向省委报送了协商纪要及书面建言材料。省委分别吸收采纳了27条、16条、46条、26条意见建议并专门以书面形式反馈。开展重点课题调研、专项民主监督基础上的专题协商：每年根据党委要求，各级政协组织各参加单位和政协委员，深入调查研究，开展视察监督，召开政协常委会议或专题协商会，围绕调研课题、监督事项进行专题协商讨论，党政领导和相关部门负责同志到会听取意见，互动协商交流，回应意见建议。比如，2014年是贯彻落实《中共浙江省委关于加强人民政协民主监督的意见》的第一年，省政协集省市县三级政协力量于一体，融协商、监督、视察、调研、提案于一体，开展"三级政协联动、万名委员同行、助推'五水共治'"专项民主监督，召开十一届九次常委会议协商讨论，有力助推了党委政府中心工作。探索经常性的专题协商：比如，省政协搭建了"浙江政协·民生论坛"，2014年聚焦雾霾治理、优化义务教育资源均衡配置、优质医疗资源"双下沉"及完善困难群众重特大疾病医疗救助机制建设等问题，邀请省直主管部门负责同志介绍情况、听取意见，与委员互动交流、探讨思路，促进民生决策的科学制定和顺利实施。又比如，杭州市政协建立了每月一次的座谈协商会，宁波市政协创设了委员双月恳谈会，温州市政协与市广电传媒集团联合创办每周一期《政情民意中间站》电视栏目，湖州市政协探索开展跨省联合协商议政，等等。

二是丰富活跃对口协商。定期常规性对口协商：省高级人民法院、省人民检察院坚持每年至少一次主动到省政协同省政协领导和社会法制委员会进行工作交流，通报工作，征求意见和建议；省政协经济委就每季度的经济形势分析与省直有关部门交流情况、传递信息、交换看法。征求意见性对口协商：省政府法制办每年都与省政协社会法制委员会进行立法协商，就有关地方行政法规的制定修改征求政协的意见。其他有关厅局在作出重要决策、制定重要政策前，主动与政协对口专委会进行沟通协商。了解政情性对口协商：省政协各专委会在组织专题调研过程中，通过邀请党政对口部门通报有关情况、相互交流意见，开展对口协商。沟通协调性对口协商：在 2013 年换届前，省政协委员工作委员会将上届委员履职情况向省委组织部、统战部进行通报，同时提出留任委员人选建议；同时，在研究制定加强政协委员管理制度规定过程中，主动征求省委组织部、统战部的意见，进行协商沟通。建言献策性对口协商：2013 年，省政协有关专委会组织委员分别就扩大民间有效投资、农信社服务"三农"等问题，与有关部门开展了 8 次对口协商；2014 年度，省政协共安排文化市场管理、民办教育改革发展、运河水资源环境保护与利用等 11 项对口协商议题。全省各地政协积极探索对口协商方式方法，比如余姚市委办公室、市政府办公室和市政协办公室联合下发《关于进一步加强市直有关部门与市政协专委会对口联系工作的通知》，建立了 4 个专委会与 89 个党政部门及垂直管理单位的对口联系协商制度，制定了清晰、规范的"对口协商工作程序"，明确了对口协商工作的"路线图"，使对口协商工作真正做到了有章可循。

三是积极探索界别协商。2013 年以来，省政协以党的十八大和十八届三中、四中全会精神为指导，认真贯彻全国政协主席俞正声关于"建立一种以界别为基础、以专题为内容、以对口为纽带、以座谈为主要方法的协商形式"的明确要求，部署探索开展界别协商工作。有关界别联合专委会，就加快培育地方金融、鼓励和引导社会资本兴办医疗机构等问题，与相关党政部门进行界别协商，反映界别民意和建议。2014 年，省政协 32 个界别单独或联合专委会和其他界别，共安排 21 项界别协商议题，进一步增加协商密度、交流力度和共识程度。比如，就《防暑降温实施细则》开展界别协商，省直有关厅局充分听取和采纳工会界提出的建议，将高温津贴提高了10% 以上。

四是不断完善提案办理协商。抓好重点提案办理协商：每年遴选 10 件左右重点提案，由省委、省政府领导领办，省政协主席、副主席督办。每件重点提案都做到办前、办中和办后协商。比如，2013 年省政协农业和农村委员会就《关于提高欠发达山区重点公益林补偿标准的建议》与省财政厅、林业厅等部门开展提案办理协商，推动省财政将 2013 年省级以上公益林最低补偿标准由每亩 21 元再提高到每亩 25 元，每亩增加的 4 元，全部用于对林农的补偿性支出，对 2014 年以后的省级以上生态公益林逐步提高补偿标准，使全省林农从这项政策中普遍受惠。又比如，2014 年就扩大困难群众医疗救助病种范围和药品目录的提案办理协商，为我省出台《社会救助条例》提供了重要参考。2013 年省政协探索建立重点提案"公推协商"遴选机制，先由参加省政协的各民主党派、工商联、人民团体、提案承办单位及专委会推荐重点提案选题，并首次向全体省政协委员征求重点提案选题意见，然后与省委办公厅、省政府办公厅沟通协商，最后经主席会议研究决定实施。抓好重要提案督办协商：省政协提案委员会每年选择若干重要提案，在主席会议研究决定后，由副主席和专业对口专门委员会进行督办，将提案办理协商与专委会同党政部门对口协商紧密结合，提高提案办理质量。"打包"集中协商办理专题类提案，省政协 2013 年尝试选择"空气污染防治"和"民族乡镇政策扶持"等关注度高的两大专题共 19 件提案，进行综合归类、"打包"集中协商督办，召开同类型提案集中办理协商会，提高委员面商参与率和提案办理效率。绍兴市政协系统构建了"三全、四好"的链扣式运作机制，试行提案征集"五步法"，即广泛征题、整合选题、对口商题、界别议题、集中报题，做到提案办理全局性定位、全过程协商、全方位联动，实现提好提案、立好提案、办好提案、用好提案的有机统一，促进了提案办理协商的科学化水平。

四 政协协商民主的特点优势日益显现

习近平同志在省政协九届五次常委会上强调，要进一步发挥人民政协党派民主、界别民主、协商式民主的优势，积极推进中国特色社会主义民主政治建设。切实维护各民主党派、工商联、各人民团体和各界爱国人士在政协中的民主权利，积极为他们参政议政创造条件、搭建平台。为此，省政协充分调动党派、团体、界别、委员和专委会的履职积极性，运用提案、大会发言、调研、视察、信息、论坛等多种方式建言献策，促进了党政科学民主决策。

一是突出党派协商鲜明特点。加强统筹协调，协商议题的确定、履职课题的拟定，及时通过主席会议、主席碰头会、秘书长会议等途径与各民主党派进行协商协调。建立健全党派联系机制，重点抓好《政协浙江省委员会关于进一步发挥民主党派无党派人士作用的意见》的贯彻落实。突出协商的政治性、代表性、包容性，重点安排各民主党派、工商联、无党派人士在全体会议、常委会议、专题政治协商会议上做大会口头发言，发表党派的协商意见。加强协商工作指导，协商会议召开前邀请有关部门负责人介绍情况，创造良好知情明政条件；围绕省委、省政府重大决策的协商，及时印发文件文本，以利于充分深入研读、紧扣主题协商、有针对性地提出意见建议；强调要抓好党派内部的集体研究讨论，形成党派集体协商意见，切实提高协商意见的质量。据统计，2008年1月至2013年1月，各民主党派、工商联和无党派人士提交的大会发言、提案和社情民意信息反映分别占76.1%、55.8%、58.6%，发挥了在政协协商民主中的骨干作用。①

二是突出界别民意通道功能。加强对界别工作的领导，建立健全界别履

---

① 乔传秀：《中国人民政治协商会议第十届浙江省委员会常务委员会工作报告》，《浙江日报》2013年1月31日，第3版。

职的组织形式、活动方式和工作机制，使界别从"虚"转"实"，从全会期间临时的讨论组织变成全年全程履职主体组织，把"单兵作战"的委员个人整合为"协同作战"的履职团队，为提出界别集体意见、反映界别群众诉求愿望提供可靠保障。突出协商中的界别集体民意。省政协常委会议除常委会组成人员出席外，由界别活动组推荐本界别列席人员，专题政治协商会议、"浙江政协·民生论坛"由各界别活动组推荐参会代表并发表界别集体协商意见。明确要求委员必须密切联系本界别群众，深入基层接地气，特别是，在参加政协协商议政会议前，必须深入本界别群众，倾听民声、了解民意、集聚民智，必须在政协各类协商议政会上反映本界别群众"保真"的民意，发出本界别集体声音。引导委员把聪明才智集中到本界别最熟悉的领域，把关注目光聚焦到本界别群众反映强烈的问题上，并通过界别集体提案、界别大会发言、界别社情民意信息、界别调研视察等提出意见建议。

三是发挥专委会专业性特长。加强省政协专委会履职力量，配强专委会主任，配好专委会专职副主任和兼职副主任，根据委员的特长优势和个人意愿选配好专委会委员。强化专委会履职责任，组织开展重点履职课题调研、专题政治协商、专项集体民主监督、委员重点视察等省政协重点履职工作，根据涉及领域确定相应的专委会牵头负责；全体会议、常委会议、专题政治协商会议上的发言材料，主要由专委会审稿把关；重点提案督办过程中，根据提案内容联合相关专委会共同参与，增强提案办理协商的针对性和有效性。发挥专委会专业特长，开展广泛深入的调查研究，以专业的眼光理性分析研究问题，以专业的角度提出较为全面深刻、科学可行的见解，真正体现在相关问题上的话语权，增强协商意见的专业性和科学性。此外，省政协按照省委部署要求，推动杭州建德市、嘉兴秀洲区政协开展建立政治协商、民主监督、参政议政工作委员会试点工作。这项职能性专委会设置改革工作得到全国政协指导，时任全国政协主席贾庆林、副主席兼秘书长钱运录莅临视察调研，副主席郑万通专题听取建德市政协专委会改革工作情况汇报，引起了《人民政协报》及《中国政协》杂志高度关注。

四是扩大各界群众有序参与政协协商活动。探索基层政协工作联络室、基层委员联络室、开设民情热线电话、设立委员信箱和界别联络站等平台载体，拓宽与群众联系的渠道；健全完善邀请群众代表参加政协全体会议、常委会议、专题协商会、民生论坛、听证会，让群众走进政协，让群众有机会在政协议事大堂上表达诉求、发表意见；每年5月份组织开展以"送文化、卫生、科技、教育、法律、体育"为主要内容的省政协委员"走进基层走进群众"活动月，让委员深入群众、服务群众、体察民情、了解民意；探索建立与"两新组织"的沟通联系机制，推进政协协商民主向新的社会阶层、各类社会组织拓展。

五是扩大政协协商民主的社会影响力。重视政协协商民主宣传工作，联合省委宣传部召开全省政协新闻宣传工作会议，制定《关于加强和改进政协新闻宣传工作的意见》，着力构建政协新闻宣传工作报刊、广播、电视、网络等多媒体发声大格局。注重宣传协商民主在浙江的创新实践，注重宣传我省各级党委、政府坚持把政治协商纳入决策程序、推进协商民主广泛多层制度化发展的务实举措，认真做好政协专题协商、对口协商、界别协商、提案办理协商等活动报道，注重宣传政协委员在协商议政中提出的新思想、新观点，政协新闻宣传工作日趋活跃，政协建言献策、服务大局的履职活动得到及时传播，政协委员协商议政的风采得到鲜活展现，全省重视和支持人民政协协商民主的良好舆论氛围越来越浓厚。

第三节　不断丰富协商民主的实现形式

十多年来，浙江省广泛运用提案、会议、座谈、论证、听证、公示、评估、咨询、网络等多种方式，积极拓展国家机关、党派团体、社会组织、企事业单位和村镇、社区等协商渠道，广泛开展立法协商、行政协商、党际协商、基层协商，进一步营造了有事多商量、遇事多商量、做事多商量的良好氛围。

一　扩大立法协商参与度

立法协商是指在立法机关初审之前，对有关法规草案进行论证、协商，发表意见和建议的活动。立法工作涉及方方面面的关系，各种不同利益主体在一些问题上常常存在不同的意见，立法协商是实现利益表达、政治参与、决策咨询的重要途径。2006 年 4 月《中共浙江省委关于建设"法治浙江"的决定》提出，要坚持民主立法、科学立法，完善向社会公开征集立法项目制度，建立健全立法听证制度、专家咨询论证制度以及公开征求意见、听取和采纳意见情况说明制度。2006 年 11 月《中共浙江省委关于认真贯彻党的十六届六中全会精神构建社会主义和谐社会的意见》，强调要坚持科学立法、民主立法，完善省委领导地方立法的工作制度和向社会公开征集立法项目制度，建立健全立法听证制度、专家咨询论证制度以及法规草案公开征求意见制度，提高地方立法的民主化、科学化水平。2009 年省委转发《省人大常委会党组关于省十一届人大常委会立法工作意见的请示》的通知指出，要进一步扩大立法民主，坚持走群众路线，充分发挥人大代表在立法中的作用，不断健全和完善专家论证、立法听证、法规草案公开征求意见等制度，不断扩大人民群众参与立法的广度和深度，探索建立我省立法质量和绩效评估机制。省人大有关专门委员会与省政府法制办及有关部门要进一步建立健全法规起草提前介入制度和沟通协调制度，相互支持、配合，形成立法整体工作合力，提高立法质量和工作效率。省人大有关专门委员会在审议法规草案过程中涉及重大问题修改的，应当及时反馈省政府。积极推进科学立法、民主立法，不断提高立法工作质量，坚持和完善法规草案公开征求意见制度，不断增强立法工作透明度，规范对公民意见的收集、整理和采用，提高公民参与立法的实效；加强立法调研，通过座谈会、论证会、听证会等方式广泛征求社会各界尤其是基层人大和代表、基层群众的意见，使制定的法规能充分体现广大人民群众的意愿；坚持法规草案专家论证会制度，积极发挥立法专家库的专家作用，对立法调整的社会关系、管理体制、设定的权利义务等重要问题，应当在科学论证的基础上提出切实可行的立法方案，不断增强立法的科学性、可行性。

十多年来，全省各级人大认真贯彻落实民主立法要求，探索建立立法协商机制，扩大社会各方面立法参与度，不断提高立法公信力和立法质量。一是着力拓展公众有序参与立法协商渠道。深化立法公开，通过书面发函、在媒体上发布公告、问卷调查等多种途径，面向社会公开征集立法建议项目和对法规草案的意见建议。开展立法听证，率先在全国制定出台《浙江省地方立法听证会规则》。21 世纪以来，省人大先后就有关法规草案举行了 3 次立法听证会和 1 次立法公听会，分别是 2000 年就浙江省实施消费者权益保护法办法、2001 年就浙江省城市房屋拆迁管理条例、2006 年就浙江省物业管理条例举行的立法听证。2011 年，省人大就浙江省实施食品安全法办法举行了立法公听会，这种听取意见的形式适当缩小了立法听证人、旁听人的规模，简化了程序，但又同时保留了立法听证会的议题公开、正面交锋等特点。建立基层联系点，制定《立法基层联系点工作制度》，确定 27 个村（居）委会、乡镇（街道）、企业等基层联系单位。截至 2014 年 12 月初，全省各乡镇（街道）共设有 2478 个代表联络站，成为各级人大代表联系群众、人民群众反映问题和建议的重要途径。① 二是建立健全地方立法专家论证协商机制。省人大先后制定出台《关于专家参与立法工作的若干规定》《地方立法专家库工作规则》《关于立法工作中发挥社会机构作用的若干实施意见》等制度，在全国率先建立地方立法专家库，构建由省人大专门（工作）委员会、省政府法制办公室及有关部门、人大代表及专家学者"三结合"的立法起草模式。三是加强立法工作横向组织协调。省人大常委会法工委与省政府法制办联合出台《关于进一步加强立法沟通协调改进立法工作的若干意见》，建立了立法工作联系会议、立法计划实施情况通报会、法规重要问题修改协商等工作机制。四是探索开展立法前评估协商。2014 年 3 月，省人大首次召开表决前评估会，围绕《浙江省电网设施建设保护和供用电秩序维护条例（草案）》，邀请省人大代表、电网经营企业、电源企业、电力用户、电力专家、法学专家及文字专家等方面的代表，开展评估协商。五是重视发挥政协组织在立法协商中的重要作用。各级人大充分运用政协组织这一国家制度性安排的重要协商渠道，主动加强

---

① 参见廖小清《拓宽公民有序参与立法途径》，《浙江日报》2014 年 12 月 1 日，第 1 版。

与同级政协就立法计划、重大法规草案等开展协商。各级政府法制办普遍建立了与同级政协相关专委会、界别的对口联系和协商机制。比如，2009年，《杭州市人民政府法制办公室关于建立政府立法协商机制的实施意见》着重就加强市政府法制办与市政协社会法制和港澳台侨委员会在政府立法工作中的联系与合作作出详细规定。2013年，省政府法制办先后与省政协社法委及有关界别就制定《浙江省促进残疾人就业办法》等开展6次联合调研和立法协商。2014年，省政府重点立法项目首次列入省政协年度对口协商计划；杭州市政府法制办还制定出台了《关于建立政府立法协商机制的实施意见》。

二　加大行政协商力度

行政协商是建设法治政府的重要内容，是提高行政决策科学化、民主化水平的重要途径。2006年4月《中共浙江省委关于建设"法治浙江"的决定》提出，要完善行政决策的规则和程序，健全与群众利益密切相关的重大事项社会公示制度和听证制度，完善重大决策专家咨询制度，实行决策的论证制和责任制，加快推进决策科学化、民主化。2006年以来，全省各级政府认真贯彻《关于建设"法治浙江"的决定》，把行政协商作为法治政府建设的重中之重来抓，充分发挥行政协商在重大决策中的重要作用，积极推进行政协商的制度化、规范化和程序化，取得了显著成效。

一是规范行政协商行为。把行政协商纳入政府工作规则，2008年《省政府工作规则》提出，省政府自觉接受省政协的民主监督，虚心听取意见和建议；2013年《省政府工作规则》进一步明确省政府在作出重大决策前，根据需要通过多种形式，直接听取民主党派、工商联、人民团体和各界人士的意见和建议。建立政府部门与各民主党派及工商联、政协各专委会和界别的对口联系机制，共同研究制定年度协商计划。省政府领导定期向省政协通报全省经济社会发展情况，经常就省政协有关调研报告作出专门批示，尽可能把政协提出的意见建议吸收到政策制定和工作推进中。建立健全行政协商监督机制，自觉接受政协民主监督，认真吸纳省政协的会议协商监督、专项集体监督、民主监督员监督、民主评议监督、委员视察监督、联合联动监督的意见建议。

二是增强行政协商频率。加强政府重大决策协商，省政府领导和省级有关部门主要负责人积极参加各类专题协商、界别协商、专委会协商和对口协商，直接与政协委员沟通交流，听取委员的意见建议，努力把建言献策转化为政府推动相关工作的具体抓手和举措。自 2006 年以来，省委、省政府与省政协围绕全省经济社会发展重大问题，累计开展各类协商近 40 次。加强政协提案办理协商，制定提案办理工作规则，建立健全省政府领导领办重点提案制度，一些涉及全省经济社会发展的重大问题提案，均由省长和各位副省长亲自领衔办理；进一步完善政府各部门提案办理机制，加强提案领衔人与办理单位的协调沟通，切实做好提案的办理落实，提高答复的针对性和及时性，提高提案办理质量。加强民生实事协商，每年省政府十方面民生实事确定过程中，都要广泛听取各方面意见，特别是各级政协委员和人民群众的意见建议。2013 年，李强省长专门给各设区市人大常委会主任、政协主席和省人大代表写亲笔信，通过履职平台征求对为民办实事的意见建议；民生实事拟定后，还公布在省政府网站上，在全省范围征求意见。又比如价格听证，2008～2014 年，我省各级价格主管部门共召开各类价格听证会 210 余次，内容涉及电价、水价、气价、出租车运价、有线电视费等多个领域，得到人民群众的积极参与和广泛好评。

三是丰富行政协商形式。重视协商平台建设，广泛应用社会公示、听证、专家咨询以及重大决策前与社会各界充分协商等制度；出台了完善重大决策专家咨询制度的意见，强化专家角色和专家知识在科学民主决策中的重要性；积极运用现代信息技术，重视应用互联网、短信、微博等现代信息技术，改进和拓展与委员的联系渠道，为委员履行职责、反映意见建议和社情民意提供更加便捷高效的载体。

三 增加党际协商频度

党际协商是以中国共产党领导的多党合作和政治协商制度为制度载体，

以民主集中制为基本运行原则，以中华人民共和国宪法为根本大法保障，共产党与各民主党派围绕国家和地方的重大方针政策和重要事务进行平等协商的民主形式。党的十六大以来，我省党际协商逐渐制度化、规范化和程序化，省委把党际协商纳入决策程序，在重大问题决策之前或重大政治事件之后都与民主党派、无党派人士进行协商沟通，听取民主党派意见建议，以达成共识。

一是组织座谈协商。定期召开党外人士座谈会、民主协商会、情况通报会，围绕中共党委和政府中心工作、重要会议文件、重要人事安排和经济社会发展重大事项，进行座谈交流、沟通协商。比如，省委在决定推荐省政府、省政协、省"两院"领导等人选之前，省委在召开省委常委民主生活会前，省政府在每年"两会"前起草政府工作报告，都召集各民主党派省委会、省工商联负责人和无党派代表人士进行座谈，听取他们的意见。据统计，从2005年至2013年九年间，中共浙江省委、省政府或委托有关部门定期不定期召开座谈会、民主协商会、情况通报会达90次，邀请各民主党派、无党派人士就重大政策出台、重要会议以及重大人事变动等进行协商议政。

二是开展谈心交心。小范围谈心会是由省委书记或分管领导邀请民主党派省委会主委、无党派人士代表进行个别谈心或集体谈心。省委常委与省级民主党派、工商联建立了"一对一"联系，每年至少开展一次谈心活动；中共各级党委主要领导和统战部门负责人定期邀请各民主党派主要负责人和无党派人士代表，进行个别谈心或集体谈心，了解情况，听取意见。各级政府都与民主党派、工商联建立了对口联系制度。

三是直接提出协商建议。民主党派以所在党派的名义向省委或者省政府及其领导人提出书面意见建议，可以对某一重大事件发表意见，也可以对经济社会改革发展提出建议。各民主党派省委会从自身特点和优势出发，每年都会确定重点调研课题，由主委带队进行深入的调研，在此基础上，形成调研报告，直接报送给省委、省政府。无党派人士每年也都会开展重点课题调研并报省委、省政府。这些意见建议得到省委、省政府领导的高度重视，主要领导或分管领导都经常作出重要批示。

四是组织政党专题协商。由省委统战部门牵头，每年确定一个重点课题，组织各民主党派共同调研，开展专题协商会，搭建面对面协商议政平台。2011 年以来，省委统战部连续三年分别以"社会管理创新"、"文化建设"和"深化科技体制改革"为议题，先后牵头组织召开了 3 次政党专题协商会。2014 年，围绕"五水共治"这一全省中心工作，在年初就确定专题协商议题为"生态环境保护"，引导各民主党派认真组织调研，拿出有分量的调研报告，为促进科学决策、民主决策提供支撑。

四 提升基层协商活跃度

基层协商民主以村、社区和企业为实施单位展开，贯穿于基层选举、决策、管理和监督各方面。习近平同志指出："要大力提高通过民主方法来解决基层矛盾的能力，自觉加强民主作风的修养，不断创新领导方式和工作方式，综合采用政治、经济、行政、法律和民主协商等多种手段，提高将矛盾化解在基层、消灭在萌芽状态、控制在局部的能力。"[①] 他提出，要认真总结推广各地在丰富民主形式、拓宽民主渠道上的做法和经验，积极稳妥有序地推进基层民主政治建设。不断完善政务、村务、厂务公开制度和其他一系列制度，扩大公民有序的政治参与，保证人民群众依法直接行使民主权利，管理基层公共事务和公益事业，对干部实行民主监督。十多年来，我省各地着力推进基层民主自治中的议事协商，积极探索富有浙江特色、地方特点的社会协商，取得可喜进展。

一是突出公共事务这一重点。随着居民自主和参与意识日渐强烈，基层公共事务决策和管理成为基层民主协商的重要内容。我省全面推行以"党员群众建议、村党组织提议、村务联席会议商议、党员大会审议、村民（代表）会议决议和表决结果公开、实施情况公开"为主要内容的"五议两公开"工作法，探索了议事协商会、协商民主会、民间智囊团、听证会、"民情气象站"等各具特点的多种协商决策形式；普遍建立由社区单位、社

---

① 习近平：《之江新语》，浙江人民出版社，2007，第 226 页。

区各方面代表人士特别是新居民、流动人员代表共同参加的共建理事会，探索了"民情合议庭"、和事佬、调解队、动迁圆桌会议、新居民联谊会等多种基层社区治理中的协商民主模式；在全省范围内推广武义县后陈村村务监督委员会成功实践，加强对村"两委"执行财务制度情况进行协商和监督。

二是注重社会组织这一渠道。浙江省协商民主逐步向新社会阶层、新社会组织扩展，积极鼓励引导社会中介机构、行业协会、社团组织及专业性机构广泛参与协商，比如，浙江有近 8 万个备案的社区社会组织，杭州市全面建立"社区和事佬协会"，由社区居民代表、心理咨询师、德高望重人士和政法系统干部等组成；宁波市在外来人员集中居住的城乡社区，普遍组建和谐促进会等融合性组织，由社区工作者、优秀外来务工人员、社区保安、村（居）民代表、出租房房东、私营企业主等组成。这些社会组织以公益互益为组织目的，贴近基层、了解民意，在促进社区治理上发挥着独特优势。

三是发挥网络议政的平台作用。互联网的开放性、互动性、多样性、超时空性，为基层协商民主提供了便捷的平台和渠道。比如，杭州市西湖区文新街道德加社区在 2002 年 4 月就创办了社区网站，利用互联网优势，积极推进网络民主协商，把涉及居民利益的社区公共事务提交社区论坛讨论。此外，全省网民以网络论坛、网络社区、网络社团和网络博客等为载体，推动着协商民主不断向网络拓展，呈现出有事多商量、遇事多商量、做事多商量、到虚拟空间商量的良好局面。

第四节　推进协商民主广泛多层制度化发展

浙江是发展市场经济、民营经济的探路者，也是实践协商民主的领跑者。十多年来，浙江以鲜活经验创造了协商民主典范。2004 年，武义县后陈村建立了全国第一个村级民主监督组织，新昌县儒岙镇诞生了全国首部村级典章。浙江省人大率先在《中华人民共和国立法法》颁布后举行首个立法听证会，率先在全国出台地方立法听证会规则，率先在全国建立地方立法专家库；制定全国首个省级《村民代表会议工作规程》。浙江省政协2008年率先在全国开展政协文化专题研究，2009年、2013年领先全国出台政治协商专项文件、民主监督专项文件。浙江省温岭市继2004年以"民主恳谈"的制度创新获"中国地方政府创新奖""优胜奖"之后，2009年再以"参与式公共预算"的创新入围第五届"中国地方政府创新奖"，成为我国基层协商民主的典型范式，被国内外专家学者称为"21世纪中国农村基层民主政治建设的一道新曙光"，还吸引外国外交官去实地考察，被誉为"最有话语权的村民""泥土上长出来的民主"。

可以说，以协商民主推动人民民主，是浙江民主政治建设的显著特点和基本经验。事关全省经济社会发展重大问题的议题，着重依托"两代表一委员"开展协商，发动全体人民和全社会广泛商量；涉及一个地方人民群众利益的事情，在这个地方的人民群众中广泛商量；涉及一部分群众利益、特定群众利益的事情，在这部分群众中广泛商量；涉及基层群众利益的事情，在基层群众中广泛商量。通过多层次、宽领域的协商民主实践，呈现出协商形式不断创新，协商内容逐步拓展，协商程序日趋规范、示范效应逐步显现的良好态势。

（一）从横向覆盖范围看，呈现依托载体更多、波及领域更广、涉及范围更宽的广泛协商趋势

十多年来，浙江省协商民主发展呈现出从党政主导到社会参与、从精英协商到大众协商、从政治领域协商向经济社会领域协商拓展的发展趋势。政治领域，除了发挥各级人民政协作为协商民主的重要渠道外，人大工作中的座谈制度、听证制度，党内民主协商，政府决策过程中的民主协商都是政治领域的协商民主形式。社会领域，浙江省有近8万个备案的社区社会组织，各地充分发挥社会组织在公共服务和社会治理中的民间性、自治性、志愿性、非营利性等独特作用，助推社会治理创新，逐步实行多元主体共同协商治理。经济领域，比如工资集体协商，这一形式自2003年在温岭市新河镇羊毛衫行业率先探索试点以来，经过多年推广完善，已形成"行业协商谈标准、区域协商谈底线、企业协商谈增幅"的协商模式，并探索开展了实时工资"微协商"、工资三级集体协商等新的工资协商机制。实施这一机制后，一年间该镇羊毛衫行业劳资纠纷上访同期下降70%，2006年以来实现零上访，有效改善了劳资双方关系，保障了职工和企业主的权益。

（二）从纵向层级布局看，形成了上下互动、城乡互进、体制内体制外互容的多层协商格局

协商民主发展呈现从党内到党外、从省级到基层、从城市到乡村有序推进的格局，无论省级层面、市县（市、区）层面还是社区农村层面都呈现出协商民主蓬勃发展态势。一是协商民主自下而上，由村镇试点向省市层面扩散，比如入围中国地方政府创新奖的"参与式预算"，让群众参与政府预算编制的做法，先从镇一级提升到市一级，目前已在全省推广，并得到全国人大肯定。二是协商民主自上而下向基层延伸，省委开展统一战线推进基层协商民主工作；省人大建立立法基层联系点制度，探索基层群众参与立法的新渠道；省政协每年5月开展"走进基层走进群众"活动月，专门召开政协工作向基层延伸座谈会，积极推动政协协商民主和基层民主有序对接。三是上下互动多层协商推进工作。2012年省市县乡四级联动开展"进村入企"大走访活动，深入全省近3万个行政村和上万家企业走访调研协商。2014年省市县三级政协联动、万名委员同行，开展协商监督活动，助推我省"五水共治"重点工作。

（三）从深层次看，呈现出理论提升、制度规范、文化熏陶互促共进的良好态势

实践创新、理论创新、制度创新和文化创新相互联系、相互促进。十多年来，浙江省协商民主的实践创新推动了协商民主理论创新和制度创新，也从文化层面改变了人们的协商民主理念。以政协协商民主为例，一是注重理论提升。省政协连续5年召开政协理论研讨会，2009年中国社会科学院政治学研究所、浙江行政学院和浙江省政协研究室共同主办"经济社会发展与民主政治建设国际学术会议"，着力在理论与实践的相互砥砺中推动协商民主发展。二是注重制度规范。比如中共浙江省委，2004年领先全国出台政协制度化规范化程序化的专项文件，2009年领先全国出台政治协商的专项文件，2013年又率先在全国出台政协民主监督的专项文件；着力把政治协商的要求纳入党委议事规则、政府工作规则，2014年初以省委办名义制定下发本年度协商计划。三是注重文化熏陶。省政协率先在全国开展政协文化专题研究，2009年11月，政协浙江省委员会、中国社会科学院和中共浙江省委宣传部联合主办，人民政协报社、中国政协杂志社、浙江大学、中共浙江省委党校、浙江省社会科学院、浙江省社会科学界联合会协办"中国（浙江）政协文化论坛"，在人民出版社出版《政协文化论》学术专著，推动政协工作者把协商民主的价值理念、思维方式、工作方法内化于心、外化于行、实化于效。

十多年来，浙江省协商民主的实践与创新，凝聚着习近平同志关于协商民主发展的深邃思考，见证了全省基层群众的伟大创造力，折射出社会主义协商民主的发展态势，对我国现在和未来协商民主发展起到持续而深远的影响。党的十八大以来，党中央提出要全面认识社会主义协商民主是中国社会主义民主政治的特有形式和独特优势这一重大判断，要深刻把握社会主义协商民主是中国共产党的群众路线在政治领域的重要体现这一基本定性，要切实落实推进协商民主广泛多层制度化发展这一战略任务。这些重要思想和重大部署，既立足于我国深厚的文化基础、理论基础、实践基础、制度基础，也继承和发展了习近平同志在浙江主政期间的理论思考和实践探索。

第三章
基层民主的实践创新与制度完善

　　基层民主作为基层群众自治组织形式及其运作方式，是人民行使民主权利、参与管理国家事务和社会事务的主要形式，是社会主义民主制度的重要组成部分。基层民主的实践创新与制度完善作为浙江民主政治建设的基础性工作，一直受到习近平、赵洪祝、夏宝龙等多届浙江省委领导的高度重视。近年来，浙江省基层民主实践稳步推进，制度建设亮点纷呈，逐步形成了民主选举有序进行、民主决策日益科学化、民主管理不断规范、民主监督依法强化、民主协商形式机制不断涌现，城乡社区治理机制基本形成、社会组织和广大民众积极有序参与的良好局面。在制度建设上，政务公开全面推行，公开办事制度和办事结果，接受群众和舆论监督；进一步健全城镇居民自治和农村村民自治制度，实行民主选举和村务、财务公开，让群众参与讨论和决定基层公共事务和公益事业；坚持和完善以职工代表大会为基本形式的企事业民主管理制度，积极探索民主管理的多种有效形式，组织职工参与改革和管理，维护职工合法权益；通过健全民主制度，丰富民主形式，扩大社会组织的公民有序政治参与，使基层群众依法参与民主选举、民主决策、民主管理和民主监督。

第一节　村民自治：“四个民主”的协调发展

　　村民自治是基层民主的一项基本制度，是农村居民根据法律独立自主地管理本村事务的基层群众自治制度，也是新形势下农村基层治理的一种有效方式。2003年，时任浙江省委书记、省人大常委会主任的习近平同志在接受记者专访时指出：扩大基层民主就是要让基层民主政治建设真正成为人民群众直接行使民主权利，管理基层公共事务和公益事业的重要载体，让"百姓的事，百姓说了算"。① 在 2006 年 10 月的一次讲话中，他还指出："基层既是产生社会矛盾的'源头'，同时也是疏导各种矛盾的'茬口'……推进基层民主建设是实现政治稳定、社会和谐的重要保证，基层民主越健全，社会就越和谐。"② 这些重要论述与党的十八大关于"完善基层民主制度的重大任务"的战略部署，在内涵与逻辑上都是完全一致的。

2005 年 6 月 17 日，习近平同志在金华市调研时的讲话中指出："村级民主政治建设的方向十分明确，就是积极推行'民主选举、民主决策、民主管理、民主监督'。对这四个方面的内容要全面地加以理解。民主选举是基层民主政治建设的一个核心内容，是实现村民自治的前提和基础。但是，民主选举仅仅是民主政治的第一步。我曾经多次强调，民主选举不是民主政治建设的全部，一选了之肯定会出乱子，'民主选举、民主决策、民主管理、民主监督'都要配套完善起来，同时基层党组织要发挥领导核心和战斗堡垒作用……在这方面，我省各地进行了积极的探索，努力创新和完善基层民主政治建设的制度实践形式，取得了许多成效。比如，以海推直选和代表票决制为主要形式，实现村官村民选，村级民主选举有新突破；以民主恳谈听证和重大村务公决制度为主要途径，实现村策村民定，村级民主决策有新进展；以村务公开和村民自治为主要载体，实现村务村民理，村级民主管理上新台阶；以建立健全村务监督委员会为主要突破口，实现村事村民管，村级民主监督有新起色。"③

民主选举是基层民主政治建设的一个核心内容，是实现村民自治的前提和基础。但是，民主选举仅仅是民主政治的第一步，而不是民主政治建设的

---

① 参见《浙江省委书记习近平：基层民主越健全，社会越和谐》，《人民日报》2006 年 9 月 25 日，第 10 版。

② 习近平：《之江新语》，浙江人民出版社，2007，第 226 页。

③ 习近平：《干在实处　走在前列——推进浙江新发展的思考与实践》，中共中央党校出版社，2006，第 382～383 页。

全部，四个民主需要配套完善。浙江省作为市场经济的先发地区和改革开放的前沿地带，基层民主建设拥有先天区位优势和丰厚土壤，21世纪以来，全省不断探索村民自治的新路径、新渠道、新方法，诞生了诸如"自荐海选""民主恳谈会""五步工作法""村务监督委员会""八郑规程"等先进做法和经验，在基层民主政治发展中走在全国前列。笔者依据各地创新实践的代表性或突出性，选取杭州、台州、金华三地为典型案例，以期反映浙江村级民主建设的整体情况与特色做法，通过各地村民自治内容的调整充实、民主实现形式的丰富多样，呈现出村级民主选举、民主管理、民主决策、民主监督四项工作全面展开与有序推进的良好局面。

一 全国首创"自荐海选"，探索村民选举方式创新

村民委员会选举是村民自治的一项重要内容，也是村民行使民主权利的一个重要载体与基本形式。选举的民主程度、规范程度逐步提升，实现了从点到面、从指定到选举、从等额选举到差额选举、从间接选举到直接选举的转变；选民的民主热情、民主意识日益增长；有候选人选举制度更加完善，无候选人选举比例大幅提高；一系列选举法规先后出台，选举工作更加依法有序。一批年纪轻、文化水平高、能力强的村民当选，村民委员会结构素质不断优化、工作活力显著增长。

（1）"自荐海选"的实践探索。在民主选举日益规范化、法治化的同时，浙江省还积极探索选举方式与程序的创新，"自荐海选"就是全国一大首创经验。2005年3月杭州市余杭区唐家埭村的村民以"自荐海选"的方式选出村委会成员，这在全国基层民主选举中首开先河。选举采用无候选人的直接选举方式，有3名自荐人竞选村委会主任，2名自荐人竞选村委会副主任。经过两轮选举，选出全国第一位通过"自荐海选"上任的村委会主任。杭州市村级组织换届选举培训班250余名学员到现场观摩，国务院发展研究中心、省农业和农村工作办公室、省民政厅、市人大内务司法委员会、市民政局和余杭区四套班子领导均到会见证了此次选举。对此，《人民日报》3月29日以《余杭首创村委"自荐海选"》为题作了报道。塘栖镇唐

家埭村村委会"自荐海选"的方式，得到广泛认同。此后，全区122个尚未进行过规模调整村的村委会选举全部采用"自荐海选"方式，共有730人自荐报名参加村委会职位竞选，平均每个职位1.97人，参加选民160179人，参选率达到99.1%，创余杭区历次村委会选举之最。在全省第九届村委会选举工作中，有88.4%的村庄采用了这种选举方法，比上届提高了37.45个百分点，"自荐海选"已成为全省村委会选举的最主要方式。

（2）"自荐海选"的六大环节。其一，宣传发动环节。公布选举规则，鼓励有能力有才干的选民就自己能胜任的职位进行毛遂自荐。其二，自荐报名环节。选民在选举日的前十天到村民选举委员会登记报名，并对自荐的职位提出工作设想和治村方略（治村承诺）。其三，组织审核环节。由村民选举委员会依法按规则对自荐人及治村承诺进行审核，并在选举日的前三天以姓氏笔画为序公布自荐人名单、自荐职位和治村承诺。其四，民主选举环节。召开民主选举会议，自荐人在选民大会或村民代表会议上就竞选职务发表治村演说，选民在听取自荐人的演说后，根据自己的意愿，既可选自荐人，也可选非自荐人。其五，验票计票环节。选举结束后开票箱验票，在统计选票时，新采用选票"下加"计票的办法，即同一位选民有选其高职位的也有选其低职位的，如高职位未当选，可将同个选民高职位赞成票下加到低职位上。其六，另行选举环节。如当选不足三人或未能选出应选职务的，就不足的名额直接另行选举。

（3）"自荐海选"的优势与成效。在这种选举方式中，先由村民自由报名竞选某一职位，再由全村选民加以选举产生。由于自荐人不是候选人，因而是一种无候选人的直接选举。相对传统"海选"而言，这一方式既保留了"海选"的优势，又弥补了其成本高、环节多、人员散的不足，简化程序之后选举次数一般不超过两次，有效降低了选举成本和选民参与的成本。同时，自荐人应具备一定的任职条件，经审查合格后，通过竞职演说或提交书面竞选承诺参加竞选。这一环节能够充分展示自荐人的能力，选民又能直观了解竞选人的想法和情况，选举目标相对集中，避免了传统"海选"大海捞针、得票分散、票数悬殊等尴尬局面，减少了选举结果的不可预见性。

这种方式不仅增加了自荐人担任好村干部的压力，拓宽了村民群众民主参与的渠道，而且为农村优秀人才发挥才干搭建了平台。另外，实行"下加"计票法（即高职位票未当选，赞成票可加到该竞选者低职位上），有助于避免优秀的自荐人因名额原因而落选，提高选举成功率。

二　建立"五步工作法"，推进村民民主管理和民主决策

民主选举是基层民主政治建设的核心内容，是实现村民自治的前提和基础，但它不是民主政治建设的全部，民主的四个方面应该配套完善与推进。对此，习近平同志在金华市调研的讲话中有一个生动的比喻，他指出："现代民主政治的成果主要是对权力的制衡机制。在这个问题上，有一个著名的'驴马理论'，说的是：马比驴跑得快，一比较，发现马蹄比驴蹄长得好，于是把驴身上的蹄换作马的蹄，结果驴跑得反而更慢；接着再比较，又发现马腿比驴腿长得好，于是把驴身上的腿也换作马的腿，结果驴反而不能跑了；接下来，依此类推，换了身体、换了内脏，最后整个的驴换成了整个的马，才达到了跑得快的目的。这个'驴马理论'说明，'民主选举'仅仅是一个'马蹄'，推进民主政治建设光是换个'马蹄'，倒还不如不换。'民主管理、民主决策、民主监督'同'民主选举'一样重要，一样关键。'半拉子'的民主，造成'选时有民主，选完没民主'，反而把原有的秩序都搞乱了……民主的管理、决策、监督，不仅能保障民主选举的成果，而且可以解决民主选举尚不完善带来的一系列问题。"①

因此，民主选举结束后，村民如何根据本村的实际情况有序地开展民主管理和民主决策等活动，也是村民自治的一个重要体现。然而，在现实中诸多自治范畴还存在不少制度上的"空白地带"或"盲区"，需要进一步探索符合地方实际的民主决策与民主管理制度，建立操作机制，推动村民自治的发展与进步。在这些方面，浙江省台州、衢州等地在村民自治实践中建立了

---

① 习近平：《干在实处　走在前列——推进浙江新发展的思考与实践》，中共中央党校出版社，2006，第382~383页。

"五步工作法"，对涉及村民利益的重大村务或公益事业进行公议公决，规范民主决策程序。在近几年的推广实践中，这项制度不断健全完善，显现出强大的生命力，有力地推进了浙江基层民主政治建设和农村治理工作的发展与进步。

2005年以来，台州市天台县实施了以"民主提案、民主议案、民主表决、公开承诺、监督实施"为内容的村级重大事务民主决策"五步工作法"（以下简称"五步法"）。2009年10月，该工作法被写入浙江省委贯彻十七届四中全会决定的实施意见，并在全国村民自治机制建设工作经验交流会上进行了交流。具体地说，"五步法"是指村级重大事务民主决策具体分五步进行。一是民主提案。年初或届初，村级组织、党员、村民围绕涉及村集体利益和村民利益的8类事项提出提案。二是民主议案。由村党组织受理、审核提案，并召开村两委联席会议商议，对一般性事务由村两委落实解决，对重大事务拟订初步表决方案，提交党员大会充分酝酿和审议。三是民主表决。召开村民会议或村民代表会议进行表决并形成书面决议。四是公开承诺。表决通过的事项由村两委作出公开承诺，并制定方案，组织实施。五是监督实施。村两委通过决议公开、年中汇报、年底述职和村务监督委员会日常监督等方式，接受群众监督、质询和评议。为了推进这项工作的常态化，天台县先后进行了一系列机制建设。如落实月和"推进季"活动机制、示范村争创机制、工作全程记实制度、考核问责机制等。

"五步法"的创建与推行，始终坚持和把握住了"三个确保"，实现了党的领导、村民当家作主和依制治村的有机统一。一是确保村民自治在党的领导下有序进行。明确由村党组织主导"五步法"各环节，并引导党员依法进入决策主体，目前全县2万多名村民代表中党员占31.8%，村党支部委员全部当选村民代表。对重点村、薄弱村选派机关副科级以上领导干部兼任村党组织"第一书记"，提升党组织战斗力。二是确保村民自治依法有效开展。一方面，通过一套完整的程序，确保村民自治有制可依；另一方面，在民主议案中专门设立了审核审议环节，确保村民自治有制必依。三是确保村民当家作主。不仅从提案、议案、决策、实施到监督每一步都体现和保障村民当家作主，特别是规定专门的程序让村干部作出承诺，建立村务监督委员会加强监督，强化制度的执行力，而且在实际运行过程中，坚持方便群众、简单易行原则。如规定村民在提案时，书面、口头均可；在民主表决时，可用举手表决、无记名投票或在决议上签字等多种方式。同时，探索建立网上"五步法"，通过网站、微博、QQ、手机短信等平台，开展网络提案、网络议案、网络表决、网络承诺、网络监督，保障外出村民的民主权利。

"五步法"实施以来，得到了基层干部群众的认可和支持，取得了较好效果。其一，形成了比较合理的党领导下的村民自治工作架构。"五步法"初步解决了农村实行村民自治以来遇到的两大难题：一是在结构层面理顺了村两委关系，对党组织的领导机制、村两委的协调机制、基层党内民主机制和村民自治机制进行了内在的整合，比较好地解决了农村治理的结构性问题。二是在过程层面有效解决了选举前和选举后的关系问题，将民主选举、民主决策、民主管理和民主监督这四个民主统一了起来，理顺了村党组织的领导权、村民代表会议的决策权、村委会的执行权和村民监督委员会的监督权之间的关系，为农村日常生活的民主治理提供了一种简明易懂、方便操作的工作程序。其二，保障了村民当家作主的权利。"五步法"将村务决策的主体交还村民，村务大事该干什么、不该干什么，该怎么干、不该怎么干，干得怎么样、干得好不好，都由群众说了算，从而实现了意愿村民提、决策村民审、结果村民评，从程序上、制度上保障了村民的知情权、参与权、选择权和监督权。而且"五步法"在实践操作中简单易行、方便实用，得到了广大群众的广泛认同和拥护，村民参与村务管理的热情逐渐高涨。其三，推动了农村经济社会协调发展。"五步法"唤起了广大村民的公民意识和集体意识，起到了把群众团结和组织起来的目的，使村级事务变"干部干、群众看"为"干部群众合力干"。

三 创建村务监督委员会，将村民民主监督落到实处

民主监督是指村民自治中，通过村务公开、民主理财和民主评议村干部等主要形式，监督和约束村干部的行为和村委会的工作。村民的民主选举、民主管理、民主决策都离不开民主监督作为其重要保障，只有有效的民主监

督，才能对村委会成员的行为形成约束和制约，否则民主自治就很容易受到利益或权力的影响或左右，成为个人或少数人的行为。同时，加强民主监督也是解决农村中一些突出矛盾和问题，理顺干群关系，实现基层善治的关键手段。然而，在实际工作中，村民委员会组织法并没有对村民行使监督权的形式或制度安排作出明确规定，民主监督恰恰成为村民自治中最薄弱、最难以发挥效率的环节，因此必须对此高度重视。近年来，浙江省大力加强村民民主监督工作，积极探索制度的创新与运用，如金华武义县的"村务监督委员会"、台州天台县的"廉情监督站"、杭州余杭的"双述双评"村务监督体制、金华义乌市的村级财政民主审计等①。

2004 年 6 月，金华市武义县率先开展建立村务监督委员会试点工作，在该县后陈村建立了全国第一个村级民主监督组织，由群众选举产生村务监督委员，在村党支部领导下，实行事前、事中、事后全过程村务监督特别是村级财务监督，使各种问题和矛盾有了内部化解的机制。后陈村的经验在被媒体广泛报道后，引起了时任浙江省委书记习近平的高度重视，两次作出批示。2004 年底，武义县决定在 96 个行政村推行监委会制度。2005 年 4 月，范围扩大到全县 552 个村。省委专门组织了 7 个职能部门到武义调研，调研报告得到习近平书记的批示。2005 年 6 月习近平同志专程到后陈村实地考察调研，详细了解村务公开情况和村务监督流程，与基层乡村干部进行座谈，充分肯定了武义县建立村务监督委员会的做法。他强调，"这是很有意义的探索，要总结经验，继续深化，不断完善，把它作为开展保持党的先进性教育活动中解决农村实际问题的一个课题、一个重要内容来抓好"②。在习近平同志的亲自推动下，这项工作很快在全省推开和规范，取得了很好的效果。2005 年 10 月，始发于后陈村的武义"村务监督委员会"入围"中国地方政府创新奖"。在 2006 年初浙江省全省农村工作会议上，习近平、茅临

---

① 详细内容参见余逊达《浙江农村村民自治中监督制度的几种设计和安排及其启示》，载陈明明主编《复旦政治学评论》第 9 辑，上海人民出版社，2011。

② 中共浙江省委理论学习中心组：《中国特色社会主义在浙江实践的重大理论成果》，《浙江日报》2014 年 4 月 4 日，第 2 版。

生同志作报告，都明确提出了推广建立村务监督委员会制度的要求。继武义县后陈村之后，温岭市、天台县、嘉善县、诸暨市等地也积极跟进，相继建立了相应的村级民主监督机构。浙江省对各地的这些探索与实践十分重视，并着力加大推动。到 2009 年底，全省 30032 个行政村，村村建立了村务监督委员会，实现了村级监督组织"全覆盖"。2010 年，"村应当建立村务监督委员会或者其他形式的村务监督机构"，被写入修改后的《村民委员会组织法》。目前，以村党组织为领导核心，村民会议和村民代表会议为决策机构，以村民委员会为管理执行机构，以村务监督委员会为监督机构的村民自治组织体系在浙江省已经基本建成。

以后陈村的"村务监督委员会"为例。该村首先通过系统的调查研究，在法律政策规定的框架内，对村里已有的各项管理制度进行全面的梳理和评估。在此基础上，草拟出用于规范和约束村干部行为的《后陈村村务管理制度》和《后陈村村务监督制度》这两个文件的建议稿。建议稿出台后，又在全村各农户及村两委、党员及村民代表中反复讨论和修改，最后在村民代表会议上表决通过并正式生效。"村务监督委员会"的成员由村民选举产生。按照规定，村务监督委员会成员只能由非村两委成员及其父母、配偶、子女、兄弟姐妹等直系亲属的村民代表担任。候选人通过有全体党员和村民代表参加的推荐会推举，再在村民代表会议中进行差额选举。监委会由 3 人组成，其中主任 1 名，委员 2 名。主任由村民代表会议选举得票最多的候选人担任，任期与村民委员会成员相同。村务监督委员会受村民代表会议委托独立开展工作，对村民会议或村民代表会议负责，不参与村务管理，是一个专门从事村务监督工作的机构。

按照《后陈村村务监督制度》，村务监督委员会主要有 9 项工作职责：①对村两委执行党的路线、方针、政策及村级管理制度的情况进行监督；②对村务、财务公开的清单进行审核；③建议村委会就有关问题召开村民代表会议；④对不按村务管理制度规定做出的决定或决策提出废止建议，村委会须就此类事项的处理提交村民代表会议表决决定；⑤协助街道党委对村干部进行年终述职考评；⑥列席直接涉及群众利益的重要村务会议；⑦定期向村民代表会议报告村务监督工作；⑧向村民宣传党的方针政策，维护村两委正确决策；⑨向村两委反映村民对村务管理的意见建议。

从运行机制来看，武义县规定当村务监督委员会发现村务管理发生问题后，首先向村两委提出改进意见或建议，如果村委会对这些意见或建议不予采纳，则提请村委会召开村民代表会议决定；如果村委会不召集村民代表会议，村务监督委员会可直接向乡镇（街道）或县的村务公开和民主管理办公室寻求帮助；乡镇（街道）或县在接到村务监督委员会的请求后，要在7天内派人调查，若情况属实，则责成村委会召开村民代表会议对村务监督委员会提出的意见或建议加以讨论并做出决定。此外，村务监督委员会还可根据多数村民或村民代表的意见，对不称职的村委会成员提出罢免建议，提请村党支部报上级党委、政府后，依法启动罢免程序。

从实践成效上看，这一做法与武义农村原有的监督体制相比，具有诸多明显的优势。首先，村务监督委员会的创设及其职权配置，把村务监督专职化，结束了以往村民独立分散、"单打独斗"的监督形式，增强了监督权行使的独立性，创新了农村基层民主监督的主体。其次，在这一制度设计中，民主监督是由独立、专门的机构所开展的事前、事中、事后的全程监督，监督的规范化、科学化水平大大提高，监督的力度也明显增强，形成了农村基层化解内部矛盾和解决问题的高效的民主监督机制。再次，"村务监督委员会"改变了村民自治中"四个民主"发展不均衡尤其是民主监督滞后的状况，引导村级公共权力相互制衡，为村级治理营造了良好的政治生态环境，大大提高了村级治理的民主化水平。最后，它还发挥了上下沟通、释疑解惑的作用，促进了党群、干群关系的融合，形成了基层政府、体制精英、村民之间的良性互动模式。政府顺应村庄治理诉求进行了相应的制度支持；体制精英及其所属组织借助制度设置实现了村务管理中"权力对权力的制衡"；普通民众借助组织及制度平台实现了对体制精英"权利对权力的制衡"。正是在这种相互制衡的互动中，村务管理日趋民主化、规范化、制度化。① 早

---

① 参见卢福营、孙琼欢《村务监督的制度创新及其绩效》，《社会科学》2006年第2期。

在 2005 年，习近平同志就对这一制度给予了充分肯定，他指出："发端于武义并正在金华推广的'后陈经验'，就是在实践中的一个创举。这种通过建立村务监督委员会来实现民主决策、管理、监督的做法，符合法律和政策的导向，实现了村务监督由事后监督向事前、事中、事后全程监督，应当予以鼓励。"①

第二节　社区自治：城乡治理的现代转型

党的十八大提出要"充分发挥群众参与社会管理的基础作用"，并对加快我国城镇化建设提出了战略规划和指引。党的十八届三中全会进一步提出"促进群众在城乡社区治理、基层公共事务和公益事业中依法自我管理、自我服务、自我教育、自我监督"。随着城镇化进程的加快，社区作为我国基层治理的基本单位之一，以自治为基本形态的社区治理必将在国家治理体系中显示出越来越重要的作用。推进社区民主建设、发展基层民主协商、健全居（村）务监督机制、强化基层民主的制度保障，对于激发基层活力、凝聚民心、集聚民力、汇聚民智，提升基层民主建设水平具有重要的现实意义和基础性保障作用。

一　浙江省社区治理的进程与发展

2003 年 4 月 17 日，习近平同志在浙江省城市社区工作会议上的讲话中指出："扩大基层民主，实行居民自治，是社会主义政治文明建设的重要内容，也是社区建设的基本原则。我们必须按照宪法和城市居民委员会组织法的要求，正确处理政府行使职能与社区居民自治的关系，避免'一管就死、一放就散'，逐步提高社区的自治能力。要在社区党组织的领导下，按照'党为核心、议行分设'的要求，建立和完善社区成员代表大会、社区居委

---

① 习近平：《干在实处　走在前列——推进浙江新发展的思考与实践》，中共中央党校出版社，2006，第 383 页。

会、社区议事协商委员会等社区自治组织，加强以社区成员为主体、以社区服务为目的的社区民间组织的培育，开展群众性社区服务，保障社区自治权利。要理顺政府部门与社区的关系，转换政府角色，从过去的领导、指令、管理转到协调、指导、服务上来，充分尊重和支持社区的自治权利，不直接插手社区事务，不包办社区工作，使社区有充分的自治权、参与权、监督权。要按照政事分开、政社分开的原则，对社区居委会和政府部门的职责进行清理、划分，把原来由政府包揽或由企事业单位包办的居民服务、居民管理职能归还给社区，逐步实现社区居民的自我管理、自我教育、自我服务和自我发展。对于确实需要社区协办的事项，要按照'权随事转、人随事转、费随事转'的要求，保证社区有人力、有财力完成各项协办事宜。"①

改革开放以来，浙江省的社区治理工作一直居于全国领先位置。2008年，浙江省杭州市上羊市街居民委员会被民政部确认为新中国建立的第一个居民委员会。全国首个反映社区建设发祥、发展的专题类场馆——中国社区建设展示中心也在杭州上城区建成开放。近年来，全省推进社区治理和居民自治工作成效显著，确保民意反映渠道通畅，民意形成集体选择，制定符合社区实际的制度与规则，社区各组织自我规范与协同活动，体现公开、公平、公正原则，权衡公平与效益、公益与私利，不断推动居委会、居民（代表）会议、协商议事会议等社会居民自治组织和居务公开、民主管理、民主决策、民主监督等各项制度的健全完善。

近年来，全省社区治理工作进展明显，城市社区居民委员会选举工作稳步推进，社区组织体系进一步完善，社区民主实践不断深化扩展。2013年，浙江省民政厅制定下发了《浙江省城市社区居民委员会选举规程（试行）》，这是全国首个省级层面的指导城市社区居民委员会选举的规范性文件。《规程》在宪法和法律的框架内，根据浙江社区居民委员会选举的实践经验，对社区居民委员会选举的指导机构、选举方式、组织实施、责任认定、罢免

---

① 习近平：《干在实处　走在前列——推进浙江新发展的思考与实践》，中共中央党校出版社，2006，第381~382页。

补选等各个环节作出了具体明确的规定，提出了八项创新内容，弥补了《城市居民委员会组织法》在选举程序方面的阙如，具有较强的指导性和可操作性。当前，全省 3138 个社区，半数以上都通过直接选举产生居民委员会，杭州还率先探索实施了电子化投票选举方式。全省范围内基本形成了以社区党组织为核心，社区居民委员会、居民代表会议、议事协商会议等社区居民自治组织有效运转的社区组织体系，涌现出社区公共服务站、和谐促进会等新的组织。实行社区政府工作申报准入制度，规范社区自治组织与政府部门、社区党组织、物业管理单位等关系，有力保障了社区自治权的行驶。深入开展以居民会议、议事协商、民主听证为主要形式的民主决策实践，以自我管理、自我服务、自我教育为主要目的的民主管理实践，以居务公开、民主评议为主要内容的民主监督实践，保障社区居民依法直接行驶民主权利，引导其依法理性有序参与社会公共事务和公益事业，依法依规组织开展有关监督活动，促进以保障和改善民生为重点的社会建设。全省各地建立健全了社区民情恳谈会、事务协调会、工作听证会和成效评议会的"四会"制度，完善社区居务公开制度。如杭州、宁波、嘉兴等地均组织开展了社区民主恳谈、民主听证、民主评议等活动，扩大居民公共参与。

在社区自治制度的建立健全进程中，浙江省始终坚持统筹发展、分类推进的原则，在全面深化城市社区建设的同时，加快推进农村社区建设，特别是在促进外来人员融入、加快城镇化建设中的基层治理等方面探索出了一系列创新做法，取得了许多成功经验。

（1）积极推进城市社区体制改革。从 2001 年开始，全省各地积极稳妥推进社区体制改革，除了居民委员会改制之外，很多地方都开展了撤村建居工作。杭州、宁波、台州等地为了更好推进这项工作，先后出台了开展农村经济合作社股份制改革、推进撤村建居工作等意见，在撤村过程中及时召开村民代表会议，注意倾听村民意见，维护村民的经济权益和政治权益，使基层管理体制改革顺利进行。社区建立以后，各地加大投入力度，整合公共资源，理顺政府、社区居民委员会、社区社会组织、驻区单位之间的关系，深入推进社区居民自治，有效提升社区服务水平，推动村民向居民转变，促进社区共同体意识的形成。全省社区居民委员会从 2004 年底的 2557 个发展为 2011 年的 3138 个，城市社区在资金投入、服务设施、人员队伍等各个方面都取得了明显成效，杭州、宁波的城市社区建设更是代表了全国最高水平。

（2）不断建立健全农村社区治理机制。2008 年 11 月，浙江在全国率先以省委、省政府名义召开全省农村社区建设会议，下发《关于推进农村社区建设的意见》。2009 年 12 月，省委、省政府又召开了全省农村社区建设工作推进现场会，对农村社区建设各项重点工作进行部署，农村社区建设由试点实验转入全面推进，再向纵深发展。全省各地在坚持和深化村民自治的基础上，探索完善农村社区治理机制建设，弥补新形势下村民自治对农村基层管理服务的不适应问题。完善社区服务设施，丰富社区服务内容，壮大社区工作队伍，为居住在本社区的居民提供便捷、优质的社区服务；依托和谐促进会、共建理事会、议事协商委员会等协商性组织，吸纳村民以外的驻村单位代表、外来人员、离退休返村居住人员等参与农村社区的自治服务，尤其在采取"多村一社区"模式的农村社区，通过协商性组织的沟通协调，促进村与村之间、村民之间的有机融合；加强对社区社会组织、志愿者组织和其他社区组织的培育管理，发挥各类社会组织的补充作用，形成多元参与农村社区建设的良好互动局面。

（3）积极促进外来人员融入城市社区。一是在全部由外来人员组成的、达到一定规模的居住地区，及时成立社区居民委员会，建立健全社区自治组织，推进社区居民自治和服务。如杭州市江干区白杨街道 2006 年建立的邻里社区，居民都是在下沙经济开发区工作的"新杭州人"，来自全国 28 个省区市，28 岁以下的青年占 95%。通过社区事务的民主管理、社区活动的民主参与、社区服务的有效供给，使"新杭州人"找到了归属感和认同感。二是鼓励外来人员参加城市社区居民委员会选举，2010 年浙江省城乡社区建设领导小组出台《关于进一步加强城市社区居民委员会建设的意见》，明确规定降低非本地户籍社区居民参加居民委员会选举的"门槛"，鼓励外来人员参与所居住社区的居民自治，促进其社区融入。目前，全省已有 91 名外来人员当选社区居民委员会成员。

（4）妥善处理农民集中居住区的基层治理。在大规模的征地拆迁之后，全省出现了不同规模的农民集中居住区，这类社区既不同于现代城市社区和传统农村建制村，也不同于省委、省政府提出的农村社区，而是以农村村民向城镇或周边跨组、跨村、跨镇集聚为主要外在特征的新型社区形态。在这类基层治理中，嘉兴、温州等地取得了一些可借鉴的经验。例如，2010 年嘉兴市提出了"城乡一体新社区"建设，设置社区党组织，发挥领导核心作用；建立社区管理委员会，作为过渡性质的管理服务机构；建立社区事务站和服务中心，承担具体管理服务工作；设置社区居民议事监督委员会，负责社区重大事项的讨论研究；积极倡导和鼓励社区居民参与社区建设。这种方式既有利于服务工作的开展，也有利于自治工作的推进，对基层社会的和谐与融洽具有重要意义。

二　以社区建设促进基层民主——杭州市的实践与经验

近年来，杭州市大力开展以社区建设促进基层民主的探索与实践，在社区的民主选举、民主协商、民主管理、民主监督以及民主的制度化、规范化等几个方面取得了一定的成效与经验。

（1）创新组织模式，夯实民主自治的组织基础。虽然社区居委会或村委会作为基层自治组织的定位在法律上已有明确规定，但由于其特殊性，与基层政权之间的关系在相当长时期内没有得到很好地整合协调，社区行政中的相关问题日益明显。经过近五年的探索和实践，杭州市完善了社区治理的组织构架和工作机制，形成交叉任职、分工负责、条块结合、合署办公的复合模式，并取得了理想的成效。社区治理复合体的构架有助于增强社区党组织的领导核心地位，防止居委会的"边缘化"和"行政化"，同时最大限度地整合了社区资源，回归社区自治的本源。

（2）深化换届选举工作，改革基层民主选举制度。2013 年是杭州市第五届社区组织换届选举年，在 605 个进行换届选举工作的社区中，有 535 个社区采取直接选举的方式，直选率为 88.43%，比上届提高了 0.39%，其中上城区、桐庐县、淳安县、建德市、临安市等地直选率达到 100%。104 个社区采用选民自愿登记、自愿参选方式选举，20 个社区采用电子投票方式选举，全市 2047 个村民委员会换届选举全面推行"自荐直选"方式。

（3）健全议事协商机制，搭建基层民主决策的训练场。其一，优化公共事务的居民征询表达机制。江干区采用"社区客厅"的新模式，提出"e家全能"服务和治理理念。其二，建立公共事务的居民协商解决机制。以社区圆桌会、社区论坛等形式解决了许多社区中的热点难点问题。其三，建立公共事务的居民评议评判机制。杭州市率先在全国开展了"群众满意社区（社工）"第三方测评。在农村，杭州市普遍建立了村民会议和村民代表会议制度，许多地方还创新民主决策的方式，如淳安县全面推行村级事务决策"五票制"，余杭区落实"民主决策六步法"，临安市在重大事项的决策上大力推行"五议两公开"工作法，等等。

（4）探索社区自治规范，创建基层民主管理的新模式。在城市社区，民主管理工作以民情恳谈会、民事协调会、民意听证会、民主评议会等基本形态而广泛开展。社区居民代表会议制度、社区议事会制度、社区居委会工作制度、社区公开办事制度、居民自治公约、社区自治章程、社区居委会成员岗位职责规范和政府派驻社区人员承诺制度等，有力保障了基层民主管理工作的规范化与制度化。并且，这些规范、章程、公约以及制度形式在近年的实践中不断得以完善和扩充，从而有效地确保了社区自治活动开展的有序和有效。

（5）推广下城模式，强化基层民主监督的权力保障。2007 年，杭州市下城区长庆街道新华坊社区成立了全国首个居务监督委员会，专门围绕社区居务、财务的公开和执行情况进行监督，设计出系列居务监督制度、程序和路径。2012 年底，杭州市出台《关于加强城市社区居务监督委员会建设的实施意见》，下城模式在全市推广。这一监督机制的创新，主要在于监督主体、监督流程设置、监督方式及其推进力等方面的创新。通过居务监督委员会的成立使社区民主的内涵得到了丰富，党和政府在社区居民中的形象得到了提升，社区事务的工作思路得到了拓展，社区作风得到了净化，基层廉洁度也得到了提高。

三 构建基层民主的多元共治——宁波市的探索与创新

近年来，宁波市坚持和发挥基层群众在社区事务管理中的主体作用，积极探索基层民主建设的实现形式，加强基层党组织领导的基层群众自治组织建设。在进一步健全组织体系、完善民主选举制度、民主协商决策制度、民主管理制度、民主监督机制，不断完善基层民主自治机制的同时，充分发挥基层自治组织、各类社会组织和居民群众的协同作用，着力保障基层群众对社区事务的知情权、决策权、参与权和监督权。注重拓展民主参与渠道，构建基层民主的多元共治格局，成为该市推进基层民主发展的一大亮点。

（1）大力培育发展基层社会组织，提升基层民主参与的组织化程度。加大对基层社会组织的政策扶持力度，降低准入门槛，对公益慈善类、城乡社区服务类社会组织实行民政部门直接登记制度，对不符合注册登记条件的社区社会组织实行备案制。同时，市、县两级和有条件的街道建立了枢纽型社会组织服务平台，作为基层社会组织的"孵化基地"，积极培育发展各类服务性、公益性、互助性的社区社会组织，努力提高居民群众参与基层社会服务管理的组织化水平。例如该市在外来务工人员居住达百人以上的社区或村全部建立了"和谐促进会"等融汇性组织，这一做法获得了首届中国社会创新奖和第六届中国地方政府创新奖。

（2）创新多元参与的基层治理方式，提高基层服务工作水平。全面实行社区专职工作者包片联户制度，每位社工包片联系 250 户左右居民家庭，统一规范包片联户工作台账、民情走访和考核评价制度，推动社区专职工作者密切联系居民群众；发动党（团）员、干部职工、志愿者和辖区单位等各种力量，组建各类服务团队，为居民群众提供多样化、个性化的组团式服务；在每个楼道选聘和谐促进员，协助社工开展社区治理工作。

（3）建立居民评议社区和社区评议部门"双评议"制度。2008 年，该市在全国率先建立了社区工作以群众满意为主要标准的评估体系，2008～2013 年先后开展了 4 次社区建设群众满意度评估工作，委托有资质的社会调查机构采取入户调查的方式，直接请居民对社区服务、社区管理、社区民主等各方面内容进行评价打分。2012 年又建立了和谐社区动态管理机制，社区工作好不好，居民群众说了算，在制度上确保了群众在社区建设中的主体地位，极大地激发了居民群众的社区主体意识和参与热情。在已开展的 4 次社区建设群众满意度评估工作中，共入户访问居民家庭 4 万户，收集居民群众的意见建议 2000 多条，切实推动了社区工作从"重行政事务"向"重为民服务"的转变。2013 年，首次建立了社区评议部门工作制度，组织全市所有 500 多个社区对党政机关各部门在社区布置工作任务、开展创建评比、落实费随事转、服务工作作风等 10 个方面进行满意度评议打分，评议结果由市纪委、市目标管理考核办分别纳入各部门政风行风督查和年度目标管理考核之内。

总的来说，社区作为社会体系的基本空间单元，是党和政府联系人民群众的重要纽带，也是基层社会建设和社会治理的主要载体，更是人民群众直接参与民主治理和社会建设的最基础性平台。现代化转型背景中的社区自治不仅关系到基层社会治理的路径与模式，而且还与城乡一体化转型密切相关，对于改变传统城乡二元对立模式，促进城乡资源融合、机会均等、成果共享，实现区域整体发展和共同繁荣具有重大意义。

第三节 企业民主：劳动关系的和谐共建

党的十八大报告中提出的"全心全意依靠工人阶级，健全以职工代表大会为基本形式的企事业单位民主管理制度，保障职工参与管理和监督的民主权利""推行企业工资集体协商制度，保护劳动所得""支持工会等充分发挥桥梁纽带作用"等相关论述，进一步明确了新形势下我国企业基层民主建设的重大意义与工作重心。随着我国改革开放的全面深化，基层企业的发展也进入了矛盾的易发期和多发期。加强企业民主建设，构建和谐劳动关系已经成为国家治理工作中必须首先面对和实践的一项重要工作。浙江省作为市场经济发展较快、个体私营等非公有制企业较为聚集的省份，企业的民主建设和和谐劳动关系构建等各项工作起步较早，有探索、有亮点，有效地维护了员工的各项合法权益，促进了劳动关系和企业、社会的和谐稳定。义乌的社会化维权、温岭的工资集体协商、宁波市北仑区的劳动争议社会化大调解等，已经在贯彻实施劳动法律法规、优化人力资源配置、强化和落实企业社会责任、打造社会化维权平台、充分发挥工会组织在维护职工合法权益中的作用等方面探索出了一些有效的做法，取得了一些成功的经验。其中，传化集团大力加强企业基层民主建设，构建和谐劳动关系的探索性创新实践，2010 年 8 月获得了习近平同志的重要批示。

一 浙江省企业基层民主建设的基本现状与主要内容

广泛开展多种形式的基层民主建设、协调劳动关系是企业工会组织和企业员工直接参与企业治理的重要手段。目前，浙江省企业基层民主建设的形式主要有：工会主席直选制、职工代表大会制度、厂务公开制度、集体合同制度（工资集体协商）等。全省 11 万家已建工会的非公有制企业中，约有40% 已经实行工会主席直接选举。如温州市已有 5800 家非公企业实行工会主席直选，其中有三分之二的工会主席由农民工担任。625 个乡镇（街道）总工会实行了代表大会代表常任制和提案制，杭州市余杭区、嘉兴市南湖区和绍兴市绍兴县等县（市、区）已全面实行。截至 2012 年 9 月 30 日，浙江省公有制企业职工代表大会建制数为 8297 家，建制率为 98.9%，常务公开建制数 8301 家，建制率为 98.9%，分别居全国第五位和第二位；全省非公有制企业职代会建制数为 461890 家，建制率为 95.4%，常务公开建制数为448324 家，建制率为 92.6%，分别居全国第五位和第九位。

近年来，全省范围内的企业基层民主建设主要包括五方面内容。一是确定非公企业厂务公开和职代会建制率的五年工作目标，并将其融入全省"工会组建及农民工入会集中大行动"之中。2012 年底已建工会的非公企业职代会和厂务公开建制率分别达到 93.2% 和 87.6%。二是坚持基本形式，创新工作载体。坚持把加强职代会、会员代表大会建设作为推进企业民主管理的关键环节来抓，着力推进职代会、会员代表大会的提质扩面，充分发挥职代会、会员代表大会在民主管理中的核心作用。三是不断丰富职代会的内容和形式，从关注职工切身利益问题拓展到企业经营决策，从审议一般生活福利拓展到参与企业专业管理，从原先单一的公开栏发展到现在的民主恳谈会、职工议事会、厂情会情发布会和企业局域网、微博微信沟通台等多种形式。四是循序渐进规范职代会的运作，指导企业制定职代会实施细则，对职代会的民主程序、审议内容、提案落实、表决形式等做出相应规定。一些非公企业还建立了职代会和会员代表大会质量评估制度，每次职代会召开后都征询职工代表的意见，不断改进完善职代会制度。五是逐步建立工资集体协商制度，保障职工代表与企业代表能够依法就企业内部工资分配制度、工资分配形式、工资收入水平等事项进行平等协商，并在协商一致的基础上签订工资协议。有效的工资集体协商能够综合反映企业经营状况、劳动力市场供求状况及职业操作的技术复杂熟练程度，提高劳动关系双方对工资水平的认同感，是保障职工工资标准合理化的有效手段，是实现劳动力资源市场化配置的重要方式。截至 2013 年底，全省 90% 以上建会企业签订了工资协议，共计 13.96 万份，覆盖企业 31.3 万家，覆盖职工 1364 万人。其中区域性工资协议 6966 份，覆盖企业 20.28 万家，覆盖职工 105 万人。初步形成了"企业协商谈增长、行业协商谈标准、区域协商谈底线"的协商模式和"企业协商抓点、行业协商抓线、区域协商抓面"的协商格局。

二 以基层民主建设促进和谐劳动关系的浙江实践

浙江省作为市场取向改革较早的省份，非公经济发展迅猛，对全省经济的贡献度不断加大。据浙江省总工会 2011 年统计，浙江省的民营经济创造了 70% 的生产总值，60% 的税收和 76% 的出口，提供了 90% 的新增就业岗位。在全省 46 万家企业法人中，私营企业占 36.40 万个，占全部企业法人的 80%。与此同时，非公企业劳动关系的多样性、复杂性和不平衡性特点也十分明显。近年来，全省按照走中国特色社会主义发展道路的根本要求，根据浙江经济社会和职工队伍发展变化的实际，突出抓住发展和谐劳动关系这条工作主线，充分发挥工会组织的政治优势、组织优势，努力促进劳动关系的和谐稳定。这一工作得到了浙江省委、省政府的高度重视，以倡导和谐理念、营造和谐文化、建构制度环境为基本任务，以劳动关系双方主体的自行协调为基础，适度介入劳动关系运行为原则，积极引导发展和谐劳动关系，在以下几个方面进行了积极探索，取得了良好成效。

（1）大力倡导劳资双方合作互利共赢的基本理念，营造构建和谐劳动关系的社会政治氛围。省委、省政府结合浙江省非公经济大省、市场化程度高、商业性文化浓的特点，全方位地倡导和谐劳动关系、劳资双方合作互利共赢的基本理念。在深入实施"八八战略"和"创业创新"总战略中，历届省委高度重视统筹发展与和谐的关系。2008年，省委作出了《关于全面改善民生、促进社会和谐的决定》，强调以发展固和谐、民主促和谐、文化育和谐、公正求和谐、管理谋和谐、稳定保和谐，大力倡导中华民族崇尚和谐的优秀文化成果，深入挖掘浙江重和谐的本土文化传统，不断丰富和谐理念，培育和谐精神，为促进人与自然、人与社会、人与人、人与自我的和谐提供思想文化支撑，不断增强构建社会主义和谐社会的思想道德力量。

（2）建立健全发展和谐劳动关系的政策法规体系。为了给和谐劳动关系提供制度保证，近年来，浙江出台了《浙江省集体合同条例》《劳动法实施办法》《浙江省企业民主管理条例》等一批涉及劳动关系的地方性法规，构建起劳动关系有序运行的法治框架。省政府及相关部门制定了一批政策性规定，包括《关于全面推进职工工资协商工作的意见》《关于切实维护劳动者合法权益，进一步发展和谐劳动关系的若干意见》等，有力地推动各级政府和企业努力构建和谐劳动关系。

（3）建立健全发展和谐劳动关系的多方协调机制。2001年建立了省劳动关系三方协调会议制度。省政府明确规定，三方协调会议制度的基本职能是为省政府制定有关涉及劳动关系的政策文件提供咨询建议；协调处理全省性有关劳动关系的重大问题；指导全省各级地方劳动关系协调工作。各市、县（市、区）亦相应建立劳动关系三方协调机制，全省形成了适应社会主义市场经济要求的劳动关系协调体制。从2004年开始，全省进一步完善工会与政府联席会议制度，目前县以上已全部建立这一制度并向乡镇、部分产业延伸。

（4）建立健全面向市场、统筹城乡的就业服务体系和再就业援助体系。全省各市县都建立了一定规模的劳动力市场和人才市场，其中有 25 个市县建立了功能健全、流程规范、运作高效的综合性劳动力市场和人才市场。市场机制在浙江省人力资源配置中起到了基础性的作用，企业和劳动者作为劳动力市场供求主体的地位基本确立，劳动者自主择业、市场调节就业和政府促进就业的市场机制基本形成。政府积极促进就业的政策框架基本形成。积极推进城乡统筹就业试点工作，取消农民进城就业方面的制度性障碍，把农民工完全纳入了公共就业服务范围，改善农民工进城就业环境。

（5）深化完善城镇社会保险体系，加快建立覆盖城乡的新型社会救助体系。浙江在全国率先实行统筹城乡的社会保障制度。全省上下加快推进五大社会保险的制度完善和扩面工作。养老保险方面，坚持"抓两头、促中间"，对非公企业实行"低门槛进入、低标准享受"的养老保险参保办法，全面实行地税代征，实现了养老保险扩面的全面推进。医疗保险方面，经过多年努力，已经建立比较完善的基本医疗保险政策，基本解决了困难企业退休职工医疗保障问题。

（6）坚持强化调控、确保支付，着力从制度上机制上理顺企业工资分配关系。近年来，为处理好效率和公平的关系，建立企业职工工资正常调整和增长机制，全省上下积极探索，相继实行了"两金一卡"等制度，采取不断提升最低工资标准等措施，推进收入分配改革，已经基本形成以最低工资、工资指导线、劳动力市场工资指导价位、人工成本测算制度为主体的企业工资调控体系。认真落实《浙江省工资支付管理办法》，建立工资拖欠举报制度、欠薪报告制度、工资支付预警制度、工资保证金和欠薪应急周转制度。率先在全国实施了"两金一卡"制度，即工资支付保证金、欠薪应急周转金、农民工记工考勤卡制度，确保了劳动者工资得到按时足额发放。

三 企业民主与和谐劳动关系构建的传化实践与经验

浙江省的民营经济发达，企业数量庞大，企业民主建设水平在全国也居于领先位置。近年来，全省各地广泛深入地开展创建劳动关系和谐企业与园区活动，内容不断丰富，形式不断创新，水平不断提高，在促进企业发展、维护职工权益，发展和谐劳动关系、促进"平安浙江"与和谐社会建设中发挥了积极作用，涌现了一大批先进典型。2013 年，省创建劳动关系和谐企业活动领导小组公布了创建和谐劳动关系先进企业、工业园区和先进工作者名单，授予杭州、温州、宁波、嘉兴、衢州等地 183 家企业"浙江省创建和谐劳动关系先进企业"荣誉称号。由于篇幅原因，笔者选取浙江传化集团作为案例，简要介绍其建设基层民主与创建和谐劳动关系的创新实践与成功经验。

1. 企业民主的传化实践

近年来，传化集团本着让劳动群众劳动更加体面、生活更有尊严，让企业发展更健康的根本理念，通过大力加强民主参与、民主管理、民主评议、民主听证等基层民主建设大大推进了劳动合同、就业工资、社会保障、劳动保护等方面的工作，以基层民主建设为重要抓手，创建劳动关系和谐企业。这些创新性探索实践不仅在实践中取得了明显的工作成效，而且得到了上级领导的多次肯定与企业职工的大力支持，已经成为浙江省企业民主建设与和谐劳动关系构建工作的典型代表。

其一，健全职工代表大会。传化集团在 1995 年就建立了职工代表大会制度，一直以来坚持职代会与会员代表大会两会合一。职代会初见时期的主要功能是让职工了解企业一年的工作情况和下一年的工作计划、工作目标等，充分尊重和体现职工的知情权，激励职工共同为目标努力。此后，逐步开始借鉴国有企业的做法，拓展职代会内容，让职工在职代会上要参与企业重大事项的讨论。目前，传化集团涉及职工切身利益的事情，都能够在职代会上讨论、审议。工会作为职工代表大会的工作机构，认真做好会议的组织、议案的提交及会后对决议的贯彻落实等。在平时的工作中，及时处理职工代表和工会会员的建议、意见，使职工的意见和建议得到落实和解决。如 2000 年，根据职代会的议案，解决了职工内部积累式养老保险与社会养老保险接轨的问题。2002 年以来，根据职代会的建议，企业为全体职工办理医疗保险、工伤保险等。

其二，开展民主听证会。从 2004 年开始，为全面落实职工对企业重大事项、职工利益方面的知情权、参与权、协商权和监督权，尊重职工主体地位，实现企业决策科学化、制度化、民主化，传化集团开始有计划地组织开展党员民主听证，2006 年听证主体扩大至普通职工。民主听证会让职工能够直接参与到集团重大项目和方案的制定过程，能直接面向经营决策层发表意见和想法。通过事前共同参与，事中共同努力，事后共同分享成功喜悦，让职工充分感受到了主人翁地位。听证会采取双层构架的形式。职工民主听证会由集团层面的听证和企业层面的听证构成。集团层面的听证工作由集团工会统一组织，围绕集团整体性的听证内容召开职工代表会进行二级听证。企业层面的听证工作由企业工会组织，围绕本企业的听证内容，召职工（代表）大会进行一级听证。凡涉及子公司的听证事项，由企业工会和经营组织共同组织实施，实施前应报集团工会批准。听证活动完成以后，听证结果应及时报集团工会备案。涉及全集团的听证事项，由集团工会和管委会组织实施，由工会全体成员和相关经营组织领导参加听证会议。

听证程序主要包括议题确定—意见收集—职工座谈会形成听证意见—召开听证会—结果反馈与实施等。听证内容主要涉及企业发展的重大决策，如战略发展规划、年度工作纲要、重大投资项目和技改项目、企业文化发展；企业重要规章制度的制定；关系职工切身利益的重大事项；以及企业发展中出现或遇到的难题及职工关注的热点问题；等等。自 2006 年以来，该集团共就四大主题开展了多场职工听证会，其中包括班车安排、交通补贴、十二五规划、后勤保障等、年度工作纲要。职工在听证会中共计提出建议 180 余条，实施率为 100%。仅 2010 年一年，围绕"十二五"战略规划展开的民主听证就已经达到了 8 场，一些很好的意见和建议得到了公司的采纳。

其三，民主评议干部。从 1998 年开始，为保障职工监督权，提高职工群众民主监督能力和水平，在人力资源部的专业支持下，传化工会建立了民主评议干部制度。该项工作由党委（支部）、工会（公司工会）、团委（团总支）、审计部（法务部）、人力资源部（子公司办公室）等部门人员组成民主评议干部领导小组，负责每年一次组织职工对干部进行民主评议。评议的干部也逐步由集团和企业的中层管理人员向高层扩展，目前已经包含几乎所有管理层干部。评议工作分两级进行：集团总部各职能部门的干部，接受集团职工代表大会评议；各子公司干部接受各子公司职工代表大会评议；各子公司职工代表较少的，应增选代表进行评议，参加评议代表人数不得少于职工总数的三分之一。评议严格遵循"谁了解谁评议"原则、"背靠背"原则和"多评一"原则，对干部的德、能、勤、绩、廉5个方面共16个项目进行综合评议，其中包括平时的民主监督与年终民主评议两种具体形式。评议结果由经营组织反馈给被评议干部，并作为对干部绩效考核与职务晋升的重要依据。近年来，根据职工民主评议意见，集团先后对不合格干部进行了行政、经济处罚，如解除劳动合同、免职、降职、扣奖金等。

其四，合理化建议。为了进一步强化和落实职工的责任感理念，活跃工作气氛，充分调动职工的积极性和创造性，不断提升企业管理效果和企业创新能力，传化工会于1997年开始开展职工的合理化建议活动。建议范围可以涵盖公司战略与发展方面，公司组织与管理方面，公司后勤保障方面，公司品牌传播与企业文化方面，以及其他对公司未来发展有益的相关方面。建议内容一般包括三个方面。一是现状与问题，即说明所涉建议内容现在的状态，以及在此状态下未尽妥善之处。二是想法和建议，即针对未尽妥善之处提出革新措施，包括建议实施的大致方案，并作出相关费用的预估说明。三是预计效果分析，即说明该建议实施后，可能获得的成效，包括提高效率、简化流程、增加效益或节省开支等。在建议方式上，主要分为提案式建议、网络建议、书面建议和口头建议四类。提案式建议主要是职工代表通过广泛收集广大职工的意见和建议，就集团的建设发展和职工关心的普遍问题在职代会上递交"职工代表大会提案表"。网络建议主要是普通职工通过内部信息网随时随地上传建议表格，提出有关建议和意见。书面建议则是建议人以书面文字的形式，通过工会常设意见箱等渠道献言献策。口头建议则较前述几类方式更为随意，多数是在职工与领导的日常对话中有所显示，这种方式更自然、轻松，可能建议内容更接近真实想法。一些好的口头建议也可以继续以书面的、正式的形式递交。建议提交以后，由相关人员进行分类整理，并邀请相关专业骨干和专家进行评审。根据建议的采纳情况，该集团还制定了相关奖励措施。2010 年，在合理化建议已显现成效的基础上，进一步开展了"年度十佳合理化建议"评选活动。

2. 创建劳动关系和谐的传化经验

第一，通过民主建设把满足劳动者的物质需求与精神需求结合起来，全面推进劳动者的个人发展。始终尊重和凸显员工的主人翁地位，通过各种民主形式切实保障劳动者在就业创业、社会保险、社会福利、居住条件、子女教育、文化娱乐等方面的权利。既注重用与劳动价值匹配的物质收益来保障劳动者的生活无忧，又重视满足员工民主参与的精神追求与意愿，通过激发劳动者的智慧和力量，使员工与企业共同进步。

第二，通过民主建设把实现员工利益与提高企业效益结合起来，切实保障劳动者的合法权益。员工与企业之间既是个人与集体的关系，也是局部与整体的关系。传化集团通过基层民主建设凸显了员工与企业"首先是利益共同体，然后是事业共同体，最终结成命运共同体"的生存发展理念，由此推动了企业新型劳动关系的构建，实现了"四个转变"，即：员工与企业之间从传统的雇佣与被雇佣观念转变为树立利益共同体、事业共同体、命运共同体的观念，从以利益为劳动关系的连接点转变为以感情为劳动关系的连接点，从以管理约束为手段维系的劳动关系转变为以企业愿景激励为手段维系的劳动关系，从以满足员工的基本需要为主转变为以满足员工的发展需要为主。

第三，通过民主建设把企业的行政领导与劳动者的民主参与结合起来，努力凸显劳动者的主体地位。通过行政领导的方式对劳动关系进行协调，主要体现为在党委的领导下，政府及有关部门、工会组织和企业方代表有组织地依法协调劳动关系的三方机制。自下而上的民主参与则是通过劳动者依法进行的民主决策、民主管理和民主监督，加快推进劳动关系协调工作的制度化、规范化和长效化。劳动者通过对企业的工作计划、发展情况、重大事宜、重大决策、干部绩效和作风、生产管理、技术革新等方面的民主参与，进一步提高了个人素质和参与热情，并逐步将民主参与内化为个人习惯，时刻以主人翁姿态面对企业、面对工作。因此，在劳动关系的协调方面，广泛而有效的民主参与能够形成对行政领导方式的有力补充和有效互动，既保证劳动关系协调工作的总体方向和统一高效，又凸显劳动者的主体性地位，使劳动者和经营者之间更好地交流沟通和协调互动，并促成劳动关系协调工作长效机制的进一步构建。

第四节 社会组织与公民（团体）：基层社会的协同共治

随着我国社会主义市场经济的蓬勃发展，以党政分开、政企分开、政府职能转变为重点的政治体制改革的不断深入，在党和政府的积极支持下，社会组织开始大量涌现。社会组织既是中国社会建设的一大中观主体，是基层民主建设的一大重要载体，也是一种遵守法律前提下的自我管理、自我运作的社会自治组织，是一种具有民主本质的组织形态。因而，社会组织的产生与发展既有利于政府权力在社会层面的适当退出，又有利于群众自我管理、自我服务、自我监督潜力的充分发挥。近年来的浙江实践表明，社会组织已经在保护群众利益、反映基层群众诉求、管理基层事务、组织群众参与政治等方面，发挥了积极作用。各类社会组织逐渐成为不同利益主体的代表和社会各阶层利益表达的渠道，发挥政府与市场不可替代的、独特的优势和作用，既能及时把民众对政府的要求和愿望转达给政府，将政府制定政策的宗旨与意图转达给民众，起到沟通政府与民间的桥梁和纽带作用，又能促进不同群体之间的相互沟通、协调和融合，化解社会矛盾，维护社会和谐稳定。

一 构建具有浙江特色的社会组织发展体系

浙江省的市场经济起步较早，发展较快，这为社会组织的产生与壮大提供了有利的客观条件。截至2013年6月底，浙江的社会组织总量已超过10万个，各地政府可通过资金扶持、购买服务等方式，委托社会组织承接社会管理和服务职能。2014年2月，民政部在全国范围内确认了70个"全国社会组织建设创新示范区"，其中包括浙江省温州市、杭州市上城区和宁波市海曙区、北仑区、鄞州区。

近年来，省委、省政府将打造和构建良性竞争、梯次推进的社会组织发展体系作为工作重点之一，在优化社会组织发展环境，加大对社会组织的扶持力度，改善对社会组织的服务管理，发挥社会组织参与社会治理的积极作用，谋划和探索社会组织成体系、成建制、成规模发展等方面进行了大量尝试与创新。

（1）较早实施了政社脱钩，充分发挥行业协会的市场功能。浙江是实施行业协会与行政机关脱钩较早的省份。从 2007 年开始，全省就统一部署、有序推进，对存在政社不分的 1346 个行业协会实现政社脱钩，与行政机关合署办公的行业协会实现了机构分设，兼职的现职机关人员退出 2703 人次。2009 年，又印发了《浙江省行业协会发展实施规划》，明确突出统筹协调、政会分开、市场化等原则，以行业骨干企业为主体，有重点地在先进制造业、高新技术产业、现代服务业、现代农业等领域，培育和发展一批综合实力较强、运转机制灵活、功能比较完备的行业协会。目前，全省 3000 多个行业协会覆盖各个经济门类，在参与行业管理、规范市场秩序、维护公平竞争、应对贸易摩擦、推动转型升级等方面发挥了重要作用。

（2）组建异地商会，密切和强化区域经济协作交流。全国范围内较为普遍地组建了浙江商会，同时，人数众多的在浙外来工商业者也为发展浙江经济和沟通省际交流做出了重要贡献。2009 年 4 月，浙江省印发了《关于规范异地商会登记管理工作的通知》，对异地商会登记提出规范化要求，同时将审批权限下放到设区市和外来工商业者高度集聚的县域；在 2014 年以来部署的权力下放行动中，审批权限向县一级全面放开。目前，全省已登记 300 多家异地商会作为密切和强化区域经济协作交流的重要平台，有利于"走出浙江，发展浙江"和支持"浙商"回归创业创新等工作的顺利实现，同时由于各级党委、政府的高度重视，异地商会在经济事务中的地位和话语权日益提升。

（3）培育公益慈善类社会组织，充分发挥民间资本的社会绩效。长期以来，浙江省拥有较为浓郁的民间慈善传统氛围，公益慈善类社会组织也一直是全省培育扶持的重点社会组织。特别是《基金会管理条例》实施以来，全国第一个企业家个人出资的慈善基金会、第一个专门的社会组织发展基金会等都诞生在浙江省。浙江的基金会总量占全国的十分之一，总资产达 26 亿元，年均公益支出保持在 15 亿元以上。公益慈善类社会组织积极从事赈灾救援、扶贫济困、救孤助残、助老扶弱等活动，赢得了各界普遍赞誉。

（4）发展社区社会组织，提升基层治理水平与能力。浙江省各类城乡社区社会组织，以服务社区群众为己任，丰富群众文化生活，帮助解决实际困难，增强社区凝聚力，促进社区自治，成为参与和加强社区治理的重要力量。全省已纳入备案管理的社区社会组织逾 7.5 万个，基层的和谐促进会、和事佬协会、老年食堂、四点半学校等已经形成了良好的社会影响和声势，这些社会组织都为提升基层治理水平与能力发挥了重要作用。

（5）搭建服务平台，提升政府对社会组织的服务质量。2012 年，浙江省专门出台了《关于加快社会组织服务平台建设的意见》，要求加快建立政府扶持、社会参与、专业运行、项目合作的枢纽型、支持型社会组织服务平台，为社会组织提供培育扶持、公益创投、培训交流、宣传推介、党建指导等服务。目前，全省已有 79 个市（县）建立了 102 个不同性质的社会组织服务平台。同时，等级评估是社会组织监管手段的重要创新。

（6）进行等级评估，打造优秀社会组织。浙江省较早启动评估工作，不断健全评估机制、优化评估指标、规范评估流程、制定激励政策。截至 2013 年底，全省已有 10627 个（次）社会组织参与了评估，整体参评率达到了 30%。2013 年 9 月，率先出台了《关于加强社会组织信用体系建设的通知》，将评估纳入社会信用体系建设，要求切实加强社会组织评估及成果应用，归集完善社会组织信用信息，推进社会组织信用信息公开共享。

二　杭州市江干区"凯益荟"的实践与创新

为进一步加强社会建设，重视社会组织的建设与管理，发挥社会组织在扩大群众参与、反映群众诉求方面的积极作用，增强社会的自治功能，2011

年杭州市江干区凯旋街道创新社会管理理念，建立了"凯益荟"这一社会组织的孵化器、服务器和助推器。作为"社会组织之家"的"凯益荟"，是杭州市首家成立的社会组织服务中心，是街道为了扶持公益性社会组织发展，建立新型政社合作关系而采取的一项新举措。在民生需求导向下，凯旋街道坚持"党建引领，凝聚力量、服务需求、共筑和谐"的核心理念，按照"政府推动、民间运作、公众参与、社会监督"的运作模式，进行了"凯益荟"的实践与探索。

自创建以来，"凯益荟"始终以"培育、发展、扶持公益性社会组织，搭建政府、市场、社会三者之间互动的公共服务平台"为功能定位，以民生需求为导向，整合资源，大胆创新，积极培育公益性社会组织，弥补政府公共服务"空档"，满足居民多样化需求，努力构建"政府推动、民间运作、公民参与、百姓受益"的协同共治新格局。目前，"凯益荟"已入驻民商法律调解服务中心、何钧心理咨询工作室、"四点半课堂"少儿教育工作室、"夕阳红"凯旋工作站、"华语之声"服务站等专业服务机构12家，备案登记社区社会组织229家，平均每个社区逾10家，主要涉及社区服务、文化体育、社会事务、慈善救助、疏导维权、市民教育等6大领域。其中，景新社区"书画苑"、景昙社区"朝夕相助"服务队、南肖埠社区"快乐互助公社"等先后被评为市、区"十佳十优"先进社会组织。

1. "凯益荟"的工作内容

首先，"凯益荟"创建了两大服务平台。一是通过建立公共服务平台，实现管理服务、孵化培育和资源共享三大功能。通过公共服务平台，为辖区社会组织提供备案登记、能力建设、学习交流等一站式便捷化服务。如通过建立专业的社会组织和志愿者资源库，搜集、整理、汇总服务对象和社会资源的供需信息，为各类社会组织牵线搭桥，为辖区居民、企事业单位提供无偿或抵偿服务。二是建立社会组织信息管理平台，提升社会组织的服务能力与服务品质。主要包括四大板块：动态信息披露板块、政策导航板块、互动交流板块和信用评估板块。

其次，坚持"三化"培育发展，始终坚持以"科学化、规范化、信息化"的标准，培育、发育和扶持社会组织。一是依托社会组织信息化管理平台的四大板块，实现信息共享和信息化监管。二是实行规范化监管，包括探索建立"1＋5"有机配套文件，出台《关于加强社会组织培育发展与规范化管理的实施意见》及其五项配套文件，探索实行社会组织"登记备案双轨制"、业务指导单位协同监管制度等，推动社会组织运行模式的制度化与规范化。三是实行科学化监管。建立分类发展、分批管理、梯队推进机制，采取"三个一批"办法，有效推进监管科学化，即：引进一批专业性强，社会影响力、公众认可度高的社会组织，发挥其示范引领作用，带动辖区社会组织发展提升；规范一批发展势头良好、契合居民日常需求、初具市场规模的社会组织，将其打造成社区的自有品牌；培育一批有发展潜力的社会组织，加大扶持力度，推动其快速成长壮大。

再次，实施了五项工作举措。一是关注需求导向，提升服务质量。开展社会组织需求调研活动，以问卷、走访、面谈等形式了解社区及群众对社会组织所提供的公共服务方面的需求，逐步确立"群众需要什么，我们就做什么"的理念。二是培育监管并举，促进健康发展。加强对社会组织的规范和指导，在扶持培育的同时，街道还加强对入驻机构和政府委托服务项目的跟踪、分析和评估，依托"江干社会组织网"信用评估平台，对社会组织进行管理评估和诚信监督，推进评估载体创新。三是加强合作交流，提升服务职能。加强中心运营团队能力建设，与异地相关组织进行深度合作，通过专家定期督导、在岗实习培训、业界交流学习等形式，获得专业支持。同时加强入驻机构能力建设，以邀请专家授课、召开项目研讨会、个案分析会等形式，提升社会组织的服务能力。四是整合社区资源，注重分类指导。充分发挥"凯益荟"的桥梁纽带作用，帮助专业机构和辖区各类社会组织打破区域界限，积极融入社区，贴近群众，扩大公众参与。深化"草根"组织建设，分类培育，分类指导，等等。五是引进专业机构，提供公益服务。街道每年划拨专项资金，以"政府承担、定向委托、合同管理、评估兑现"为服务流程，将部分社会管理和公共服务事项交给作用发挥明显、受群众欢迎的公益性、服务性社会组织承接。逐步构建起政府主导、社会参与、市场运作的运行机制，使社会建设逐步转变为"小政府、大社会"的新格局。

2. "凯益荟"的工作成效

"凯益荟"作为社会组织的孵化器，充分发挥了培育、管理、服务、促进的基本功能，既是政府、市场和社会三者互动的公共服务平台，又是社区居民自我服务的实践平台，在社会治理和基层民主方面均取得明显工作成效。其一，有效化解社会矛盾，促进了基层的和谐稳定。在社会治理过程中，基层既是产生社会矛盾的"源头"，也是疏导各种矛盾的"茬口"。"凯益荟"的实践表明，社会组织积极参与社区管理，如通过提供心理健康普及、筛查和咨询服务，进行民商调解等方式，能够在调节民间纠纷、疏导各种问题和矛盾、维护社会和谐稳定方面发挥重要作用。其二，有效参与社会治理与基层民主，促进政府转型。一方面，通过充分发挥社会组织在扩大群众参与、反映群众诉求方面的积极作用，增强社会的自治功能，使基层民主内容更加充分、形式更加丰富。同时社会组织也能够有效地提高居民参与社区事务的积极性，激发社区活力。另一方面，社会组织通过招投标、项目委托等方式，借助自身专业化优势，逐渐承担起政府部门在扶贫济困、安老扶幼等慈善公益方面的事务性工作，有效弥补政府在相关领域的缺位，也将政府从中解脱出来，集中精力行使政策制定和完善职能，实现从运动员向裁判员的角色转变，有效促进"全能政府"向"有限政府"转型。其三，增进民众、社会组织和政府之间的合作与信任，构建多元协同的基层治理模式。社会组织作为政府与民众之间的桥梁和纽带，既能够及时把民众对政府的利益诉求、愿望、批评、建议集中起来转达给政府，又能够把政府的相关处理意见转达给成员，监督政府行为和鼓励群众的政治参与，从而推动了政府和群众的合作与信任，促进基层和谐，构建政府管理与基层自治的良性互动。

三 杭州市"以民主促民生"工作机制中的公民（团体）参与

在我国，人大、政协和基层民主制度为公民（团体）参与政治提供了制度化途径，公民通过参与实现了当家作主的基本权利。但是，改革的深入和经济的快速发展，伴随着剧烈的社会转型，社会各阶层之间的分化也越来越显著，出现了一批新兴社会利益群体，包括私营企业主和其他先富群体、农民工阶层、城市下岗工人阶层及其他社会弱势群体等。这些新的利益群体客观上需要合法的利益表达和利益聚合的渠道，使其政治参与意愿和需求得到满足，因此也就需要在原有的政治参与和利益表达机制基础上，进一步探寻公民（团体）政治参与的制度和机制创新，这既是基层民主建设的应有之义，也是地方治理的客观要求与基本内容。近年来，杭州市委、市政府通过重视专家咨询、方案公开展示、吸收市民参会、媒体讨论引导、发挥社区作用、完善决策机制、创新参与平台、开展满意不满意评议等途径，在各个层面通过民主参与机制的建立，努力使政府工作与民意动态、民众需求相适应。"以民主促民生"的实践，在提高公民（团体）的有序参与、提炼民间诉求、提升政策认同、提高政府效能方面发挥出重要作用。

"以民主促民生"的工作机制可以概括为"四问四权"，即问情于民落实知情权，问需于民落实选择权，问计于民落实参与权，问绩于民落实监督权，使公共政策从制定、执行到评估监督都有民主的机制和程序，从而保障民生问题得到符合民意的有效解决，使民主政治建设在解决民生问题的实践中吸引市民广泛积极参与，得到切实推进，为城市的和谐发展提供政治保障。"以民主促民生"机制中公民（团体）的民主参与方式，大体有五种类型：

（1）直接参与重大工程项目评判。在一些重大工程项目的建设过程中，由于分散的居民利益和价值偏好，大多数人共同认可的公共政策方案的难以形成，项目是否上马、设计怎样完善、施工怎样改进、纷争如何解决、完工如何评价等，都因民众参与意愿、诉求表达能力等差异而造成高低不同的参与度水平。在杭州的西湖西进、背街小巷、庭院改造等项目建设过程中，"以民主促民生"工作机制则是将过去由政府单方面主导、民众在旁评头论足的重大项目，转变为公民（团体）参与其中，政府根据民众需求行事的项目推进方式。例如，在庭院改造工程中，始终围绕一个目标（改善民主）、把握一条主线（发扬民主）、坚持一个标准（百姓满意），进一步创新工作方法，依靠群众力量，发挥群众智慧，在工程实施的前、中、后，建立起以"四问四权"为核心的民主工作机制，初步形成了一套破解"民生难题"、落实为民办实事的有效办法:"问情于民"落实知情权,"项目上不上"由民主机制定夺;"问需于民"落实选择权,"项目改什么"靠民主机制解决;"问计于民"落实参与权,"项目怎样改"用民主机制确定;"问绩于民"落实监督权,改善结果"好与坏"用民主机制评判。①

(2)以利益相关人为主体的分众式参与。在"以民生促民主"的工作机制中,杭州市逐步建立起了社会复合主体的培育与运作机制,让各群体、各层次之间具有较强互动关系的社会主体和运作机制,调动社会各界的积极性、主动性和创造性,形成共建共享的良好局面。这种以推进社会性项目建设、知识创业、事业发展为目的,社会效益与经营运作相统一,由党政界、知识界、行业界、媒体界等不同身份的人员共同参与、主动关联而形成的多层架构、网状联结、功能融合、优势互补的社会复合主体,对推进重大社会项目、发展文化事业、提升特色行业、打造城市品牌等方面发挥了重要作用,是共建共享与世界名城相媲美的"生活品质之城"的重要主体,形成了和谐社会主体建设的"杭州模式"。"党政界、知识界、行业界、媒体界"四界联动的社会复合主体,把社会不同群体的外在制约转化为内在关联,把社会不同方面的被动参与转化为自觉互动,推行民主协商,以民主促民生,以民主促创业,真正做到"发展为了人民,发展依靠人民,发展成果由人民共享,发展成效让人民检验",实现民主内容真实性与形式多样性的统一,民主与效率的统一、民主与发展的统一。因此,这种机制既是社会运行和社会组织结构的重大创新,是经济运行方式和社会创业机制的重大创新,是政府职能转变和社会治理的重大创新,也是共建共享和民主参与的重大创新。

(3)开放式决策。为进一步推进"以民主促民生"工作机制,杭州市通过重视专家咨询、重大方案公开、征集市民建议、开展"满意不满意"评比、媒体市民和党政机关互动等多种途径,实现了民主决策上的进一步创新。"开放式决策"是指在政府常务会议"会前"充分征集民意后将政府决

---

① 决策咨询委员会报告18。

策事项提交市政府常务会；"会中"邀请人大代表、政协委员和市民代表列席会议发表意见，市民也可以通过网上留言发帖或网上视频直播参与决策讨论；"会后"由市有关部门24小时内给予网民及时回应的市政府常务会决策模式。人民建议征集也是"开放式决策"的一项重要内容。自2000年6月杭州市政府网站上设立《建言献策》栏目，受理群众对政府工作的意见建议开始，涉及全市性的重大工作和活动，全面通过新闻媒体公开向社会征集意见建议。2002年以来，又将"12345"市长热线，延伸到政府门户网站上的市长信箱和"12345"短信平台，对于群众求助、投诉、咨询和建议的电子邮件，保证"件件有着落，事事有回音"。

在"开放式决策"的创新实践中，由于开放过程透明、开发领域广泛、开放议题都围绕民生这一核心，因而公民（团体）的参与更具有真实性和广泛性，公民（团体）与政府之间的沟通互动更为直接，从而更能减少信息传递引起的失真等问题。同时，这一模式也为杭州政府实现多方求证、激发民主热情以及提升政策认同提供了制度保证。

（4）民主评议。2000年杭州创建"满意不满意"市民评议政府工作机制，每年组织来自各个社会层面的单位和个人参加投票，并结合各单位年度目标责任制考核，以及专为党政机关服务态度和效能投诉设立的"96666"电话和"12345"市长公开电话投诉查处情况等指标体系，评选结果按得分高低排序，并予以公布。低于市民评议分数达标线的单位给予公开告诫，处于末位的即为"不满意单位"，不满意单位由市委、市政府予以严肃处理，包括批评教育、警告或诫勉、调离岗位或辞退、通报曝光等；连续三年被评为"不满意单位"的，由市委调整领导班子。近年来，民众评议机制在实践中，参与评议的市民人数逐年增多、被评议单位逐年扩大、评议指标不断细化、评议等级不断完善，评选实践使市民群众的主人翁意识不断增强，对政府的信任度和认可度也不断提升。

综上所述，在完善基层民主制度中，既要发挥基层各类组织协同作用，又要充分扩大公民（团体）的有序政治参与，实现政府管理和基层民主有机结合。实践表明，日益健康有序发展的社会组织和不断扩大的公民（团体）参与不仅能够为我国基层民主政治建设和社会建设提供协同共治的多元主体，还能够为我国的政治文明和社会和谐提供最强有力的动力来源，以及最广泛的社会支持。党的十八大报告指出，在完善基层民主制度中，要"引导社会组织健康有序发展"，"发挥基层各类组织协同作用，实现政府管理和基层民主有机结合"。因而，社会组织的健康有序发展对于我国发展基层民主、形成民众与社会组织广泛参与的多元共治模式具有重要意义，是我国基层民主和社会治理的重要基础、重要载体和重要力量。

第四章
"法治浙江"建设：不断提高法治化水平

以习近平同志为总书记的新一届党中央高度重视法治建设，党的十八届四中全会在党的历史上首次以依法治国为主题，通过了《中共中央关于全面推进依法治国若干重大问题的决定》，对全面推进依法治国作出了系统的部署。《决定》开宗明义地指出了全面推进依法治国对于坚持和发展中国特色社会主义、全面建成小康社会以及实现中华民族伟大复兴中国梦所具有的全局性战略意义。其实，习近平同志早在浙江主政期间已深入考虑到了法治建设的重要性。2006年4月26日，中共浙江省第十一届委员会第十次全体会议通过了《中共浙江省委关于建设"法治浙江"的决定》，确定了建设"法治浙江"的战略，并以此作为全面落实依法治国、建设社会主义法治国家基本方略的总载体。① 这是习近平同志主政浙江期间的重大战略部署，是浙江贯彻落实依法治国方略工作走在前列的标志，充分体现了习近平同志审时度势、高瞻远瞩、统揽全局、经略长远的执政方略。"法治浙江"战略的实施，标志着浙江法治建设迈入了历史新阶段，浙江法治化水平得到了全面提升。

第一节　"法治浙江"建设的基本理路

为了深入认识"法治浙江"建设的重大意义，首先需要理解"法治浙

---

① 2006年5月25日，浙江省人大常委会作出《关于建设"法治浙江"的决议》；2006年6月9日，浙江省人民政府作出《关于推进法治政府建设的意见》；与此同时，浙江省政协也加强调查研究，积极为推进"法治浙江"建设建言献策。参见陈柳裕执行主编《2007年浙江发展报告（法治卷）》，杭州出版社，2007，第1、5页。

江"建设的基本理路,从历史逻辑上深刻理解习近平同志提出"法治浙江"建设的战略出发点及其主要思考方面,并从制度上理解"法治浙江"建设的基本框架。

一 建设"法治浙江"的战略出发点:完善浙江现代化建设的总体布局

浙江历来重视法制建设,法治发展在浙江具有良好的基础。1979 年 12 月 19 日浙江省五届人大常委会第一次会议通过的全省第一个地方性法规《浙江省县以下各级人民代表大会代表选举试行细则》,开启了浙江法治建设 30 余年的历程,浙江民主法制建设逐步恢复。1996 年,中共浙江省委九届七次全会就根据浙江实际作出了依法治省的决定,省八届人大常委会第 32 次会议于同年 11 月 2 日作出了《关于实行依法治省的决议》,浙江迈入了"依法治省"的重要阶段。1997 年 9 月,党的十五大报告明确提出,实行依法治国,建设社会主义法治国家。1999 年 3 月,九届全国人大二次会议把"依法治国,建设社会主义法治国家"正式载入宪法。在这一大背景下,中共浙江省委于 2000 年初又作出了《关于进一步推进依法治省工作的决定》,以此加强推进依法治国方略在浙江的贯彻落实。2006 年 4 月 26 日作出的《中共浙江省关于建设"法治浙江"的决定》,标志着浙江进入了全面建设"法治浙江"的全新时期,法治建设被提高到了一个前所未有的高度。

当时,习近平同志领导下的中共浙江省委为什么要提出并推进建设"法治浙江"战略?这一战略的根本出发点是什么?这是一个值得我们深入思考的重要问题。毫无疑问,"法治浙江"建设是对改革开放以来浙江法治建设历史经验和教训的总结和提升,具有一定的历史传承关系。① 但是,这不是根本原因。仔细研究当时中共浙江省委的文献和习近平同志的思想,我

---

① 参见习近平《干在实处 走在前列——推进浙江新发展的思考与实践》,中共中央党校出版社,2006,第 353 ~ 359 页。

们可以发现，建设"法治浙江"的根本出发点，是基于进一步完善浙江现代化建设的总体布局这一宏观战略考虑的。

改革开放以来，我党对中国特色社会主义事业的总体布局进行了不断深入的探索与完善。2005年，以胡锦涛为总书记的党中央明确提出了社会主义经济建设、政治建设、文化建设与社会建设"四位一体"的中国特色社会主义事业总体布局。中央提出的中国特色社会主义事业"四位一体"总体布局需要在地方加以贯彻落实。对于浙江而言，自然面临如何科学构建、完善浙江现代化建设的总体布局问题。党的十六大以来，以习近平为书记的中共浙江省委根据浙江发展实际，作出了一系列重大决策部署。2003年7月，中共浙江省委十一届四次全体（扩大）会议围绕加快浙江全面建设小康社会、提前基本实现现代化的目标，作出了"八八战略"重大部署。2004年5月召开的中共浙江省委十一届六次全会审议通过了《中共浙江省委关于建设"平安浙江"，促进社会和谐稳定的决定》，对"平安浙江"建设作出全面部署。2005年7月召开的中共浙江省委十一届八次全会通过了《中共浙江省委关于加快建设文化大省的决定》，对"文化大省"建设作出了部署。同时，根据中央统一部署，中共浙江省委还作出了加强党的执政能力建设和先进性建设等重大决策部署。前述这些重大决策部署都构成了浙江现代化建设的重要部分，但与中央提出的"四位一体"总体布局尚有差距。而建设"法治浙江"则与前述部署有机构成了完整的浙江经济、政治、文化和社会建设"四位一体"的总体布局。对此，习近平同志于2006年4月25日在中共浙江省委十一届十次全会上所作报告中明确指出："省委提出并推进建设'法治浙江'战略，是根据中央的决策部署，对浙江现代化建设总体布局的进一步完善。建设'法治浙江'与党的十六大以来省委作出的深入实施'八八战略'、全面建设'平安浙江'、加快建设文化大省、加强党的执政能力建设和先进性建设等重大决策部署，有机构成了浙江经济、政治、文化和社会建设'四位一体'的总体布局。在这个总体布局中，深入实施'八八战略'是落实科学发展观的总抓手，全面建设'平安浙江'是构建和谐社会的主要载体，加快建设文化大省是发展社会主义先进文化的重要举措，努力建设'法治浙江'是发展社会主义民主政治的有效途径，加强党的执政能力建设和先进性建设为此提供根本保证。这'四位一体'的总体布局，是内在统一、有机联系、相辅相成、不可分割的。"①

上述讲话中，习近平同志开宗明义地指出，提出并推进"法治浙江"建设，是根据中央的决策部署，对浙江现代化建设总体布局的进一步完善。具体而言，习近平同志是将"法治浙江"建设定位为"发展社会主义民主政治的有效途径"，即作为"四位一体"总体布局中的政治建设加以部署的。这是我们理解当时中共浙江省委提出"法治浙江"建设战略出发点的根本。只有从完善浙江现代化建设"四位一体"总体布局这一高度来认识"法治浙江"建设，我们才能正确、深入理解"法治浙江"建设这一战略的重大现实意义与深远影响。

二 "法治浙江"战略构想中的思想方法：唯物辩证法

习近平总书记善于运用辩证唯物主义和历史唯物主义的世界观与方法论。2013 年 12 月，习近平总书记在中共中央政治局第十一次集体学习时指出，马克思主义哲学深刻揭示了客观世界特别是人类社会发展一般规律，在当今时代依然有着强大生命力，依然是指导共产党人前进的强大思想武器。学哲学、用哲学，是党的一个好传统。要坚持用马克思主义哲学教育和武装全党，努力把马克思主义哲学作为自己的看家本领，掌握科学的世界观和方法论，更好认识规律，更加能动地推进工作。② 习近平总书记的重要讲话和工作实践中无不体现着马克思主义哲学的精髓，尤其是唯物辩证法的思想方法和工作方法。习近平同志在浙江提出建设"法治浙江"战略，即是充分运用了唯物辩证法的思想方法。具体阐述如下：

① 习近平：《干在实处　走在前列——推进浙江新发展的思考与实践》，中共中央党校出版社，2006，第 353 页。

② 参见中央宣传部编《习近平总书记系列重要讲话读本》，学习出版社、人民出版社，2014，第 175 页。

（1）运用"矛盾分析法"，分析了"法治浙江"建设的紧迫性。他认为，当时浙江正站在"十一五"发展的新起点上，进入了全面建设小康社会的攻坚阶段，加快社会主义现代化建设的关键时期。社会主义先进生产力的发展和市场经济体制的不断完善，对生产关系和上层建筑的调整提出了新的要求。社会主义民主政治的不断发展和人民政治参与积极性的不断提高，对进一步落实依法治国基本方略提出了新的要求。改革的深化和各种利益关系的不断调整，对从法律和制度上统筹兼顾各方面利益提出了新的要求。社会结构和社会组织形式发生的深刻变化，对正确处理人民内部矛盾、依法加强社会建设和管理提出了新的要求。人们思想活动的独立性、选择性、多变性、差异性的增强，对强化马克思主义在意识形态领域的指导地位、树立社会主义法治理念和社会主义荣辱观提出了新的要求。所有这一切，都对党的执政能力特别是坚持科学执政、民主执政、依法执政提出了新的要求。在这样的新形势、新要求下，必须按照建设社会主义法治国家的要求，积极建设"法治浙江"，逐步把经济、政治、文化和社会生活纳入法治轨道。① 在这里，习近平同志实际上是对经济、政治、文化、社会发展之现实与法治建设要求之间的关系进行了矛盾运动分析，得出了"法治是新形势的新要求"的科学结论。

（2）运用"普遍联系之辩证法"，分析了"法治浙江"建设对于贯彻落实中央提出的一系列重大决策部署的整体性作用。他分析认为，建设"法治浙江"是全面落实科学发展观，协调推进经济、政治、文化和社会建设的基本制度保障，而且市场经济本身就是法治经济；法治体现了社会主义和谐社会的"六大特征"，建设"法治浙江"是构建社会主义和谐社会的重要保证；建设"法治浙江"是发展社会主义民主政治、建设社会主义政治文明的具体实践；依法治国、依法执政体现了我们党对治国方略和执政规律的深化认识，建设"法治浙江"是改革和完善党的执政方式，提高党的执政能力的必然要求。

---

① 参见习近平《之江新语》，浙江人民出版社，2007，第202页。

（3）运用"对立统一"规律，分析了建设"法治浙江"在浙江现代化建设总体布局中的地位及其相互关系。他阐述道：经济、政治、文化和社会建设"四位一体"的总体布局，是内在统一、有机联系、相辅相成、不可分割的。"'八八战略'、'平安浙江'和加快建设文化大省，为建设'法治浙江'创造基础和条件，建设'法治浙江'为其他方面提供支持和保证。这四个方面的辩证统一，体现了历史和逻辑的一致性，反映了马克思主义认识论的基本原理和事物发展的客观规律；体现了'你中有我，我中有你'的互动性，每一个方面既具有质的规定性和各自丰富的内涵，同时又相互联系、相互依存、相互作用；体现了科学发展的整体性，以辩证的思维、从全局的高度、按统筹的方法，谋划了各个方面的工作，使之统一于建设中国特色社会主义在浙江的实践。"①

综上所述，可以说习近平同志在谋划"法治浙江"建设时自觉地、一贯地运用了唯物辩证法的思维方式，其关于"法治浙江"建设的紧迫性、重大现实意义及对其在浙江"四位一体"总体布局中的关系地位的思考与阐述，是共产党人运用唯物辩证法的又一典范。

三 "法治浙江"建设的组织构架

2006年4月26日中共浙江省委十一届十次全会通过的《中共浙江省委关于建设"法治浙江"的决定》（下文简称"省委《决定》"），是建设"法治浙江"的基本蓝图，描述了"法治浙江"建设的整体内容，是我们从制度上理解"法治浙江"建设之基本框架的主要文本。省委《决定》分为十大部分、总共三十七条内容，从逻辑上可以归类为三大部分：建设"法治浙江"的制度总则、制度分则和工作要求。其中，制度总则和制度分则属于"法治浙江"建设的基本框架。具体分述如下：

1. 制度总则：总体要求、基本原则和主要任务

省委《决定》的第一大部分内容是"建设'法治浙江'的总体要求、

① 习近平：《干在实处　走在前列——推进浙江新发展的思考与实践》，中共中央党校出版社，2006，第353页。

基本原则和主要任务"。这部分内容是建设"法治浙江"提纲挈领式的要求，故而称之为制度总则。

第一，总体要求。根据省委《决定》关于建设"法治浙江"总体要求的表述，建设"法治浙江"总目标为：一是不断提高经济、政治、文化和社会各个领域的法治化水平；二是加快建设社会主义民主更加完善、社会主义法制更加完备、依法治国基本方略得到全面落实、人民政治经济和文化权益得到切实尊重和保障的法治社会。前者是直接目标，是"规则之治"意义上的法治；后者是根本目标，是"价值"意义上的法治，即民主更加完善，人民权利得到有效保障。① 由此可见，省委《决定》提出的建设"法治浙江"总目标是在紧紧立足中国特色社会主义的基础上，充分借鉴一般法理而确定的，达到了相当完善的程度。

第二，基本原则。根据省委《决定》，建设"法治浙江"的基本原则是：坚持党的领导，坚持以人为本，坚持公平正义，坚持法治统一，坚持法治与德治相结合。其中，坚持党的领导原则集中体现了"法治浙江"建设的中国特色社会主义之根本特征；坚持以人为本、坚持公平正义原则，则体现了法治的一般法理内涵，即权利保障与公平正义；坚持法治统一原则，则表明了作为地方法治建设的"法治浙江"建设和国家层面的法治建设的辩证统一关系；而坚持法治与德治相结合原则，则体现了中国传统"教化"文化与现代治理手段的融合。总之，五个原则从不同维度描述了"法治浙江"建设丰富而独特的质的规定性。

第三，主要任务。"法治浙江"建设的主要任务，是对"法治浙江"建设的总体要求和基本原则的具体化和贯彻落实。关于建设"法治浙江"的主要任务，《决定》指出：建设"法治浙江"是一项长期任务，是一个渐进过程，是一项系统工程。省委《决定》同时规定了"十一五"时期的主要任务，为全面落实"八八战略"、"平安浙江"、文化大省等重大战略部署，

---

① 根据法理学共识，法治的完整含义包含"规则之治"意义上的法治与"价值"意义上的法治两个层面，参见张伟斌等著《精神富有论》，浙江大学出版社，2012，第113～115页。

顺利实施"十一五"经济社会发展规划，实现全面建设小康社会目标提供法治保障。

2. 制度分则：主要任务的具体落实

"制度分则"，即省委《决定》第二大部分至第九大部分，其对制度总则部分规定的"十一五"时期的八项"主要任务"，即：①坚持和改善党的领导；②坚持和完善人民代表大会制度；③坚持和完善中国共产党领导的多党合作和政治协商制度；④加强地方性法规和规章建设；⑤加强法治政府建设；⑥加强司法体制和工作机制建设；⑦加强法制宣传教育；⑧确保人民的政治、经济和文化权益得到切实尊重和保障，分别予以具体表述与贯彻落实。换言之，制度分则部分具体体现与贯彻落实制度总则部分的规定内容。这是一种典型的"总分体例结构"，具有逻辑合理性。

按照党的十八大报告和十八届四中全会《决定》的权威表述，社会主义法律运行的基本环节是"科学立法、严格执法、公正司法、全民守法"。后文将据此框架分别阐述浙江地方立法、依法行政、公正司法和法制宣传教育等方面的具体实践。

四 十八届四中全会精神与"法治浙江"建设经验

十八届四中全会是党中央在国家层面对社会主义法治建设作出的部署，而"法治浙江"建设则是中共浙江省委在省级地方层面对社会主义法治建设所做部署，两者之间在时空上存在明显的区别。但是，仔细研究可以发现，十八届四中全会通过的《决定》在一定程度上吸收了"法治浙江"建设的有益经验，两者之间存在内在的联系。

首先，从文本的框架逻辑结构上看，两者存在基本一致性。十八届四中全会《决定》所提出的全面推进依法治国整体框架包括全面推进依法治国的"总目标"、"原则"以及"六大任务"。这一整体框架凝聚了全党的智慧，既遵循了由抽象到具体的自然的逻辑结构，也体现了中国特色社会主义法治建设的内在规律与要求，具有高度的合理性和科学性。应当说，2006

年的《中共浙江省委关于建设"法治浙江"的决定》，其基本框架与十八届四中全会《决定》所提出的全面推进依法治国整体框架相比较，在逻辑结构上具有基本一致性，也是秉循了"总目标（总要求）—原则—主要任务"这样的逻辑结构。

其次，共同强调了社会主义法治建设的全局性战略意义。十八届四中全会《决定》开宗明义指出："依法治国，是坚持和发展中国特色社会主义的本质要求和重要保障，是实现国家治理体系和治理能力现代化的必然要求，事关我们党执政兴国，事关人民幸福安康，事关党和国家长治久安。全面建成小康社会、实现中华民族伟大复兴的中国梦，全面深化改革、完善和发展中国特色社会主义制度，提高党的执政能力和执政水平，必须全面推进依法治国。"而2006年的《中共浙江省委关于建设"法治浙江"的决定》也是开宗明义强调：加快建设"法治浙江"是全面落实科学发展观、加快构建社会主义和谐社会和提高党的执政能力的必然要求，是贯彻中央关于社会主义经济建设、政治建设、文化建设、社会建设"四位一体"总体布局的重大举措，是落实"干在实处、走在前列"要求的具体行动，对我省加快全面建设小康社会、提前基本实现现代化，具有十分重大的战略意义。显然，两者均一致强调了社会主义法治建设对于社会主义建设事业的全局性战略性意义。

再次，十八届四中全会《决定》在很大程度上吸收了《中共浙江省委关于建设"法治浙江"的决定》所确定的法治建设"基本原则"。建设"法治浙江"确立了五项基本原则：坚持党的领导，坚持以人为本，坚持公平正义，坚持法治统一，坚持法治与德治相结合。而十八届四中全会《决定》所确立的依法治国五项原则为：坚持中国共产党的领导，坚持人民主体地位，坚持法律面前人人平等，坚持依法治国与以德治国相结合，坚持从中国实际出发。我们可以发现，十八届四中全会《决定》完全吸收了《中共浙江省委关于建设"法治浙江"的决定》所确定的"坚持党的领导"和"坚持法治与德治相结合"两项原则；同时基本吸收了其"坚持以人为本"和"坚持公平正义"原则，因为"坚持以人为本"和"坚持人民主体地位"实质内涵是基本一致的，而"坚持法律面前人人平等"则是"坚持公平正义"的基本内涵。应当说，十八届四中全会《决定》对《中共浙江省委关于建设"法治浙江"的决定》所确定的法治建设"基本原则"的高度吸收，充分证明了两者之间的积极联系。

最后，在具体内容上两者也都有很多一致性。例如，《中共浙江省委关于建设"法治浙江"的决定》高度强调维护和保障人民权益的重要性，其在"总体要求"中强调"人民政治经济和文化权益得到切实尊重和保障"，并且又专门将"确保人民的政治经济文化权益得到切实尊重和保障"作为"十一五"时期的八项"主要任务"之一。而十八届四中全会《决定》则是将人民群众权益保障作为加强重点领域立法的首要任务，其明确要求"依法保障公民权利，加快完善体现权利公平、机会公平、规则公平的法律制度，保障公民人身权、财产权、基本政治权利等各项权利不受侵犯，保障公民经济、文化、社会等各方面权利得到落实，实现公民权利保障法治化。增强全社会尊重和保障人权意识，健全公民权利救济渠道和方式"。两者具体内容的一致性还有很多，在此不再一一列举。

第二节　不断提升立法的科学化水平

十八届四中全会《决定》指出："法律是治国之重器，良法是善治之前提。建设中国特色社会主义法治体系，必须坚持立法先行。"对于"法治浙江"建设而言，道理同样是如此。《中共浙江省委关于建设"法治浙江"的决定》明确提出要"加强地方性法规和规章建设"，到2010年努力形成与国家法律法规相配套、具有浙江特色、比较完备的地方性法规和规章。事实上，自2003年以来，浙江立法部门在习近平同志与时俱进的立法理念指导下，不断完善立法制度，深入推进科学立法、民主立法，加快形成比较完备的地方性法规和规章，地方立法工作取得了明显的成效，基本满足了浙江经济社会发展的各方面需要。

一 与时俱进地创新立法理念

浙江地方立法实践与改革的良性互动发展，都源于与时俱进的立法理念。习近平同志主政浙江期间，一直重视地方立法的指导思想的定位，他明确提出了四点要求：一是立法要为发展服务。发展是执政兴国的第一要务。为发展创造一个必备的法制环境，这是地方立法工作的主攻方向。二是立法要有地方特色。地方特色是地方立法的生命力所在。地方立法要在坚持法制统一的前提下，还必须紧密结合浙江经济社会发展的实际，充分发挥其补充、先行、创制的作用，体现地方特色。要继续坚持把经济立法放在首位，又根据社会全面进步的要求，兼顾其他方面的立法。三是立法要维护人民群众根本利益。最广大人民群众的根本利益是地方立法的出发点和落脚点。要按照权利和义务、权力和责任相一致的原则，科学合理地规定公民、法人和其他组织的权利义务，科学合理地规定国家机关的权力和责任，坚决摒弃立法就是管理老百姓的错误观念，坚决克服和防止部门利益法制化的倾向，牢固树立立法要维护人民群众根本利益，体现人民群众共同意志的思想。四是立法要体现时代性。中国特色社会主义法律体系是动态的、开放的、发展的，而不是静止的、封闭的、一成不变的。我们的立法要体现与时俱进的精神，处理好稳定性与变动性、前瞻性与阶段性的关系，避免落后于改革发展的实践。[1]

这些立法理念科学、合理，富有人文气息与时代气息，充分体现了尊重立法规律、坚持以人为本、服务时代发展的根本特征，是科学发展观在地方立法领域的生动体现。习近平同志所强调的这些立法理念，直接、深刻地渗透到浙江地方立法工作中，推动浙江立法工作迈上了新台阶。

例如，2004 年浙江省人大常委会颁布实施了《浙江省农民专业合作社

---

[1] 参见习近平《干在实处 走在前列——推进浙江新发展的思考与实践》，中共中央党校出版社，2006，第 363～365 页。

条例》，被誉为安徽小岗村"第一次革命"之后浙江农村的"第二次革命"①。《条例》是我国第一部农民专业合作社地方性法规，首次明确了农民专业合作社生产经营的法律地位，促进了农民专业合作社的健康发展。该《条例》核心内容最终为国家立法所吸收、借鉴。这便是习近平同志所强调的"立法要为发展服务""立法要维护人民群众根本利益"立法理念的生动实践。

还例如，考虑到浙江是沿海省份、海洋资源大省，2004年制定了《浙江省海洋环境保护条例》；考虑到浙江是渔业资源大省，2005年制定了《浙江省渔业管理条例》；考虑到浙江是民营企业经济大省，中小企业发展对浙江国民经济发展非常重要，2006年制定了《浙江省促进中小企业发展条例》，以及为了保护温州城市"绿肺"——温州生态园，制定了《浙江省温州生态园保护管理条例》；等等。这些立法即是直接贯彻了习近平同志所强调的"立法要有地方特色"的立法理念。

再例如，2004年，根据形势的新发展，修订了《浙江省华侨捐赠条例》《浙江省信访条例》《浙江省森林管理条例》《浙江省村民委员会选举办法》等地方性法规，废止了内容规定已经不符合实际要求的《杭州西湖风景名胜区保护管理条例》等法规。这些都是充分体现了习近平同志所强调的"立法要体现时代性"的立法理念。

二 形成比较完备的地方性法规和规章

2003～2007年，浙江省共制定（包括修改和修订）地方性法规134件，进行法规立法解释1件②，废止地方性法规12件。其中，浙江省人大常委会共制定地方性法规61件，杭州市、宁波市、景宁畲族自治县共制定（经省人大常委会批准）地方性法规73件。浙江省人民政府共制定（包括修改

① 黄武：《科学立法　民主立法——浙江立法工作的创新实践》，《今日浙江》2011年第12期。

② 即2004年2月公布的《浙江省人民代表大会常务委员会关于〈浙江省人口与计划生育条例〉第四十九条第一款的解释》。

和修订）规章 68 件，废止规章 16 件。此外，根据实施《行政许可法》的要求，浙江省人大常委会清理省地方性法规 28 件，杭州、宁波两市共清理地方性法规 33 件。浙江省地方立法工作圆满完成既定目标与任务。

浙江省人大常委会制定的 61 件地方性法规中，以完善社会主义市场经济、推动经济又好又快发展为重点的经济类立法 24 件（占 39.3%），以推进政府社会管理创新、促进社会和谐为重点的社会管理类立法 22 件（占 36%），以加强保障和改善民生、促进文化建设和社会建设为重点的教科文卫类立法 6 件（占 10%），以完善民主制度、扩大基层民主为重点的民主政治类立法 9 件（占 14.7%）。可见，经济立法占比最大，社会管理类立法紧次之。这正体现了习近平同志所强调的"继续坚持把经济立法放在首位，又根据社会全面进步的要求，兼顾其他方面的立法"的立法理念，达到了其提出的"以经济立法为重点，注重提高立法质量，努力为加快我省经济社会发展提供有力的法制保障"① 的立法工作要求。

正如浙江省人大常委会 2008 年工作报告对五年来地方立法工作所回顾的：商品交易市场管理、检验机构管理、广告管理、招标投标等条例，完善了市场运行规则，保障市场健康有序发展；促进科技成果转化、技术市场、专利保护、促进中小企业发展等条例，推动自主创新和创新型省份建设；大气污染防治、海洋环境保护、固体废物污染环境防治、森林管理、发展新型墙体材料、温州生态园保护管理等条例的制定，加强了资源节约和环境保护，促进生态省建设；农民专业合作社、村经济合作社组织、实施农村土地承包法办法等法规，有利于农村经济发展和农民增收，保护农民合法权益，推动新农村建设。总之，这些立法为贯彻落实"八八战略"提供了有力的法制保障。而省人大常委会议事规则、村民委员会选举办法、省人大常委会任命国家机关工作人员条例、省人大代表建议、批评和意见办理的规定、省人大代表议案处理办法、县乡两级人大代表选举实施细则、省级预算审查监

---

① 习近平：《干在实处　走在前列——推进浙江新发展的思考与实践》，中共中央党校出版社，2006，第 364～365 页。

督条例、地方立法条例、规范性文件备案审查规定等，则有效地强化了民主法制建设。文化市场管理、文物保护管理、非物质文化遗产保护、全民健身等条例，促进了文化大省建设。社会治安综合治理、宗教事务、志愿服务、艾滋病防治、安全生产、防汛防台抗旱、燃气管理、特种设备管理、实施道路交通安全法办法等法规，注重加强社会管理，保障人民群众生命财产安全，有利于"平安浙江"建设。劳动保障监察、城市房屋拆迁管理、物业管理、实施妇女权益保障法办法、法律援助和信访等条例，注重维护特定群体权益，促进社会公平正义，有利于和谐社会建设。

总体来看，浙江这一时期的地方立法，涵盖了浙江经济、政治、文化、教育、科技、卫生、城乡建设、社会治理等经济社会生活的各个方面，初步形成了与国家法律法规相配套的、比较完备的地方性法规，为浙江的经济发展、政治文明、文化繁荣、生态文明、社会和谐、人民生活幸福提供了强有力的法制保障，为浙江全面建设惠及全省人民的社会主义小康社会，率先基本实现社会主义现代化奠定了坚实的法治基础。

2008～2013年，按照建设"法治浙江"的总体部署，浙江地方立法的步伐继续迈进，不断健全地方性法规规章，加快形成与国家法律法规相配套、具有浙江特色、比较完备的地方性法规和规章。六年里，浙江共制定（包括修改和修订）地方性法规142件，废止地方性法规7件。其中，浙江省人大常委会共制定地方性法规66件，杭州市、宁波市、景宁畲族自治县共制定（经省人大常委会批准）地方性法规76件。浙江省人民政府共制定（包括修改和修订）规章88件，废止规章11件。此外，为贯彻到2010年形成中国特色社会主义法律体系的要求，浙江省人大常委会于2009年组织对1979～2007年期间制定的155件现行有效地方性法规进行全面清理；为了保证《行政强制法》在浙江的贯彻实施，浙江省人大常委会于2011年组织对现行有效的172件地方性法规进行行政强制集中清理。

浙江省人大常委会制定的66件地方性法规中，经济类立法37件（占56%），社会管理类立法13件，教科文卫类立法6件，民主政治类立法10

件，继续贯彻习近平同志"经济立法为主兼顾其他方面"的立法理念。总体来看，立法领域涵盖了浙江经济、政治、文化、教育、科技、卫生、城乡建设、社会治理等经济社会生活的各个方面，基本形成了与国家法律法规相配套的、比较完备的地方性法规。

表4-1 浙江省人大制定、废止和批准地方性法规情况一览表（2003~2013）*

单位：件

年份 分类	制定（包括修订、修改）				批准	废止
	经济类	社会管理类	教科文卫类	民主政治类		
2003	1	2			16	
2004	4	4	2	3	11	7
2005	4	4	2	2	16	5
2006	8	4	1	2	17	
2007	7	8	1	2	13	
2008	5	2		1	9	
2009	6	3	1		10	7
2010	7	3	2	3	25	
2011	6	2	1		14	
2012	7	1	2	3	9	
2013	6	2		3	9	
总计	61	35	12	19	149	19

*表中数据来源于历年浙江省人大常委会工作报告以及丁祖年、刘永华等撰写的历年浙江地方立法报告，表中立法分类参考了丁祖年、刘永华等撰写的历年浙江地方立法报告，载陈柳裕执行主编《浙江发展报告：法治卷（2004~2014）》，杭州出版社，2014。

第三节 加快建设法治政府

十八届四中全会《决定》要求"深入推进依法行政，加快建设法治政府"。习近平同志在提出"法治浙江"建设时已经深刻认识到建设法治政府的特殊重要性。他明确指出："'治国者必先受治于法。'依法规范行政权力、全面建设法治政府，是建设'法治浙江'的关键所在。"[1] 对依法行政、

---

[1] 习近平：《干在实处 走在前列——推进浙江新发展的思考与实践》，中共中央党校出版社，2006，第366页。

建设法治政府的重视贯穿于习近平同志主政浙江的整个期间。实践表明，2003～2007 年，全省各级政府围绕"建设职权法定、依法行政、有效监督、运转高效的法治政府"这个工作重点，多措并举，扎实工作，依法行政工作取得了明显的成效。

一 法治政府建设走在前列

党的十六大后，国务院于 2004 年 3 月发布了《全面推进依法行政实施纲要》。在充分调研、征求意见的基础上，浙江省政府于 2005 年 1 月下发了《关于贯彻落实〈全面推进依法行政实施纲要〉的意见》，对浙江省全面推进依法行政进行了整体部署，并通过年度工作任务、责任分解方案，紧抓落实。这标志着浙江法治政府建设全面起步。浙江《落实意见》要求突出解决政府决策程序、深化投资体制改革、"构建公共财政体制和完善社会保障制度"、"解决人民内部矛盾、预防和化解社会纠纷"、解决农村基层工作等五个领域中的依法行政问题。国务院《实施纲要》要求"经过十年左右坚持不懈的努力，基本实现建设法治政府的目标"。而浙江《落实意见》则要求"到 2008 年，《纲要》确定的基本原则、基本要求在浙江政府工作中得到有效贯彻"，即做到"合法行政、合理行政、程序正当、高效便民、诚实守信、权责统一"。由此可见，浙江在法治政府建设方面的决心与力度走在了全国前列。尤其是，中共浙江省委出台《关于建设"法治浙江"的决定》后不久，浙江省人民政府于 2006 年 6 月 9 日很快出台了《关于推进法治政府建设的意见》，全面部署了法治政府建设的各项任务与工作，进一步加快了法治政府建设的步伐。

二 政府职能有效转变

改革行政管理体制，转变政府职能，是全面推进依法行政的重要内容。浙江省按照国务院《全面推进依法行政实施纲要》提出的"凡是公民、法人和其他组织能够自主解决的，市场竞争机制能够调节的，行业组织或者中介机构通过自律能够解决的事项，除法律另有规定的外，行政机关不要通过行政管理去解决"这一要求，着力促进政府职能转变。一是规范和减少行政许可、审批事项。浙江省认真贯彻执行《行政许可法》，2004 年开展了对行政许可项目、依据、主体、收费等四项清理工作。共停止执行国家已经取消的行政许可项目 27 项，取消省政府自行设定的行政许可与审批项目 95 项，全省 11 个市共取消自行设定的行政许可与审批项目 558 项；对现行有效的 167 件政府规章进行全面清理，废止了其中的 7 件，废止 1979 年以来省政府、省政府办公厅下发的各类文件共 309 件；对省级 92 家承担行政许可职能的单位和机构进行了清理，最终确认了其中 67 家具备法定行政许可资格；共取消省级批准立项的收费项目 75 项。在此基础上，此后两年浙江继续深化了行政许可清理工作。2007 年 4 月，浙江省政府确定全省的行政许可事项总计 1595 项①，经过清理，浙江行政许可和审批事项大幅削减，初步理顺了政府与市场、政府与社会的关系。二是在规范和减少行政许可、审批事项的同时，浙江规范了企业投资的核准、备案制。2005 年浙江省政府办公厅转发了省发改委《浙江省企业投资项目管理暂行办法》，对于不使用政府资金建设的企业投资项目，一律不再实行审批制，而是区别不同情况实行核准制和备案制，提升了企业投资的自主权利。三是促进和保障行业组织的改革与发展。为了落实"政企分开"的要求，浙江省政府 2006 年制定了《关于推进行业协会改革与发展的若干意见》，加强对行业协会建设与发展的引导、规范和保障，促进了市场自律机制的培育和发展，推动了服务型政府的建设。2007 年，浙江省发改委等部门出台了《关于浙江省行业协会与行政机关脱钩的实施意见》，推进行业协会与行政机关脱钩，积极把行业协会培育成自主办会、自主管理、自我发展的社会团体，充分发挥其协调市场主体利益、规范市场经济秩序、促进政府职能转变的作用。目前，全省已基本完成了行业协会与行政机关"人、财、物"三脱钩。

---

① 其中，省本级执行的行政许可事项 700 项，设区的市执行的行政许可事项 427 项，县级执行的行政许可事项 370 项，部分地域执行的行政许可事项 38 项，杭州市、宁波市以地方性法规设定的行政许可事项 60 项。

三　行政执法明显改善

经过努力推行法治政府建设，浙江行政执法得到了明显改善，主要体现在四个方面：一是稳步推进城市管理相对集中行政处罚权工作。所谓城市管理相对集中行政处罚权，是指依照行政处罚法和国务院有关规定，由市、县（市、区）城市管理行政执法部门依法集中行使相关行政管理部门在城市管理领域的全部或者部分行政处罚权。2001 年开始，浙江杭州市、宁波市、温州市根据国家部署，在城市管理领域先行开展了相对集中处罚权试点工作。2003 年《国务院关于全面推行相对集中处罚权的决定》下发后，浙江逐步深入推进了相对集中处罚权工作。截至 2007 年，全省已有 10 个设区市和 17 个县（市）开展了相对集中行政处罚权和综合执法试点工作，为解决职责不清、多头执法、重复执法、扯皮推诿、执法扰民、行政执法机构膨胀和执法人员身份混杂等突出问题积累了宝贵经验，取得了初步成效。2008 年 9 月，浙江省人大常委会通过了《浙江省城市管理相对集中行政处罚权条例》，以地方性法规的形式巩固、规范了浙江城市管理相对集中行政处罚权工作制度。二是积极开展乡镇综合改革，下移行政执法重心。从 2005 年下半年开始，浙江在宁波、绍兴、嘉兴等地进行乡镇改革试点，2006 年省政府总结试点经验，对乡镇政府的职能作了合理界定，初步理顺了乡镇政府与上级政府部门的关系，适当下移执法重心，解决"看到的管不到，管到的看不到"、权责不一等问题。三是全面推行行政执法责任制。浙江在 20 世纪 90 年代中期开始即推行行政执法责任制，以解决"有法不知道、知道不执行、执行不落实"的突出问题。但执行中存在一定的局限性。2005 年，根据国务院的要求，浙江省人民政府下发了《关于进一步深化完善和全面推行行政执法责任制的实施意见》，深化了该制度的全面推行。之后，全省各地、各部门制定了行政执法责任制的实施方案，并在落实执法责任、严格责任追究的配套制度方面进行了探索与完善。全面推行行政执法责任制为确保全省依法行政创造了重要条件。四是规范行政自由裁量权的行使，防止权力滥用。截至 2007 年底，浙江许多行政机关制定了行政处罚罚款额度量化细则，以便为公正、公开、公平地进行行政处罚提供依据和支持。全省工商系统还推行了说理性文书制作等，对行政自由裁量权的行使起到了较好的制约作用。

四　行政监督不断加强

在行政执法得到明显改善的同时，行政监督工作也不断加强，促进了行政执法的规范化建设。一是行政复议工作不断推进。2003年以来，全省行政复议案件数量不断增多，案件类型逐步复杂化，大量案件属于土地征收、房屋拆迁、社会治安、劳动者权益保障、环境保护等与民生问题息息相关的案件。面对形势的新发展，浙江省政府积极采取措施，畅通行政复议渠道，完善工作机制，加强和改进行政复议工作，并深化行政与司法的良性互动。为此，2007年中共浙江省委、省政府召开了全省预防和化解行政争议暨行政复议工作会议，制定颁布了《关于预防和化解行政争议健全行政争议解决机制的意见》。通过多方面努力，2003～2007年，全省各级机关共办理行政复议案件约2万件，通过行政复议使得全省80%以上的行政争议"案结事了"，有效地发挥了纠正违法行政行为、维护人民群众合法权益的积极作用。二是强化对行政规范性文件的监督。浙江非常重视行政规范性文件备案审查工作，严格落实"有文必备、有备必审、有审必复、有错必纠"的要求，力求从源头上防止行政违法行为。同时，浙江省政府法制办还坚持受理公民、法人和其他组织对行政规范性文件提出的异议或审查建议，并及时作出审查与答复，尽最大可能避免因"红头"文件问题而引发的社会矛盾纠纷。例如，2005年，浙江省政府法制办共受理此类异议与建议21件，其中发现存在合法性、合理性问题的有8件。浙江的行政规范性备案审查工作得到了广泛肯定。2006年9月，国务院法制办确定温州市法制办、德清县法制办为"全国规范性文件备案工作示范单位"。

2008年以来，浙江法治政府建设不断深化。国务院于2008年发布《关于加强市县政府依法行政的决定》后，2009年浙江省政府下发了《关于加强市县政府依法行政的意见》，进一步加强基层依法行政。2013年10月，浙江省政府印发了《浙江省法治政府建设实施标准》及其附录《浙江省法治政府建设考核评价体系（试行）》，为浙江法治政府建设制定了清晰、完整的工作目标和要求，并提供了系统化的、可操作的衡量标准与评价工具。这是在全国范围内第一个关于法治政府建设的实施标准，切合党的十八届三中全会决定明确提出的"建立科学的法治建设指标体系和考核标准"的要求，对于推动浙江法治政府建设具有非常重要的积极意义。2008～2013年，浙江法治政府建设又取得了长足进步。

一是继续深化行政许可清理工作，进一步规范和减少行政许可、审批事项。截至2014年，浙江行政许可事项减少至998项（含省、市、县不同层级执行的重复项目）。其中，省本级执行的行政许可事项424项，设区的市执行的行政许可事项274项，县级执行的行政许可事项244项，部分地域执行的行政许可事项35项，杭州市、宁波市以地方性法规设定的行政许可事项59项。

二是深化行政执法体制的改革与完善。积极开展了扩权强县改革，下移行政执法重心。在义乌试点的基础上，2009年6月，浙江省政府出台《浙江省加强县级人民政府行政管理职能若干规定》，明确提出加强县级政府的社会管理和公共服务职能，在全省全面推进扩权强县工作。这在国内是首次以地方政府规章的形式将上级政府部分管理权限赋予县级政府。这次"扩权强县"一次性下放审批权限443项。同时，围绕"四大国家战略举措"，加快行政管理体制。① 进一步深化相对集中行政处罚权工作，逐步扩大相对集中行政处罚权范围。在全国率先全面实施规范行政处罚裁量权工作，目前，省、市、县三级共3389个有行政处罚职能的执法部门已全面完成规范行政处罚裁量权工作，其中1967个部门制定了细化、量化标准，1422个部门直接适用上级制定的行政处罚裁量标准，所有部门的行政处罚裁量权细化、量化标准均按要求向社会作了公布。

---

① 2012年5月出台的《浙江省人民政府关于下放行政审批事项推进舟山群岛新区建设发展的决定》自2012年7月1日起施行。这为舟山群岛新区行政管理体制的构建与完善奠定了重要基础。

三是进一步加强行政监督工作。2010 年 7 月，浙江省政府颁布《浙江省行政规范性文件管理办法》，2012 年出台《浙江省人民政府关于推行行政规范性文件"三统一"制度的意见》，推行行政规范性文件统一登记、统一编号、统一发布的"三统一"制度，进一步加强对行政规范性文件的管理。设立专司行政规范性文件备案审查的机构以及健全文件备案审查的工作程序与机制，全面加强了对全省行政规范性文件的备案与合法性审查。坚持推进行政规范性文件清理工作，其间开展了数次行政规范性文件全面清理工作，维护了行政法制的统一性与严肃性。通过改进办案方式、强化制度建设、加强与司法及信访的互动等举措，着力加强行政复议工作，强化行政层级监督，保障群众合法权益，维护社会和谐稳定。建立健全了行政处罚案卷和行政许可案卷的评查制度，有力地促使行政机关提高自我纠错能力。

四是开展了公民权益依法保障行动。2008 年 7 月 14 日，浙江省政府出台了《公民权益依法保障行动计划》，部署了依法保障公民人身财产权益、社会发展权益、经济生活权益、"知情权、表达权、参与权和监督权"、救济权益等五个方面的工作任务，有效地加强了全省公民合法权益的行政保障。

第四节　不断推进公正司法

法律贵在实施。司法是法律运行的最后环节，具有底线保障性作用。党的十八届四中全会《决定》指出："公正是法治的生命线。司法公正对社会公正具有重要引领作用，司法不公对社会公正具有致命破坏作用。"对此，习近平同志在浙江工作期间即有过高度类似的讲话，他指出，"司法工作是保障社会公平正义最后一道防线"，"人民群众看我们党、看我们的政权，很重要的一点，就是看我们法院、检察院办案是否公正、高效，有无贪赃枉法。不要忽视一个微小的案件，一个人一生很可能只接触一件案件、进一次法院，但会影响一个人对整个司法机关的认识，影响党和政府的形象"。正是基于对司法工作重要性的清晰认识，习近平同志强调，全省各级法院要坚持"公正司法，一心为民"的指导方针，充分发挥审判工作职能，维护社会秩序、保障公民权益、化解矛盾纠纷，以公正、高效、文明的司法工作服务于党和国家工作大局；检察工作中打击刑事犯罪、查处职务犯罪，要立足于保护经济社会发展，要促进和谐，争取最佳的社会效果和整治效果，还要坚持党的领导，党通过支持检察机关依法独立办案提高党的执政能力，通过检察工作维护党的形象，提高党的威信，保持党的先进性。① 在习近平同志的高度重视与推动下，2003～2007 年，浙江司法各方面工作得到了长足发展。

一 强化法律监督，促进科学发展

五年来（2003～2007 年，下同），浙江省检察机关贯彻"强化法律监督，维护公平正义"之理念，积极履行检察职能，着力促进浙江经济社会和谐发展。

（1）依法严厉打击刑事犯罪，维护社会稳定。全省检察机关积极克服"案多人少"的矛盾②，健全机制，强化措施，着力打击严重危害国家政治稳定、严重危害社会治安、严重破坏经济和社会秩序的犯罪。五年来，全省检察机关共依法批准逮捕各类刑事犯罪嫌疑人322540 人，提起公诉384626人，比前五年分别增加50.1%和50.2%。其中，共批准逮捕危害国家安全犯罪和"法轮功"等邪教组织犯罪嫌疑人282 人，起诉281 人；共批准逮捕爆炸、杀人、抢劫等严重暴力犯罪、重大盗窃、抢夺等侵财性犯罪和毒品犯罪嫌疑人251333 人，起诉269626 人；共批准逮捕非法集资、制假售假、侵犯知识产权、破坏环境资源等犯罪嫌疑人6205 人，起诉12072 人。工作中，认真落实宽严相济刑事政策，坚持区别对待，依法该严则严、当宽则宽、宽严适度，减小社会对立面，最大限度地化消极因素为积极因素。例

---

① 参见习近平《干在实处 走在前列——推进浙江新发展的思考与实践》，中共中央党校出版社，2006，第367～369 页。

② 据统计，2003～2007 年，全省批捕、起诉部门干警人均办案数是全国人均办案数的2.25倍，居全国首位。

如，2004 年起，浙江省检察机关在全国率先开始探索轻微刑事案件适用刑事和解程序，即对轻伤害案件犯罪嫌疑人积极主动赔偿被害人损失并取得被害人谅解的可不予追究刑事责任。这样既化解了双方的矛盾，还避免了短期自由刑可能带来的交叉感染及对加害人生活、工作和家庭的不利影响，收到了良好的法律效果和社会效果。从 2004～2007 年，该省检察机关对 500 余名轻伤害案件嫌疑人在刑事和解的基础上作出相对不起诉决定。①

（2）严厉查处职务犯罪，推进廉政建设。五年来，共立案查处贪污贿赂、渎职侵权犯罪嫌疑人 7730 人，比前五年增加 23%，其中贪污贿赂犯罪 6849 人，渎职侵权犯罪 881 人。贪污贿赂案件中大案 3490 件，滥用职权、玩忽职守等渎职犯罪中重特大案件 283 件，县处级以上国家工作人员 592 人，其中厅级以上 33 人。查处拉拢腐蚀干部、危害严重的行贿犯罪嫌疑人 1107 人。通过办案，为国家挽回直接经济损失 10.8 亿元。着力查处城镇建设、征地拆迁、医疗教育、电力环保、重大安全生产责任事故等涉及人民群众切身利益的案件 1406 人。其间，根据最高人民检察院的统一部署，先后组织全省检察机关开展了治理商业贿赂专项工作、查办城镇建设领域商业贿赂犯罪专项工作、查办破坏社会主义市场经济秩序渎职犯罪专项工作、查办国家机关工作人员利用职权侵犯人权犯罪专项行动等 5 个专项工作，有力地打击了贪污腐败犯罪分子，遏制了贪污腐败多发易发的势头。同时，全省检察机关按照中央"惩防并举、注重预防"的要求，结合办案，着力加强预防工作，努力发挥在党委预防工作大格局中的专门化预防作用。例如，建立预防职务犯罪信息库，在全国率先开展了行贿犯罪档案查询；积极配合省人大常委会制定《预防职务犯罪条例》，推进预防职务犯罪法治化。

（3）全面加强诉讼监督，保障法律统一正确实施。五年来，共监督侦查机关立案侦查该立而未立的案件 3778 件，监督撤销不该立而立的案件 1771 件，监督案件数同比增加 68.1%。对应当逮捕而未提请逮捕、应当起

---

① 刑事和解数据引自范跃红《省检察院规范轻微刑事案件和解》，浙江检察网，http：//www.zjjcy.gov.cn/jcdt/jccz/200804/t20080430_ 10118.htm，2014 年 9 月 10 日。

诉而未移送起诉的，决定追加逮捕 2183 人，追加起诉 1827 人；对不符合逮捕、起诉条件或没有逮捕、起诉必要的，决定不批捕 14932 人，不起诉 3992 人。对认为确有错误的刑事裁判提出抗诉 572 件，法院已审结 456 件，改判 132 件。对侦查、审判中的违法情况以及刑罚执行中违法减刑、假释、保外就医等情况，提出纠正意见 2273 件（次）。加强民事行政检察工作，提出民事行政抗诉 2892 件。同时，严肃查办执法不公背后的司法腐败案件，共立案侦查涉嫌滥用职权、徇私枉法、索贿受贿等犯罪的司法人员 284 人。五年来，全省检察机关注重工作创新，提升办案能力，提高办案成效。

二 积极发挥审判职能，确保公平正义

五年来，全省法院围绕保障科学发展、维护和谐稳定这一目标，努力发挥审判工作职能，全力维护社会公平正义，促进经济社会又好又快发展。五年来，各级法院共受理各类案件 2457155 件，办结 2452361 件，诉讼标的额 1701.83 亿元。全省法院年均结案 49 万余件，居全国第四位，法官人均结案数居全国省区第一。①

（1）依法惩治犯罪，维护国家安全和社会稳定。五年来，省高级人民法院依法审结危害国家安全、故意杀人、抢劫、贪污、受贿等重大犯罪案件 4718 件，与前五年相比上升 19.2%；各级法院共受理一审刑事案件 252882 件，审结 252843 件，判处罪犯 364190 人，与前五年相比分别上升 32.9%、32.57% 与 49.55%。为配合死刑案件核准权由最高人民法院统一行使的重大改革，增设刑事审判第三庭，并与公安、检察、司法行政机关密切配合，从 2006 年 6 月 1 日起在全国省区率先实现死刑二审案件全部开庭审理，同年 9 月 1 日起在全国省区率先实现全部采用注射方式执行死刑。同时，贯彻宽严相济政策，对因邻里纠纷、婚姻家庭等民间矛盾引发的轻微刑事案件，被告人能积极主动赔偿被害人损失，并取得被害人谅解的，予以从轻、减轻

---

① 此处以及下文关于审判工作的相关数据，主要来源于浙江省高级人民法院 2004～2014 年工作报告。

或免除刑事处罚，或适用非监禁刑。

（2）调判结合化解矛盾纠纷，维护社会和谐。五年来，全省法院共审结婚姻家庭、继承、损害赔偿、财产权属、劳动争议、国有土地出让转让、商品房预售、建设工程合同、运输、担保、承揽、农村承包、企业改制、公司诉讼、借款、融资租赁、信用证、证券、知识产权、海事海商、涉外民事案件等各类民事一审案件1289438件。工作中，积极贯彻落实"能调则调，当判则判，调判结合，案结事了"的民事司法原则，积极探索覆盖诉讼全过程的调解工作机制，推动司法调解、人民调解、行政调解的有机衔接和良性互动，着力加强司法调解，促进和谐社会。据统计，五年来审结的一审民事案件中，调解撤诉率达到57.06%。

（3）依法化解行政争议，促进行政机关依法行政。五年来，全省法院共审结一审行政诉讼案件20798件，上升32.72%。其中，撤销、变更行政行为或确认行政行为违法、无效的占12.39%；因法院加大行政争议协调力度，或行政机关改变原具体行政行为等原因原告撤诉的占33.61%。审结国家赔偿案件221件，审查行政非诉申请执行案件83294件。五年来，积极推动行政机关负责人出庭应诉制度的实施，行政审判的外部环境进一步优化；试行行政案件异地管辖制度，提高行政审判的公信力，得到了最高人民法院的肯定和推广。

三　推进司法工作机制的改革与创新

五年来，全省检察机关深入推进人民监督员制度试点[①]，加强对查办职务犯罪工作的外部监督，同时探索人民监督员对立案不当、超期羁押、违法扣押冻结款物、不予依法确认或执行刑事赔偿、检察人员违法违纪等五种情形的监督。全省检察机关共聘任人民监督员1729名，对756件犯罪嫌疑人不服逮捕决定和检察机关拟作撤案、不起诉处理的职务犯罪案件进行了监

---

① 最高人民检察院于2003年8月报经中央批准并报全国人大常委会，决定为推出人民监督员制度进行试点。这是检察机关加强自身建设、自觉接受社会监督的一项重要改革探索。浙江省是首批推行人民监督员制度试点工作的10个省（自治区、直辖市）之一。

督。着力推进建立行政执法与刑事司法相衔接的工作机制，省检察院与14家省级行政执法机关联合制定工作规范，建议有关部门向公安机关移送涉嫌犯罪案件591件。2003年，省检察院在全国率先全面推行全省民事行政抗诉书说理改革，加强检察文书的说理性，明显地提升了办案质量，在全国司法领域和法学界产生广泛影响，获得积极好评①；2006年还在全国率先推行全省民事行政检察案件网上办理这一创新举措，较好地解决了案件积压问题，得到了最高人民检察院的肯定；还在全国范围内率先开展对严重侵害国家利益的民事案件督促起诉工作，依法督促起诉1680件，防止国有资产流失10亿余元。实行重大信访案件"公开听证，阳光息诉"，创新了解决信访问题的方法，收到了良好的成效。

省高级人民法院在省十届人大四次会议上作出了"努力做到不使有诉求的群众因经济困难打不起官司，不使有理有据的当事人因没有关系打不赢官司，不使胜诉当事人的合法权益因执行不力、不公得不到保护"的"三项承诺"。为此，省高级人民法院创新机制，推进改革，出台53条具体措施，制定了37个规范性文件，带领全省各级法院共同落实"三项承诺"，取得了明显成效。为让经济困难的群众打得起官司，全面加强立案接待大厅规范化建设，推行接待导诉制度，加大司法救助力度，切实降低老百姓打官司的成本。2006年、2007年共缓、减、免收诉讼费5779.17万元。全省法院于2006年底全部建立了司法救助基金，总金额达到4868万元。为让有理有据的当事人打得赢官司，全面落实公开审判制度，增强裁判文书说理，实行判后答疑释理，省高级人民法院制定的审判业务规范性文件通过门户网站"浙江法院网"等形式全部向社会公布，裁判文书通过互联网等形式扩大公开范围，还选择典型案件尝试互联网直播庭审。建立审判长联席会议制度、案例指导制度，严格限制和规范下级法院向上级法院的案件请示，并就规范

---

① 浙江省人民检察院陈云龙检察长、庄建南副检察长、民事行政检察处傅国云处长主导了这一司法文书说理性改革，后又拓展到刑事检察领域。法理学界形容这些率全国之先的检察改革举措为浙江"法治先行化"现象。参见孙笑侠《经济发达地区"先行法治化"的现象解读》，《法学》2009年第12期。

民事审判自由裁量权、正确适用证据规则、加强合议庭工作等有针对性地出台了指导性文件，最大限度地做到"同案同判"。为让胜诉的当事人及时实现合法权益，省高级人民法院在建立统一管理、统一协调执行工作体制的基础上，先后出台了16项制度，形成了比较完整的执行制度体系，加强执行权的制约，规范财产评估、拍卖的委托程序，不断拓展执行手段和方法，积极构建综合治理执行难工作机制。"三项承诺"的提出和实践，赢得了社会各界的广泛支持和认可。

2008年以来，浙江司法工作继续贯彻习近平同志的指示和要求，不断深化和创新，各方面工作持续发展。

全省检察机关紧紧围绕"两创"、"四大国家战略举措"、"三改一拆"、治水治污、创新驱动发展等重大决策部署，充分发挥检察职能作用，努力为浙江经济社会发展创造安全稳定的社会环境、公平正义的法治环境和优质高效的服务环境。2008~2013年，全省检察机关依法严厉打击刑事犯罪，共批准逮捕各类刑事犯罪嫌疑人463146人，提起公诉647994人，批捕、起诉案件总数居全国前列，人均办案数居全国首位，约是全国平均数的2倍。同时，深入推进轻微刑事案件和解工作，全面推行未成年人刑事案件特殊办理机制，加强司法救助工作，从而有效贯彻了宽严相济形势政策，促进了社会和谐。坚持"老虎""苍蝇"一起打，共立案查处贪污贿赂犯罪6558件8076人，查处渎职侵权犯罪1575件2004人。认真贯彻习近平同志关于预防职务犯罪出生产力的重要指示精神，深入贯彻《浙江省预防职务犯罪条例》，推进预防职务犯罪法制化、社会化、专业化。认真履行诉讼监督职责，维护司法公正。共依法监督侦查机关立案8054人，纠正漏捕、漏诉12116人；向法院提出刑事抗诉1475件；认真开展死刑二审案件审查和出庭工作，强化对死刑案件办理的监督；全面推行量刑建议改革，加强对刑事裁判自由裁量权的监督；共监督纠正超期羁押、违法减刑、假释、暂予监外执行以及违法监管等违法行为6393件（次）。省检察院在全国率先推行以客观性证据为核心的审查批捕、审查起诉工作模式，坚决纠正和防止冤假错案。提出民事行政抗诉3914件，积极开展民事督促起诉，共办理涉及土地出让、财政专项资金出借、环境污染等领域民事督促起诉案件 2108 件，避免国有资产损失 92 亿余元。

浙江各级法院积极贯彻科学发展观，抓好"八项司法"①，各项工作取得新的进展，为建设"法治浙江"作出了积极贡献。2008～2013 年，全省法院共受理各类案件 520.13 万件，办结 514.8 万件。一线办案法官年人均结案达 155 件，是全国平均数的 2 倍以上，各项办案质量、效率、效果主要指标，历年均居全国法院前列。受理一审刑事案件 41.65 万件，审结 41.4 万件，判处罪犯 61.22 万人。及时纠正刑事错案，并推动各级法院与公安、检察机关完善预防冤错案件的工作机制。受理一审民商事案件 260.98 万件，审结257.23 万件。始终坚持"调解优先，调判结合"工作原则，审结案件调撤率达 71.1%。行政审判注重实质性化解争议，推进政府依法行政和维护相对人合法权益。完善指定管辖、提级管辖，开展行政案件跨区域相对集中管辖的试点。省高院连续六年向省政府发送行政审判白皮书，及时反映政府年度执法的成效和不足，促进法治政府建设。共受理一审行政案件 23583 件，审结 23466 件。经一审、二审和申诉复查后，九成半行政争议得到实质性化解。着力破解执行难，维护当事人胜诉权益。建立浙江各部门联动的"执行征信、执行查控、执行惩戒、执行监督和执行保障"五个系统，与人民银行、工商部门、信用中心等建立联合征信机制，在全国率先建成覆盖在浙商业银行的网上专线"点对点"查询被执行人存款系统，加大对失信被执行人信用惩戒威慑力度，加大对抗拒执行、逃避执行的惩治力度。密切关注浙江经济社会发展的形势，抓好能动司法，依法保障"八八""两创"战略实施，促进经济社会平稳向好发展。重视经济形势变化中的涉案应对，能动运用审判职能，服务"保增长、保民生、保稳定"工作大局；出台相应的

---

① 浙江省高级人民法院在 2009 年 1 月 7 日的全省法院院长会上和 1 月 18 日向浙江省第十一届人民代表大会第二次会议所作的工作报告中，提出了抓好八项司法、服务科学发展的工作思路，即：紧紧围绕"保增长、保民生、保稳定"的工作重心，抓好能动司法、和谐司法、民本司法和协同司法；紧紧围绕公正高效廉洁审判的工作要务，抓好规范司法、阳光司法、廉洁司法和基层司法。

司法保障意见，推进"四大国家战略举措"实施；加大知识产权司法保护力度，支持创新型省份和文化强省建设。2011 年，省法院知识产权审判庭被世界知识产权组织授予首届"中国商标保护金奖"，是全国法院系统唯一获奖单位。

第五节 积极培养公民法治观念

十八届四中全会《决定》关于"增强全民法治观念，推进法治社会建设"部分指出："法律的权威源自人民的内心拥护和真诚信仰。人民权益要靠法律保障，法律权威要靠人民维护。必须弘扬社会主义法治精神，建设社会主义法治文化，增强全社会厉行法治的积极性和主动性，形成守法光荣、违法可耻的社会氛围，使全体人民都成为社会主义法治的忠实崇尚者、自觉遵守者、坚定捍卫者。"法治若要得以施行，不仅仅需要立法、执法和司法的加强和完善，更需要全民的自觉守法意识、良好的法律素质，需要包括权力者在内的全民对法律精神的认同和对法治的信赖，也就是需要着力培养公民的法治观念。这就需要大力推行普法教育。

一 普法教育的基本思想

习近平同志主政浙江期间早已深刻认识到法制宣传教育的重要性，并在多个场合不断强调。例如，2003 年 12 月 4 日，正值全国法制宣传日，习近平同志专门撰文阐述法制宣传教育的重要意义及其工作要点。2006 年 2 月 8 日，习近平同志在杭州市余杭区专题调研建设"法治浙江"工作时，专门讲到了普法工作，强调了农村法制宣传教育工作。2006 年 4 月 25 日，习近平同志在中共浙江省委十一届十次全会上所作报告中再次强调了要普及公民的法制教育，突出培养公民的法治精神。习近平同志关于普法教育有着清晰、完整、深刻的思想。这些思想内容包括：普法教育的重要性、普法教育的目的、普法教育的重点对象、普法教育的难点领域、普法教育的方法等。下文予以简要阐述。

（1）普法教育的重要性。习近平同志认为，通过法制宣传教育活动，使广大干部群众牢固树立依法治国的观念、执政为民的观念、依法行政的观念和依法维权的观念，对于推进浙江民主法治进程，全面建设小康社会，具有重大而深远的意义。"依法治国"，只有全社会的法制观念和法律意识不断增强，公民的法律素质不断提高，建设社会主义法治国家的社会基础才会更加广泛和坚实。可以说，公民法律素质是政治文明建设的基础和保障，公民法律素质的高低，影响着政治文明建设的进程。加强法制宣传教育，提高公民法律素质，既是我国民主法制建设的一项基础性工作，同时也是贯彻落实党的依法治国基本方略、建设社会主义法治国家和政治文明的需要，是促进物质文明、政治文明和精神文明协调发展的重要保证。① 总之，对于建设"法治浙江"而言，普及公民的法制教育，具有全局性、先导性、基础性的作用。②

（2）普法教育的目的。按照通俗理解，普法教育的目的就是为了普及法律知识，教育人们遵纪守法。但是，这样的理解显然是简单化了。习近平同志对关于普法教育的目的有着深刻的体系化理解。按照习近平同志的阐述，可以将普法教育的目的分为基本目的和根本目的。习近平同志提出，"要把增强全社会的法律意识，提高公民法律素质作为法制宣传教育的基本目的"。可见，普法教育的基本目的是"增强全社会的法律意识，提高公民法律素质"。习近平同志后来将这一基本目的更为概括性地表述为"培养公民的法治精神"③。那么，普法教育的根本目的又是什么呢？习近平同志提出，"加强法制宣传教育，提高公民法律素质，要以经济建设为中心，促进经济发展，提高人民生活水平为目的"，又提出"加强法制宣传教育，提高

---

① 参见习近平《提高公民法律素质促进政治文明建设》，《浙江日报》2003年12月4日，第1版。

② 参见习近平《干在实处 走在前列——推进浙江新发展的思考与实践》，中共中央党校出版社，2006，第386页。

③ 习近平同志在中共浙江省委十一届十次全会上所作报告中明确提出："要突出培养公民的法治精神，在全社会树立法治信仰、形成法治风尚，努力把法治精神、法治意识、法治观念熔铸到人们的头脑之中，体现于人们的日常行为之中。"见习近平《干在实处 走在前列——推进浙江新发展的思考与实践》，中共中央党校出版社，2006，第386页。

公民法律素质，要以人民群众利益为重，以体现和维护人民利益为最高标准"。据此我们分析，习近平同志认为普法教育的根本目的或最高目的是"促进经济发展，提高人民生活水平，维护人民利益"。

（3）普法教育的重点对象。习近平同志认为，各级领导干部和公职人员是普法教育的重点对象。他明确指出，"加强法制宣传教育，提高公民法律素质，要从各级领导干部抓起，党员干部特别是各级领导干部要率先垂范，带头学法、懂法、用法，支持和督促有关部门严格执法、秉公执法。各级公职人员要认真学习社会主义民主法制理论、依法治国理论和法律知识，不断增强法制观念和依法办事能力"。为什么各级领导干部和公职人员是普法教育的重点对象呢？因为"只有公职人员特别是领导干部真正成为法律的模范遵守者和执行者，才能真正做到依法执法、依法办事，才能让老百姓服气，才能在全社会形成良好的法治氛围"①。习近平同志有一次到基层调研时又特意指出，"基层干部要坚决依法办事，以法治的形象，引导群众树立遵章守法、依法维护自身合法权益的意识，进而在全社会形成遵法、守法、护法的良好氛围"。2006 年 4 月 25 日，习近平同志在中共浙江省委十一届十次全会上所作报告中再次强调，"要重点加强对领导干部、公务员、青少年、企业经营人员和农民的法制宣传教育"②。此处，普法教育重点对象有所扩大，但毫无疑问领导干部和公务员仍然是重中之重。

（4）普法教育的难点领域。习近平同志认为，普法教育在机关和城市社区相对比较容易，难点在农村。因为长期以来受城乡二元结构和农村经济社会发展相对落后的影响，农村法制教育工作比较之后，农村群众的法律观念比较薄弱，一些基层干部依法行政意识不强，涉及农村的立法工作也比较薄弱，以致农村有法不依、执法不严、损害群众利益的现象时有发生，农民

---

① 习近平：《提高公民法律素质促进政治文明建设》，《浙江日报》2003 年 12 月 4 日，第 1 版。

② 习近平同志于 2006 年 4 月 25 日在中共浙江省委十一届十次全会上所作报告。参见习近平《干在实处　走在前列——推进浙江新发展的思考与实践》，中共中央党校出版社，2006，第 386～390 页。

群众运用法律武器维护自己合法权益的能力也比较弱。为此，必须把农村作为法制宣传教育的重点。

（5）普法教育的方法。习近平同志非常重视普法教育的针对性和实效性。为达此目的，必须讲究普法教育的方法。对此，习近平同志强调，要坚持贴近实际、贴近生活、贴近群众，全社会共同参与，用群众喜闻乐见的形式，增强普法教育的针对性和实效性；要关注老百姓的热点难点问题，重视群众的实际需求，从有利于公民学习法律知识、增强法制观念、提高依法维权能力出发，充分调动广大人民群众学习法律法规的主动性；农村法制宣传教育重在培育法治观念，对于农村的普通群众来说，普及法律知识毕竟是有限的，更为重要的是要使广大农民群众树立起法制观念。综上，习近平同志从普法的形式、调动群众学习主动性、普法的侧重点等方面深刻阐述了普法教育的方法，对于提升普法教育的针对性和实效性具有非常重要的现实指导意义。

二 浙江普法教育的有效实践

浙江各级普法教育机构深入贯彻习近平同志关于普法教育工作的思想与指示，认真实施"四五"、"五五"及"六五"普法规划，健全机制，强化措施，突出重点，全面推进，全省普法教育工作取得了显著成效。

（1）突出抓好领导干部、公职人员学法用法。按照习近平同志的思想，浙江突出抓好各级领导干部和公职人员的普法教育，在全社会树立领导干部及公职人员学法用法的模范表率作用。"四五"普法期间，浙江出台了《关于进一步加强领导干部学法用法工作的实施意见》，浙江领导干部学法用法工作走上了制度化、规范化的轨道，浙江近90%的市、县（市、区）制定了领导干部任前法律知识考试考核、领导干部定期法制讲座等规范性制度。领导干部、公职人员普法教育普及率为100%。"五五"普法期间，省普法办等部门下发了《浙江省"法律六进"活动实施意见》，把开展"法律进机关"确定为"五五"普法期间推动领导干部学法用法工作的重要方向。同时，通过健全工作制度、完善考评制约机制、创新工作方式等方面入手，深入开展领导干部学法用法工作。全省各级党委、政府普遍建立了党委（党组）中心组学法制度、领导干部下访律师随同制度、法律知识讲座制度、政府组成人员任职前法律知识考核制度、领导干部学法登记制度和学法档案制度、重大事项决策前的法律咨询审核制度、政府法律顾问制度。"五五"普法期间，省委理论学习中心组通过召开常委专题学习会、中心组集体学习会、省委读书会、浙江论坛等多种形式学法 20 余次，听取讲座的领导干部860 多人次。各地举办市、县（市、区）级领导干部法制讲座 962 场次，听取讲座的领导干部达 8 万余人次；参加法制培训的县以上领导干部 2.6 万余人，占领导干部总人数的 98%，其中 97% 的县级以上领导干部参加了法律知识考试。县级以上党政机关普遍建立了重大事项决策前的法律咨询和法律顾问制度。① 尤其值得一提的是，2008 年浙江省率全国之先，开展了"省管干部闭卷法律考试"，161 个省直单位和 11 个市的 1149 名省管领导干部集中参加闭卷考试，考试合格率达 100%，优秀率达到 97.8%。随后，省、市、县三级组织 137 场领导干部闭卷法律考试，42681 名各级领导干部参加考试。2009 年，浙江省又开发了"领导干部学法考试网上答题系统"，1500余名省管领导干部参加了法律知识网上答题活动，各地也结合实际，采取不同形式，继续组织实施分级考试。在全国率先举办了 19 场省管领导干部集中闭卷法律考试。

（2）着力建设普法工作长效机制。浙江普法工作重视长效工作机制的建设，通过长效的工作机制保障普法工作的长期有序进行。"四五"期间，浙江多方面建立健全了领导干部学法用法工作机制；同时，通过对全省中小学校领导和政治教师实行法律知识培训和持证上岗制度，加强了对青少年的普法教育；出台《关于进一步推进企业经营管理者学法用法工作的实施意见》，从指导思想、基本目标、学习对象、学习内容、学习方法与要求、考试考核、组织领导与保障等方面规范和加强了企业经营管理者的普法工作；

---

① 参见陈东升、马岳君《领导干部带头　形成示范效应——浙江省扎实推进领导干部学法用法》，《法制日报》2010 年 7 月 10 日，第 4 版。

还积极探索外来务工人员法制宣传教育新机制，其间浙江有 31 个市、县（市、区）制定了外来务工人员学法的规范性制度。"五五"普法期间，在"四五"普法工作基础上，进一步建立健全了普法工作机制。浙江省普法教育领导小组制定出台了《浙江省普法教育领导小组成员单位工作职责》《浙江省"五五"普法规划任务分解》，落实各牵头部门的职责，明确各成员单位的任务，在全省形成了普法工作协作机制，增强普法工作合力；修订、制定了《关于进一步加强领导干部、企业经营管理人员和职工、青少年、农民等重要对象的学法用法工作》等规范性文件；出台了《关于进一步加强领导干部学法用法工作，提高依法执政能力的实施意见》《关于进一步加强公务员学法用法工作的意见》《关于组织实施全省领导干部学法用法分级考试考核的意见》等规范性文件，进一步健全了领导干部学法用法工作机制；大力推进基层（村、社区）法律顾问制度建设，全面提升乡村、社区法律服务水平，普及法律教育。宁波还专门制定了《宁波市法制宣传教育条例》等地方性法规，对法制宣传教育的目标任务、对象、责任主体、工作机制、考核奖惩制度等方面作出了明确规定。"六五"普法期间，浙江认真总结了"五五"普法期间开展重点对象法制宣传教育工作经验，修订完善了各类普法重点对象学法制度，进一步推进了法制宣传教育工作的制度化、规范化。

（3）全方位开展普法活动。浙江利用传统传媒和新传媒，发挥各种方式方法的综合优势，开展全方位普法活动，取得了明显成效。一是积极拓展普法阵地。全省积极利用传统传媒与新型媒体，全领域构建普法阵地，形成了"电视有影像、报纸有文章、电台有声音、网络有专栏"的立体宣传格局。截至 2010 年底，全省有电视普法栏目 160 个、广播普法专栏 80 个、报刊普法专栏 120 个；各级普法机构自创普法报刊 87 个，建立普法网站 110 个；省普法办与《浙江日报》报业集团共同创建综合性法治门户网站"浙江法治在线"；各级普法机构在新浪网开通普法官方微博 102 个。① 此外，

---

① 参见赵光君《法制宣传教育的吸引力和感染力进一步增强》，"中国·浙江人大"网，http：//www.zjrd.gov.cn/，2014 年 9 月 12 日。

还建设了一大批具有浓厚地方特色的普法阵地，例如湖州市的沈家本法制教育基地、杭州市余杭区的杨乃武小白菜普法教育基地等。二是广泛开展各种普法活动。充分利用各种法律宣传月、宣传周、宣传日，注重发挥"12·4"全国法制宣传日和"浙江法治宣传月"两大活动的品牌效应，先后开展了法制宣传暨法律服务实践广场活动、省级机关干部专题法制讲座、农村"两委"干部和外来创业者法律知识大赛等活动；同时，突出法治文化主题，组织开展了法治漫画征集评选、普法摄影大赛、法制文艺巡演、"法治文化进校园"等活动。通过这些各有特色的活动，扩大了宣传声势，取得了良好的社会效果。三是有重点地开展集中式普法宣传。通过对重大活动、重大事件、重大典型、重点工作和重要改革的集中式宣传，为重大决策的贯彻实施营造良好的舆论氛围，扩大普法工作的社会影响力。例如，2006年，省纪委、省检察院、省司法厅等10家单位，有效整合纪检监察机关、司法机关、监狱系统的警示教育资源，依托杭州市南郊监狱，联合建立了省法纪教育基地，运用展览、电教片、职务犯罪服刑人员"现身说法"、法制专题讲座等手段，极大丰富了普法教育的内容和形式。为增强企业应对国际金融危机的能力，从2008年下半年开始，浙江省司法厅、省普法办在全省组织开展了"加强企业法制宣传教育，积极应对国际金融危机"的"送法进企业"系列宣传活动；编写出版了《应对危机公司治理法律百问》法律辅导读本；开展了"法律服务民营企业"、律师公证服务企业讲师团巡回宣讲等专项活动，从而为"保增长、保民生、保稳定"作出了积极贡献。

实践证明，经过多年努力，浙江已经形成了党委领导、人大监督、政府实施、政协支持、各部门协作、全社会共同参与的"大普法"工作格局。经过"四五"、"五五"以及正在进行中"六五"普法工作，通过深入开展"法律六进"（法制宣传教育进机关、进乡村、进社区、进学校、进企业、进单位）活动以及社会主义法治理念教育，使得普法教育深度与广度都达到前所未有的程度，以宪法为核心的法律法规得到广泛宣传，全体公民的宪法观念和法治意识明显增强，法治精神得到有力培植。据"五五"普法总结性统计，截至2010年底，全省有94%的中小学校实现法制教育计划、教材、课时、师资"四落实",各类学校共聘请法制副校长、法制辅导员15000 余名,全省共建成综合性青少年法制教育基地 1300 余个,其中省级青少年法制教育基地 18 个;组织 7 万余名企业经营管理者参加了法律知识竞赛,全省建立企业职工法制学校 4600 余所,外来务工人员法制学校(夜校)3600 余所、法制宣传教育基地 700 余个;全省共培训村"两委"干部627700 人次①;全省律师担任村、社区法律顾问 25703 家,覆盖面达74.3%。② 全省有 89.02%的群众基本法律知识得到了相当程度的普及;有94.81%的群众认为"法律是维护公民合法权益的武器";群众对政府机关依法行政的满意率和基本满意率达到了 73.92%,对司法公正的满意率达到了 70.09%。③ 这些统计数据有力地彰显了浙江普法教育工作的骄人成绩。

① 数据来源于赵光君《关于浙江"五五"普法工作情况的报告》,《浙江人大·公报版》2011年第 5 期。
② 全省村、社区法律顾问数据来源于赵光君《司法行政:再创加强和创新社会管理创新优势》,载林吕建主编《2012 年浙江发展报告(法治卷)》,杭州出版社,2012,第 153 页。
③ 林丹军副厅长在浙江省"五五"普法总结表彰暨"六五"普法启动新闻发布会上的情况通报。参见 http://www.zjsft.gov.cn/art/2011/6/22/art_ 112_ 30247. html。

第五章
政府职能转变与政府治理方式创新

政府治理在国家治理中处于核心地位，是整个国家治理体系中最为重要的子系统。政府治理现代化是现代化整体性变迁进程的重要组成部分，同时又是现代化的重要推动力量。党的十八届三中全会明确提出，"科学的宏观调控，有效的政府治理，是发挥社会主义市场经济体制优势的内在要求。必须切实转变政府职能，深化行政体制改革，创新行政管理方式，增强政府公信力和执行力，建设法治政府和服务型政府"。改革开放以来，浙江从实际出发，创造性地不断调适自身的角色定位和职能定位，不断健全惠及全民的基本公共服务体系，创新政府管理机制，政府治理总体上经历了"无为而治"到"积极有为"再到服务型政府的转变。

第一节　构建适应服务型政府的现代政府职能体系

政府职能转变是行政管理体制改革的核心问题，其关键是处理好政府与市场、政府与社会之间关系，使市场在资源配置中起决定性作用和更好发挥政府作用。要通过政府自身改革，大幅度减少政府对资源的直接配置，推动资源配置依据市场规则、市场价格、市场竞争实现效益最大化和效率最优化。政府的职责和作用主要是保持宏观经济稳定，加强和优化公共服务，保障公平竞争，加强市场监管，维护市场秩序，推动可持续发展，促进共同富裕。

市场经济不仅决定着人们的利益追求和思维方式，而且越来越影响着政府公共权力的配置方式和运行规律。在市场化的发展进程中，浙江各级政府的职能转变也取得了重要进展。中共十六大以来，全省各地按照落实科学发展观、构建和谐社会的要求，地方政府职能从过去着重促进经济快速增长逐步转变为注重经济社会全面、协调、可持续发展，全面加强经济调节、市场监管、社会管理和公共服务职能。浙江省委、省政府先后作出了实施"八八战略"和建设"平安浙江""法治浙江""文化大省"四位一体的总体部署，并于2003年提出要努力建立一个适应现代市场经济的公共服务型政府，职能转变取得了显著成效。

随着政府职能转变的逐步推进，职能转变的内涵也发生了明显的变化。由最初的经济管理职能发展为政府的四项主要职能，即"经济调节、市场监管、社会管理和公共服务"。随着这一根本内涵的变化以及转变政府经济管理职能任务的初步完成，特别是随着科学发展观这一重大战略思想和根本指导方针的提出，"转变职能"这一行政管理体制改革的核心任务也进一步得以深化，有了新的发展，即更加注重政府如何全面履行职能。尤其是以民生保障和生态保护为重点的社会管理、公共服务职能得到了前所未有的强化。

围绕解决人民群众最关心、最直接、最现实的利益问题，浙江省委、省政府于2004年制定了构建为民办实事长效机制的若干意见，比较系统地提出了涵盖就业再就业、社会保障、科教文化、医疗卫生、基础设施、城乡住房、生态环境、扶贫开发、权益保障、社会稳定十大重点领域的实事内容。2004年以来省政府已连续10年在省人代会的政府工作报告中作出具体的年度承诺，并确保全面完成。根据国家统计局公布的社会发展水平综合评价结果，2007年浙江省社会发展总体水平列北京、上海、天津之后，居全国第4位，在各省区中列第1位。值得指出的是，2008年省政府在省十一届人大一次会议上明确提出，本届政府五年要实施"全面小康六大行动计划"①。这六大行动计划，是五年内省政府推进科学发展、增进民生福祉、全面建设

---

① 具体包括：自主创新能力提升行动计划、重大项目建设行动计划、基本公共服务均等化行动计划、资源节约与环境保护行动计划、低收入群众增收行动计划和公民权益依法保障行动计划六大方面。

小康社会的基本途径，也是转变行政理念、推进制度创新、建设服务型政府的具体抓手。总之，围绕全面履行经济调节、市场监管、社会管理和公共服务职能，积极构建现代职能体系，浙江省各级政府加快职能转变，重点体现在以下几个方面：

1. 围绕经济转型升级，加强区域规划和产业政策引导

政府与市场之间关系是社会主义市场经济体制的核心问题。与直接介入市场主体生产经营活动的计划经济时代的政府管理模式不同，浙江各级政府更多地运用法律、规划、产业政策以及公共资源配置等方式，引导和支持市场主体加快经济发展方式转变。

改革开放以来，浙江省同全国其他地区一样，总体上走的是一条高投入、高消耗、高排放、低效益的粗放型经营路子，但这种经济增长方式越来越难以为继，亟须地方政府发挥积极的引导和监管作用。浙江省比较注重发挥政府规划和产业政策对经济发展的导向作用。2003 年以来，省政府打破行政区划界限，制定和实施环杭州湾、温台沿海和金衢丽地区三大产业带规划，并注重与城市总体规划、土地利用规划、生态功能区规划等紧密结合，以此构建产业集聚大平台。通过对开发区的整合，全省各类开发区已从原先的 758 个减至 2013 年底的 152 个，优化了生产力空间结构。目前浙江省已建成了 20 个国家级经济技术开发区和一批优秀的省级开发区，以及一批具备特殊功能的保税区、海关特殊监管区、对台经贸合作区等，成为浙江开放主平台、发展排头兵、经济强引擎、区域增长极。2013 年，全省开发区以约 5% 的土地，实现国内生产总值占全省的 57% ；进出口总额占全省的 47.3% ；固定资产投资占全省的 38.6% ；企业技术改造投入占全省的 59.2% ；税收收入占全省的 31.0% 。截至 2013 年末，全省开发区已经累计实际利用外资 636 亿美元，实有外商投资企业 1 万家，是全省引资强度最大、水平最高的区域。

同时，根据本省产业竞争优势主要集中于传统行业和中低档产品的实际，大力推动民营经济新飞跃，加快发展先进制造业和现代服务业，积极发展临港型工业等海洋经济，有效促使全省产业结构优化升级。2004 年，制

定出台推动民营经济新飞跃的意见，推动民营企业"上规模、上水平、上档次"；2006 年，以省政府 1 号文件方式出台了加快民营经济发展的 28 条政策，制定实施推动创业富民、创新强省的 20 条举措。2011 年底，出台"1 + 16"支持浙商创业创新发展的政策措施，形成了省内浙商立足浙江发展浙江、省外浙商回归浙江反哺浙江的氛围。发挥传统产业块状经济优势，大力发展战略性新兴产业，成为处在十字路口的浙江经济转型升级的战略选择。2010 年，浙江不失时机地推出了九大战略性新兴产业并对其加以重点支持，具体包括生物、新能源、高端装备制造、节能环保、新能源汽车、物联网、新材料、海洋新兴以及核电关联产业。根据浙江省委、省政府的规划，到 2015 年，浙江省战略性新兴产业增加值将达到 5000 亿元左右，占生产总值的 12% 左右。

与此同时，着力完善"软要素"支撑。2003 年，省委、省政府提出引进大院名校共建创新载体的战略，鼓励各地以企业为主体，以引进团队式人才和核心技术为关键，与国内外大院名校共建创新载体。到 2012 年，引进共建创新载体 946 家，比 2007 年增加 416 家，增长 79%。据对 843 家创新载体的统计，总投资 127 亿元，集聚创新人才 2.9 万人，其中高级职称（博士）7003 人，实施各类科技项目 1.12 万项，完成项目 7514 项，获专利授权 8990 项，其中获发明专利授权 2040 项，产生经济效益 667 亿元。在此基础上，根据系统集成、开放共享的原则，采取理事会、股份制、会员制等形式，加快构建公共科技基础条件平台和行业、区域创新平台。大力推动国家技术创新工程试点省建设，设立 50 亿元省级科技强省专项资金，出台建设创新型省份和科技强省、科技成果转化奖励政策，以青山湖科技城、未来科技城、嘉兴科技城和宁波新材料科技城为重点加快公共科技平台和创新载体建设，出台高技能人才培养和技术创新活动资助办法，全省 R&D 经费占 GDP 比重达 2.04%。

2. 围绕全覆盖和一体化，构建就业和社会保障制度体系

社会保障体系是一个国家和地区的"安全网""稳定器"，关乎民生，关乎全局。浙江省的就业和社会保障工作走在全国前列。党的十六大以来，

尤其是"十一五"期间，浙江省提出"一个率先，两个加快"，即率先建立比较完善的城镇社会保险制度，加快建立统筹城乡的就业促进机制，加快建立覆盖城乡的新型社会救助体系，形成了"三位一体"的"大社保"制度框架。通过多年持续努力，浙江省就业和社会保障体系建设实现了由"单一突破"向"整体推进"转变，由"政策调整"向"法律规范"转变，由"城镇保障"向"城乡统筹"转变，建立了覆盖城乡、功能完善、多层次的社会保障体系，基本构建了就业再就业、社会保险、社会救助相互衔接、相互促进、三位一体的大社保体系，许多实践在全国具有先行性、开创性。

具体来说，2004 年以来，浙江省积极实施扩大就业的发展战略，全面推进城乡统筹就业，就业格局保持稳定。城镇"零就业"家庭实现"发现一户，解决一户"的目标，农村低保户家庭等困难群众的就业帮扶力度加大，2004～2013 年就业人员总数增加了 716.78 万人，全省城镇登记失业率已从 2004 年末的 4.1%、2005 年末的 3.7%，降到 2013 年末的 3.01%，呈现了持续下降的良性态势。实现城乡居民社会养老保险制度和基本医疗保障制度全覆盖，全省企业职工基本养老、城镇职工基本医疗、工伤、失业和生育保险参保人数快速增加，分别从 2005 年的 872 万、632 万、455 万、440 万、280 万，增加到 2013 年的 2272.5 万、1791 万、1826.1、1144 万和 1173.2 万。值得提出的是，城乡居民养老保险制度迈出了实质性的步伐。从 2009 年元月开始，符合条件的 60 周岁以上城乡居民按规定领取到每人每月不低于 60 元的基础养老金，实现人人享受养老保障的目标，2013 年已经上调到每人每月 100 元。2013 年，全省新型农村合作医疗参保率达到97.7%；人均筹资标准和财政补助标准分别为 557 元和 393 元，分别比2003 年增长 12 倍和 26 倍。住院结报率从 2.6% 上升到 9.2%，住院政策范围内报销比例达到 75%，已累计为 5.2 亿参合群众报销医药费用 620 亿元。同时，浙江积极探索新型农村合作医疗制度与城镇居民基本医疗保险制度整合，实现城乡统筹。新型社会救助体系进一步完善，最低生活保障制度实现了城乡"应保尽保"，农村"五保"对象和城镇"三无"人员集中供养率分别达到 95.5% 和 99.1%。

3. 围绕走绿色发展之路，加强生态保护和环境治理

良好的生态环境是浙江可持续发展的最大优势。浙江省发展理念转变的突出表现之一是高度重视环境保护和生态建设，不仅重视当期的经济增长，更注重长远的可持续发展，把环境保护和生态建设作为政府履行公共服务的重要职能。党的十六大以后，浙江省委十一届二次全会进一步明确要以建设"绿色浙江"为目标，以创建生态省为契机和突破口，走生产发展、生活富裕、生态良好的文明发展道路。

在具体的工作实践中，党委、政府积极创新工作模式，大力实施"五水共治"、资源节约和环境保护行动计划，以"811"环境保护三年行动和新三年行动、循环经济"991行动计划"、节能降耗十大工程、节约集约用地六大工程等为抓手，努力建设循环经济试点省和"绿色浙江"生态省。2013年八大水系、运河和主要湖库地表水环境功能区水质达标率达到75%以上，比2004年提高15.8个百分点。森林覆盖率稳定在60%以上，建立覆盖全省八大水系源头地区的生态财力转移支付制度，率先开展瓯江河道生态修复全国试点工作。在全国率先建成县以上城市污水、生活垃圾集中处理设施，率先建成环境质量和重点污染源自动监控网络，全省生态环境质量稳中趋好。2007～2013年，全省县以上城市供水能力由1624.2万立方米/日提高到1932.1万立方米/日，污水厂处理能力由573.2万立方米/日提高到838.7万立方米/日，垃圾无害化处理率由83.6%上升到99.3%，县以上城市污水处理率由68.2%提高到88.6%，县城以上城市污水管网达19704.6公里。

面对人多地少、自然资源匮乏的省情，浙江省委、省政府充分利用宏观调控的"倒逼"机制，把节能减排作为转变经济发展方式、促进经济转型升级的重要手段，全面组织开展节能节水节地节材活动。按照减量化、再利用、资源化的原则，2005年，出台了《浙江省循环经济发展纲要》，提出实施循环经济"991行动计划"，即发展循环经济九大重点领域、"九个一批"示范工程和100个重点项目。同时，全面实施工业循环经济"4121"工程和"733"工程，积极开展工业循环经济示范园区和示范企业、"绿色企

业"、资源综合利用企业的评定工作。实施生态循环农业"2115"示范工程，全省启动创建省级生态循环农业示范县 18 个、示范区 39 个，认定省级生态循环农业示范企业 21 个，安排省级生态循环农业项目 100 个。同时，针对 2010 年上半年全省单位 GDP 能耗仅下降 0.4% 的严峻现实，省委、省政府提出，要以"下铁的决心、用铁的手腕、以铁的纪律"尽快扭转节能降耗下降不快的局面，确保 9 月底实现年度节能降耗进度目标，确保完成全年和"十一五"节能减排目标任务，多次强调"如果完不成节能减排约束性指标，GDP 增速再高也等于零"。2014 年全省万元 GDP 综合能耗为 0.49 吨标准煤，比 2004 年下降 0.32 吨标准煤；化学需氧量、二氧化硫排放量分别比 2004 年有了较大幅度的下降。

作为市场化改革最早、市场化程度最高的区域，浙江也是全国首个出台生态保护补偿制度的省份。在多年实践的基础上，不断深化生态补偿机制：一是将单一的生态补偿机制拓展为生态保护补偿 – 环境损害赔偿相结合的科学制度；二是将区域内的生态补偿拓展为区域间的生态补偿。2005 年省政府印发了《关于进一步完善生态补偿机制的若干意见》，无论是生态公益林建设，还是水源保护区保护，均体现了"保护生态就是保护生产力"的基本思想，完成了生态保护从无偿到有偿的历史性变革。2007～2011 年，省财政累计转移支付的生态补偿资金达 51 亿元。作为国家排污权有偿使用和交易的试点省份，省政府相继出台了《浙江省排污权有偿使用和交易试点工作暂行办法》等法规和政策性文件，相关部门也出台了一系列配套政策。截至目前，省级层面共制定政策文件 11 个，各地有 68 个，基本建立了排污权有偿使用和交易政策法规体系的框架。全省排污权有偿使用和交易金额累计突破 13 亿元，排污权质押贷款 9.6 亿元。经过多年的艰苦探索和大胆实践，浙江生态文明建设取得了显著成就。据《中国省域生态文明建设评价报告（2011）》，浙江省位居各省份生态文明指数排行榜第 3 名。

4. 围绕公共服务均等化，加快城乡区域统筹发展

城乡区域均衡发展是浙江区域发展的一个明显特色。浙江以往三十多年经济发展创造的一些"奇迹"，虽然还不能说"导致了最下层人民的普遍富

裕"，但必须承认的是，比之中国大陆其他区域，下层民众富裕的"普遍程度"要明显得多，至少可称为"较普遍的脱贫致富"。①

时任浙江省委书记的习近平同志多次指出，城乡一体化是解决"三农"问题的根本出路，浙江省有条件、有必要、有责任抓好城乡统筹，逐步破除城乡二元结构，加快推进城乡一体化，率先在全国走出一条以城带乡、以工促农、城乡一体化发展的路子。2004年以来，浙江省针对长期以来城乡区域差距较大的现实和不断扩大的趋势，把促进城乡区域协调发展摆上更加重要的位置，加大统筹发展的力度，实施基本公共服务均等化行动计划，通过政府公共资源的合理有效配置，加快新农村建设和欠发达地区发展，实现城乡区域均衡发展。一是在城乡统筹发展方面，积极探索新型城市化道路，坚持以工促农、以城带乡、城乡一体发展，加快推进城镇基础设施和公共服务向农村延伸覆盖。城乡发展更趋协调，2014年全省城市化水平达到64.9%，比2004年提高10个百分点，高出全国平均水平10余个百分点。把农村住房改造建设作为统筹城乡发展、改善民生的重大举措在全省推开。2003年，浙江省委、省政府作出一个泽被后世的重大决策——实施"千村示范、万村整治"工程。2003年6月5日，浙江省首次召开"千村示范、万村整治"工作会议，时任省委书记的习近平提出，用5年时间，从全省近4万个村庄中，选择1万个行政村进行全面整治，把其中1000个中心村建设成全面小康示范村。2007年，浙江提前半年建成全面小康建设示范村1181个、环境整治村10303个，农村变得宜居了，农民的生活质量大幅提高。根据浙江省发改委和统计局联合发布的2008年浙江城乡统筹发展水平综合评价报告，浙江得分为72.86分，比上年提高3.56分。按照初步统筹（45分以下）、基本统筹（45~65分）、整体协调（65~85分）、全面融合（85分以上）四个阶段的划分，全省有三分之二的县（市、区）进入城乡统筹发展整体协调阶段，宁波市鄞州区率先进入全面融合阶段。2008年开始，浙江又推

① 参见赵伟《浙江经济"奇迹"遇到麻烦？——审视浙江模式（之一）》，《浙江经济》2009年第18期。

出新一轮"千万工程"。时任省委书记赵洪祝提出:"再接再厉,再用一个5年,将全省3万多个行政村全部整治一遍。"一张蓝图绘到底,是浙江历届党委、政府施政的特色。到2013年底,浙江全省已完成2.6万个村庄环境综合整治,村庄整治率达到89%,93%的行政村实行了生活垃圾集中收集处理,62.5%的行政村实行了生活污水治理,公共服务设施基本实现全覆盖。2013年底全省等级公路通村率达到100%、通村公路硬化率达到99%。现在穿行浙江任何一个村落,环境面貌均犹如城市一般。

二是在区域协调发展方面,时任浙江省委书记习近平多次指出,促进发达地区加快发展、欠发达地区跨越式发展是统筹区域发展的核心。2004年以来,浙江深入推进"百亿帮扶致富""山海协作""欠发达乡镇奔小康"等工程,改善欠发达地区发展环境,支持欠发达地区跨越式发展。进入21世纪以来,在成功实施以减缓区域性贫困为重点的"百乡扶贫攻坚计划""欠发达乡镇奔小康工程"基础上,2008~2012年又完成以减缓阶层性贫困为重点的"低收入农户奔小康工程"。从2011年起,对全省经济发展最落后、生态保护任务最繁重、地理位置最偏远的泰顺、文成、开化、松阳、庆元、景宁和磐安、衢江、常山、龙泉、云和、遂昌等12个县(市、区)加大财政专项转移支付力度,实施三年特别扶持,以加快低收入农户脱贫致富的速度。2012年,12个特别扶持县(市)低收入农户人均纯收入比2009年增长67.4%,年均递增18.7%,高于同期全省农村居民年均递增(13.3%)5.4个百分点。2013年浙江开始启动实施以"低收入农户收入倍增计划"为核心的新一轮农村扶贫工程,扶贫标准提高到年家庭人均收入不低于4600元。

5. 围绕教育公平和质量提升,加快城乡教育事业发展

让每一个孩子"念上书、念好书",是人民群众最关心、最直接、最现实的切身利益之一。时任浙江省委书记的习近平同志指出,必须始终把教育事业摆在优先发展的战略地位,立足浙江教育发展的良好基础,按照未来教育发展的客观要求,着眼于实现教育公平,不失时机地加快教育强省建设。

近年来,浙江省高度重视教育发展,尤其是在促进城乡教育均衡发展、

实现教育公平上投入很大，成效显著，成为服务型政府建设的一大亮点。近5年来，全省教育经费总投入持续快速增加，从2009年的291亿元增至2013年的1449亿元；其中，财政性教育经费从595亿元增至1089亿元，年均增长16.6%。公共财政教育支出占财政支出的比例达到21%，教育经费支出已成为浙江公共财政第一大支出。

一是促进义务教育均衡发展。健全义务教育经费保障机制，明确了各级政府在教育事业发展中的责任，教育经费投入逐步大幅增长。全省初中、小学生均公用经费标准分别从2005年的460元和295元提高到2013年的750元和550元。为改善农村义务教育的办学条件，全面实施贫困学生资助扩面、爱心营养餐、学校食宿改造、教师素质提升和中小学校舍安全等工程。在全国率先基本普及从学前三年到高中段的十五年教育，实现城乡免费义务教育。2004年浙江实现了由普及九年义务教育向普及学前三年到高中段十五年教育的跨越，全省已从整体上解决了适龄儿童少年"有学上"的问题。经过多年的改革和发展，浙江已进入"上好学"的新阶段。2013年，小学学龄儿童入学率为99.99%，在校学生的年巩固率为100%，小学毕业生升初中比例达100%。初中入学率为99.95%，巩固率为99.99%，九年义务教育的普及程度名列全国前茅，2014年十五年教育普及率达到了97.9%。

二是高度重视职业教育发展。大力发展中等职业教育，实施"职业教育六项行动计划"，把浙江职业教育发展的重点转移到提高教育质量和服务能力上来，从2006年起三年时间内，省级财政投入"职业教育六项行动计划"专项资金6.3亿元，地方配套投入23.7亿元。普高和职高招收初中毕业生比例基本保持在1:1水平。宁波、湖州、杭州相继提出"中等职业教育学生生均公用经费1.5倍于普通高中学生"的新政策。到2013年，全省中等职业教育（包括职业高中、普通中等专业学校、成人中等专业学校和技工学校）学校403所，招生22.89万人，在校生69.71万人，毕业生23.45万人，中职毕业生中获得职业资格证书的人数为19.71万人。生均校舍建筑面积19.0平方米，生均图书26.7册，生均仪器设备值5869.1元。

三是高等教育实现了由精英教育向大众教育阶段的跨越式发展。全省高等教育毛入学率由 2005 年的 34% 提高到 2013 年的 51.7%，高于全国平均水平 17.2 个百分点，居全国各省区第一位。全省全日制普通高等学校数量由 2004 年的 68 所增加到 2014 年的 108 所，在校大学生 97.82 万人，其中，在校就读的博士研究生 10038 人，硕士研究生 47763 人，逐步形成了多层次、多形式、多渠道筹办高等教育的格局。

6. 围绕解决群众"看病难、看病贵"问题，加快医疗卫生事业发展

浙江省各级政府围绕建立健全覆盖城乡居民的基本医疗卫生制度，真正让人民群众有钱看病、有地方看病、加强预防少生病，在切实享有基本医疗卫生服务方面取得了显著的成效。2004~2014 年，全省各级财政用于卫生事业的支出年均增长超过了 11%，医疗卫生服务体系不断健全。

一是公共卫生资源快速增长。2014 年，全省卫生机构总数 30360 家，其中，医院为 935 家，社区服务中心 487 家，卫生院 1148 家，门诊部、诊所、卫生所和医务室 8257 家；建立了 100 家疾病预防控制中心和 103 家卫生监督所，拥有 42 家医学在职培训机构和 7 家医学科研机构，妇幼保健机构达 87 家。每千人拥有医生数由 2005 年的 1.8 人增加到 2014 年的 3 人。

二是医疗卫生服务体系日趋健全。农村医疗卫生服务能力明显提高，初步建立了以县级医院为龙头、乡镇卫生院（社区卫生服务中心）和村卫生室（社区卫生服务站）为基础的农村医疗卫生服务体系，尤其是城乡社区卫生工作走在全国前列，全省城乡社区卫生中心（站）数量从 2008 年的 5191 个增加到 2014 年的 6166 个，一个覆盖全省的"二十分钟医疗服务圈"已初步形成。

三是公共卫生和健康保障能力明显提高。重大疾病防控取得成效，有效应对和处置了各类重大突发公共卫生事件。农村居民健康素质明显增强，开展了每两年一次农民健康体检和农村公共卫生三大类 12 项服务项。2013 年，全省孕产妇死亡率降到了 6.2/10 万；五岁以下儿童死亡率降到了 4.48‰，人均期望寿命从新中国成立前的 38 岁提高到 77.8 岁，各项主要健康指标均处于全国领先水平。

四是医疗卫生体制改革积极推进。2009 年以来，浙江省在国务院的部署下，进一步深化医疗卫生体制改革，坚持公共医疗卫生的公益性，把基本医疗卫生制度作为公共产品向全民提供，逐步实现人人享有基本医疗卫生服务，2009~2012 年三年内浙江省各级政府投入资金 356 亿元左右。省政府明确指出，"深化医药卫生体制改革，把基本医疗卫生服务作为公共产品向全民提供，这是国际通行的做法，也是我们建设服务型政府必须承担的责任"。目前，全省所有县级公立医院和市级公立医院改革已经全面完成，省级公立医院综合改革顺利推进。

7. 围绕提高网络化、体系化水平，加快基础设施建设

时任浙江省委书记习近平指出，区域经济的竞争很大程度上是发展环境的竞争，环境就是竞争力。环境包括硬环境和软环境，硬环境是基础，是载体。要不断增强我省的综合实力和国际竞争力，就必须坚定不移地加强硬环境建设，努力构筑适度超前、适应经济持续快速增长的新平台。浙江省着眼于营造良好的发展环境，不断提高基础设施的网络化、体系化水平，加快推进重大项目建设行动计划和政府主导型重大建设项目，"五大百亿"工程胜利完成，"三个千亿"工程顺利推进，杭州湾跨海大桥、舟山跨海大桥、洞头半岛工程、甬台温铁路、绍嘉通道先后建成通车，形成了四通八达的综合交通运输网络。

2003~2013 年全省基础设施累计投资 29862 亿元，2004 年以来年均增长 13.2%。其中，水利环境和公共设施管理、交通运输和电力行业构成基础设施建设投资的重点，2003~2013 年，三大行业分别累计投资 9977 亿、6177 亿和 9514 亿元，2004 年以来年均增长分别为 12.2%、13.5% 和 17.2%。随着重大基础设施项目的建成投产，制约浙江经济发展的各种"瓶颈"基本得到有效解决，投资环境、生存环境大大改善，人民生活质量不断提高，极大地促进了浙江社会经济的发展。全省高速公路里程由 2005 年的 1866 公里增加到 2013 年的 3787 公里，民用航空航线由 2006 年的 203 条增加到 2013 年的 334 条，沿海主要港口货物吞吐量由 2007 年的 57439 万吨增加到 2013 年 100591 万吨；到 2013 年底，全省拥有铁路 2031 公里。

在能源领域，针对全省一度出现全年拉电 57 万次的电力严重缺口，浙江省政府通过强化规划引导、加快项目建设、调整能源结构，多途径缓解电力紧张状况。能源生产能力得到明显提高，进入了网络健全、布局合理、调度灵活、供电可靠的现代化电力工业新阶段，全省 6000 千瓦以上电力装机容量由 2005 年的 2855 万千瓦增加到 2013 年的 6484 万千瓦，"十五"时期严重缺电的局面得到彻底扭转，近几年来未出现因电源性缺电而引起的大面积拉闸限电情况。建成覆盖全省、通达世界、技术先进、业务全面的信息通信基础网络，2013 年全省移动电话达 7072 万户，互联网用户 5998 万户。

8. 围绕全面建设"平安浙江"，积极创新社会治理

作为市场经济的先发地区，浙江省率先遭遇到"成长中的烦恼"：人民内部矛盾增加、刑事犯罪居高不下、市场经济秩序不够规范、公共安全事故频发、居民收入差距扩大、资源环境压力日重……面对这些影响社会和谐稳定的热点难点问题，浙江省决策层知难而进，积极寻找破解之策。

2004 年 5 月 10 日召开的中共浙江省委第十一届第六次全体（扩大）会议，从维护改革发展稳定的大局出发，认真研究新的发展阶段影响社会和谐稳定的新情况、新问题，全面部署建设"平安浙江"各项工作。时任浙江省委书记的习近平同志在会上作了《建设"平安浙江"，促进社会和谐稳定》的报告，将"平安浙江"细化为 6 个具体目标，即确保社会政治稳定、确保治安状况良好、确保经济运行稳健、确保安全生产状况稳定好转、确保社会公共安全、确保人民安居乐业。十多年来，全省上下围绕全面建设"平安浙江"积极创新社会治理。着眼于保障公众合法权益，浙江省地方政府认真解决城乡居民在土地征用、房屋拆迁、企业改制等过程中权益受侵害的问题。着眼于发展和谐劳动关系，省政府制定加强农民工服务管理的政策文件，合理调整最低工资，推动建设多形式的民工公寓，并强化劳动保障监察执法，建立了政府欠薪应急周转金和建筑业等领域工资支付保证金制度。另一方面，积极维护社会公共安全。为加强公共突发事件应急管理，浙江省政府及部门制定完善了各类预警机制和应急预案。2003 年，省政府制定了处置经济社会紧急情况工作预案；2005 年，又发布了《浙江省突发公共事

件总体应急预案》。各地针对台风、地质等自然灾害频发的实际，抓好重点预防和日常演练，努力推进应急处置的规范化、制度化建设。严格落实安全生产责任制，扎实开展重点领域和薄弱环节专项整治，全省生产事故次数、死亡人数和直接经济损失自 2004 年以来已连续 10 年实现负增长。同时，健全社会治安防控体系，重点打击多发性侵财犯罪、黑恶势力犯罪和严重暴力犯罪，深化"两抢一盗""禁毒""禁赌"专项斗争，增加了人民群众的安全感。据国家统计局抽样调查，2012 年浙江省人民群众安全感满意率为 96.8%，连续 8 年位居全国前列。

第二节　构建精简高效的政府组织体系

在行政管理体制中，政府职能定位是政府组织体系的依据和内容，组织是职能的载体，两者相辅相成。政府职能需要由具体的职能部门去履行。因此，必须科学合理构建政府组织体系，科学划分部门之间的职责权限，切实做到各司其职、运转高效。

一　推进政府机构改革：积极探索大部门体制

探索推行"大部制"，对现有部门中职能交叉、业务相近的机构及其职能进行整合，理顺和规范部门间的职责分工，推行政府事务综合管理，逐步向"宽职能、少机构"的方向发展，保证政府运行的规范和高效，降低政府运行成本，是浙江政府机构改革的一个基本方向。

改革开放以来浙江省先后于 1983 年、1994 年、1999 年、2003 年和 2009 年进行了 5 次大规模的政府机构改革，优化政府机构设置、职能配置、工作流程，初步建立了适应社会主义市场经济体制的行政管理体制。浙江省第一轮机构改革自 1983 年初开始，1984 年末基本结束，主要是解决机构臃肿、人浮于事、效率低下等问题，并取消了领导干部终身制。1994 年 12 月，第二轮机构改革启动。这次改革对各级机关严格进行定职能、定机构、定编制的"三定"工作，重点是按照社会主义市场经济的要求，转变政府职能，推进政企分开，实行精兵简政，提高工作效率。第三轮机构改革于1999 年 1 月《中共中央、国务院关于地方政府机构改革的意见》文件下发后，首先从省级机关开始启动，然后在各地逐步铺开，到 2000 年末基本结束地方政府改革工作。这次改革的目标是，建立办事高效、运转协调、行为规范的行政管理体制，完善国家公务员制度，建立高素质专业化行政管理干部队伍，逐步建立适应社会主义市场经济体制的行政管理体制。①

与此同时，近些年来，浙江各地也在根据政府职能转变的要求，积极探索机构改革方式，在一些领域已经尝试实行"大部制"。以富阳市例，2007 年 4 月 28 日，富阳市委、市政府出台了《关于建立和完善市政府工作推进运作机制的意见》，在不涉及编制变革的前提下，把 4 套班子的分工负责与合作共事有机统一起来，把现代政府的统筹整合理念与传统的部门分工体系有机结合起来，建立"4 + 13"运作机制，初步构建起"大规划、大财政、大国土、大三农、大工业、大商贸、大建设、大交通、大环保、大社保、大监管"的工作格局。2009 年，按照国务院的统一部署，浙江启动了新一轮以大部制为特征的政府机构改革。经过改革，浙江省政府设置的工作部门调整为 42 个。其中，办公厅和组成部门 25 个，直属特设机构 1 个，直属机构16 个。此外，另设部门管理机构 6 个。上述改革后，浙江省机构总数保持不变，仍为 48 个。在此轮改革中，浙江省共新组建部门 8 个，分别是省经济和信息化委员会、省商务厅、省能源局、省交通运输厅、省住房和城乡建设厅、省人力资源和社会保障厅、省环境保护厅和省公务员局，不再保留原相关单位。此番"大部制"改革还涉及调整理顺食品药品监管体制，省食品药品监督管理局由省政府直属机构调整为省卫生厅管理机构。省以下食品药品监管机构由垂直管理改为由市县政府分级管理。而清理规范议事协调机构的常设办事机构，也被列入改革内容。

2013 年以来，省政府为贯彻落实《中共中央国务院关于地方政府职能

---

① 参见陈广胜《走向善治——中国地方政府的模式创新》，浙江大学出版社，2007，第 26 ~ 30 页。

转变和机构改革的意见》和《国务院关于地方改革完善食品药品监督管理体制的指导意见》，对省以下的食品药品的市场监管体制进行改革。与此同时，各地积极探索适合地方实际的政府机构改革模式，以适应经济社会转型发展。2013年3月在省委、省政府举行舟山群岛新区建设动员大会后，舟山市全面启动行政体制创新工作。行政体制创新以提高新区统筹发展、海洋海岛开发保护和综合管理能力为重点，以强化新区统筹协调职能、政府职能转变、经济功能区建设以及优化部门机构设置、乡镇（街道）行政区划、基层社会管理和公共服务等"三强三优"为特色，着力构建机构精简、职能综合、结构合理、运作高效的行政管理体制。这一创新自2013年8月下旬动员实施后，推进顺利，目前已基本完成阶段性任务。为优化部门机构设置，舟山组建新区党工委管委会办公室，市委办、市政府办与其合署，实行"一套班子三块牌子"，同时稳步实行大市场、大农业、大文化、大卫生等大部门制改革。组建市场监督管理局，在市、县（区）、乡镇（街道）三级全面整合工商、质监、食品药品监管的职责和力量；在全国率先探索建立陆上综合执法体制和海上联合执法机制。机构整合后，市委工作部门从11个减至8个，市政府工作部门从34个减至25个，所属4个县（区）党委、政府工作部门也精简24%~40%不等。市本级29家改革单位减少县处级领导职数46名，减少科级领导职数79名，分别减少27.9%和16.8%。为强化经济功能区建设，市里根据不同的区域功能和发展定位，在全市设置新城、海洋产业集聚核心区、普陀山-朱家尖、金塘、六横5个经济功能区，赋予经济功能区相对独立的人事权、财政权和开发建设决策权。各经济功能区均设立管委会，为新区管委会的直属机构。市、区属部门在功能区的派驻机构，与功能区相应机构进行整合。

二 省管县财政体制和"强县扩权"改革：优化省市县政府间治理机制

县域经济发展有其特殊的规律，其资源配置、整合能力方面的局限，诸如金融、技术、人才和市场、土地等各种问题，在单纯的县域经济框架之下很容易暴露出来。这时，跳出县域的范围，从更宽视野、更高层面来统筹、配置市场资源，进而实现经济发展与资源配置的最佳耦合，就显得格外重要。适应区域经济特别是县域经济的快速发展，浙江省委、省政府在市场化进程中积极推进行政权力下放，不断优化各级政府间的权力配置，有效地调动了基层政府发展的积极性。其中，最关键的制度创新是长期坚持实行省管县财政体制、不断推进"强县扩权"政策。

1. 渐趋完善的省直管县的财政体制

省管县财政体制的一个显著特点就是把县级财政与市级财政摆到平等地位，省财政对它们采取一视同仁的财政政策，财政结算、专项资金的分配（含与部门联合发文分配的资金）、资金的调度等都是由省直接到县（市），特别是转移支付给县级财政的资金无须经过市级"把关"。从1953年至今，除"文化大革命"后期的一段时期以外，浙江省一直实行省管县财政体制。省管县财政体制不是浙江的独创，不过像浙江这样从1953年以来一直坚持省管县财政体制的省、自治区，在全国几乎没有。① 其间，浙江省政府顶住了各方的压力，并且根据经济社会发展阶段的变化，坚持实行与不断调整和完善省管县的财政体制。具体包括：一是形成了相对较为均衡的收支划分模式。1994年，浙江省根据国务院关于实行分税制财政管理体制的决定精神，省财政从1994年起对市、县（市）财力增量集中了"两个20%"，即地方财政收入增收额的20%和税收返还增加额的20%，但对少数贫困县和海岛县适当照顾。2003年和2008年，省对市、县（市）财政体制作了进一步完善，但集中这两个20%没有变。而全国许多省实行的是按税种集中，如集中增值税的25%部分，营业税、企业所得税等税收增量的一半等。② 二是实行激励与约束相结合的财政政策。从1995年开始，对全省68个（由于行政区划调整，2003年底为63个）市（地）、县（市）（不含计划单列宁波市

---

① 参见吴云法《浙江省"省管县"财政体制分析》，《经济研究参考》2004年第86期。

② 这种体制一方面会因为某一企业某一税种决定一个市、县（市）的财政命运；另一方面容易引起市、县（市）人为调节税收，不利于调动市、县（市）增收积极性。

及所属县）实施"抓两头，带中间，分类指导"① 的财政政策。2003 年起，浙江省对有关政策进行调整和完善，对欠发达地区及海岛地区等，实行"两保两挂"补助和奖励政策；对经济发达或较发达市县，实行"两保一挂"奖励政策。2008 年起，浙江省将"两保两挂""两保一挂"统一调整为"分类分档激励奖补机制"，将全省市县分为两大类，一类是欠发达地区，实行三档激励补助政策、两档激励奖励政策；另一类是发达、较发达地区，实行两档奖励政策。三是逐步建立科学化、规范化的转移支付制度。2004 年起，为进一步完善省对市县的转移支付办法，逐步建立科学化、规范化的转移支付制度，试行以总人口、地域面积、财力状况等客观因素为基础计算分配转移支付额，对全省 38 个经济欠发达和次发达市、县（市）进行了转移支付补助。

2. 强县扩权与省市县政府间管理权限的合理配置

自 20 世纪 90 年代以来，浙江省先后 4 次出台政策，扩大部分经济发达县（市）经济管理权限。1992 年，出台了扩大萧山、余杭、鄞县、慈溪等13 个县（市）部分经济管理权限的政策。1997 年，省政府研究决定，同意萧山、余杭试行享受市地一级部分经济管理权限。同年，省政府又授予萧山、余杭两市市地一级出国（境）审批管理权限。2002 年，省委、省政府实行新一轮的强县扩权政策，将 12 大类 313 项原属地级市的经济管理权限下放给 17 个县（市）和萧山、余杭、鄞州 3 个区。2006 年，浙江省委、省政府为进一步切实解决经济强县行政管理职能和权限不适应经济社会发展需要等问题，促进县域经济更好更快地发展，积极探索县级行政管理体制改革的有益经验，于 11 月出台了《关于开展扩大义乌市经济社会管理权限改革试点工作的若干意见》，确定将义乌市作为进一步扩大县级政府经济社会管理权限的改革试点，并且逐步予以推广。

① 所谓抓两头，即抓经济发达县一头和欠发达县及贫困县一头。所谓带中间，即指带动介于二者之间的少数较发达县，这少数县（市）与发达市、县（市）一样享受"两保两联"财政政策，所以工作重点是抓两头。所谓分类指导，即对发达和较发达县，欠发达和贫困县两类采取不同的工作方法和实行不同的财政政策。

2008 年底，浙江的扩权改革进入了一个新的阶段，开始从强县扩权迈向扩权强县，改革呈现出的放权对象的普惠化、放权内容的规范化，标志着浙江的省管县体制改革已经从"政策性激励向体制性创新转变"①。2008 年12 月，在总结义乌市扩权改革试点经验的基础上，浙江省委办公厅和省政府办公厅下发了《关于扩大县（市）部分经济社会管理权限的通知》，全面实施扩权强县。可以说，以权力下放为核心的扩权政策的实施有效地增强了基层政府的自主性，优化了省市县政府间权力配置，提高了行政效率和全面履行政府职能的能力，进一步改善了发展的制度环境，促进了县域经济社会的大繁荣。② 2007 年全省 GDP 总量的 62.4%、财政收入的 54.3%、从业岗位的 70.5% 由县域创造，百强县数量连续多年位居全国第一。扩权强县改革，有利于进一步调整理顺省、市、县三级政府的权责关系，探索扁平化的行政管理新模式，为提高县级政府的社会管理和公共服务的能力，更直接、更主动为市场主体和社会公众提供服务创造了良好的条件。

值得指出的是，为了增强扩权改革的合法性，2009 年 6 月浙江省政府颁布了《浙江省加强县级人民政府行政管理职能若干规定》，明确规定，"依法由上级人民政府或者其工作部门管理的有关事项，上级人民政府或者其工作部门可以通过法定委托、授权等形式交由县级人民政府或者其工作部门办理，县级人民政府或者其工作部门应当依法予以办理"。这一《规定》以政府规章的形式将上级政府部分管理权限赋予县级政府，标志着浙江省管县体制改革进入了法制化的轨道。

尽管从省域治理的角度来审视，浙江真正实现省直管县财政体制仍面临着法律、体制、利益以及观念等多重障碍，但先行一步的体制优势对其他各省份探索优化省市县政府关系体制无疑具有积极的借鉴和启示意义。

---

① 何显明：《从"强县扩权"到"扩权强县"：浙江"省管县"改革的演进逻辑》，《中共浙江省委党校学报》2009 年第 3 期。

② 参见马斌《政府间关系：权力配置与地方治理——基于省市县政府间关系的研究》，浙江大学出版社，2009，第 151～160 页。

三 推进强镇扩权和中心镇培育：夯实基层治理的制度基础

强镇扩权是指在暂时不涉及行政区划层级调整的情况下，将一部分属于县市的经济社会管理权通过适当的途径赋予经济发达的乡镇一级政府，以推进乡镇经济社会的发展。浙江省强镇扩权改革的背景从根本上来说，就是乡镇政府的经济社会管理权限与乡镇经济社会发展已经越来越不相适应，乡镇治理结构与区域发展的矛盾日益突出，影响了县域经济社会的进一步提升。① 浙江经济总量有三分之一是小城镇创造的，千强镇的数量连续多年位居全国第一。尤其是近年来，浙江省大力实施中心镇培育工程，小城镇的集聚功能进一步体现。浙江有 735 个建制镇，其中，首批选定的 141 个省级中心镇，到 2009 年底的总人口、建成区人口、农村经济总收入、财政总收入，分别占全省建制镇总量的 35.2%、47.4%、39.0% 和 39.6%。全省人口超 5 万、财政总收入逾 5 亿元的中心镇已达 51 个。中心镇平均建成区人口 3.2 万，年均农村经济总收入 105 亿元、财政总收入 3.2 亿元。在这些中心镇中，又有一批特别突出的强镇，已初具城市功能和规模，拥有强劲的辐射和带动能力，俨然就像个"小城市"。但与经济快速发展相比，经济强镇的经济社会管理，仍停留在农村小集镇层面，基础设施建设、公共产品供给严重滞后，责权利不对称的矛盾十分突出。

早在 2005 年 9 月，在全国各地都对乡镇机构进行精简、压缩、撤并的时候，浙江绍兴县则开始进行县级政府委托向乡镇下放执法权试点，引起全国的广泛关注，被称为"逆风试验"。绍兴县的试点，主要是解决"责权不一"问题，采用委托执法方式，把环保、安监、劳动和社会保障、林业等执法部门的检查、监督权及部分审批、处罚权委托给专门成立的镇综合执法所，其中涉及审批及处罚的事项，盖章权在县主管职能部门。绍兴县率先探索的"强镇扩权"做法，为浙江省大规模推行强镇扩权提供了经验借鉴。

---

① 参见徐越倩、马斌《强镇扩权与政府治理创新：动力、限度与路径——基于浙江的分析》，《中共浙江省委党校学报》2012 年第 1 期。

2007 年 4 月底，浙江省政府为深入实施"中心镇培育工程"，加快推进社会主义新农村建设，出台了《关于加快推进中心镇培育工程的若干意见》（以下简称《意见》）。《意见》开宗明义地写道："中心镇是统筹城乡发展、建设社会主义新农村、走新型城市化道路的重要节点，是发展县域经济的重要载体，是就近转移农村人口的重要平台。"通过浙江省政府这份文件，财政、土地、行政执法、投资项目核准等 10 项经济社会管理权限下放给了 141 个中心强镇，其目的是重点培育 200 个左右省级中心镇，在全省形成一批布局合理、特色鲜明、经济发达、功能齐全、环境优美、生活富裕、体制机制活、辐射能力强、带动效应好、集聚集约水平高的小城市。

2010 年 3 月，以民营经济著称的温州，大胆酝酿一项创新举措。温州市委、市政府提出，要努力将该市下属的柳市镇等 5 个强镇作为扩权改革的试点，解决责大权小的突出问题，建设成为"镇级市"。与传统的以权力下放为主要内容的扩权改革不同的是，温州的改革旨在让镇级政府承担其城市建设和管理的职能，赋予其城市管理的权限和能力，推动小城镇向现代化小城市转型。2010 年 10 月，省委办公厅和省政府办公厅出台了《关于进一步加快中心镇发展和改革的若干意见》，2010 年 12 月 14 日，省发改委、省编委办、省法制办联合出台了《浙江省强镇扩权改革指导意见》等相关配套文件，确定了 200 个省级中心镇名单，通过扩大中心镇经济社会管理权限的体制改革，全面激发中心镇的发展活力，进一步增强中心镇统筹协调、社会管理和公共服务能力，建立规范有序、权责明确、运作顺畅、便民高效的中心镇管理体制和运作机制。2011 年 2 月，省政府办公厅出台了《关于开展小城市培育试点的通知》，选择 27 个试点镇进行小城市培育，赋予其与县级政府基本相同的经济社会管理权限。到 2015 年实现每个镇年财政总收入 10 亿元以上，农村居民人均纯收入 2 万元以上的目标，成为经济繁荣、社会进步、功能完备、生态文明、宜居宜业、社会和谐的小城市。2014 年 6 月，省政府办公厅进一步出台了《浙江省强镇扩权改革的指导意见》，围绕提高发展活力、方便群众办事、源头执法治理等三大重点，赋予强镇相应的经济发展、便民服务、综合执法等方面的管理权限，增强强镇经济社会发展能力，推进管理和服务重心下移。

第三节　持续深化行政审批制度改革

党的十八届三中全会明确指出，"进一步简政放权，深化行政审批制度改革，最大限度减少中央政府对微观事务的管理，市场机制能有效调节的经济活动，一律取消审批，对保留的行政审批事项要规范管理、提高效率；直接面向基层、量大面广、由地方管理更方便有效的经济社会事项，一律下放地方和基层管理"。

行政审批制度绝不是计划经济的代名词。任何一个有效的政府都存在必要的行政审批制度，它在政府管理行为中发挥了不可替代的作用，为世界各国普遍重视和采用。可以说，行政审批制度是政府对社会公共事务规范、管理与服务的一种重要方式，是国家干预、调控和管理社会经济事务与维护社会安全的一种有效的权力手段，也体现出政府的一种权力配置。因此，行政审批制度体现出了政府治理体系中三个最重要的关系。第一是政府与市场的关系。好的行政审批制度能够有效激发市场主体活力，让市场在资源配置中发挥决定性作用；同时，通过政府对市场主体不合理行为的有效规制，最大限度地消除市场经济的负面效应。第二是政府与社会的关系。好的行政审批制度能够有效保障公民的基本权利，公民、社会团体和其他各类组织在法律的框架内享有充分的自主治理空间，能够有效地激发全社会的活力。第三是中央与地方及各层级政府间关系。政府间权力配置问题是行政审批制度改革中经常被忽视的环节，也是长期以来行政审批制度改革未能真正到位的一个重要原因。好的行政审批制度能够有效调动中央与地方两个积极性，形成责权利相统一的政府间权力配置体系，最大限度地激发出基层政府的创新活力和公共服务能力。简而言之，行政审批制度是政府与市场、政府与社会、中央与地方及各层级政府间关系中一项基础性的制度安排，是上级调控下级、政府干预市场、政府管理社会的重要制度设计，在整个中国政府治理体系中起着牵一发而动全身的作用。

一 浙江行政审批制度改革的基本历程

浙江始终把深化行政审批制度改革作为全面深化改革、再创体制机制新优势的"牛鼻子"和"切入点"来抓。2004 年 12 月，时任浙江省委书记的习近平同志在全省经济工作会议上指出：随着微观领域改革的不断深化，宏观领域改革越来越紧迫地摆在我们面前，关键是推进行政体制的改革，只有通过改革，政府才能更好地履行经济调节、市场监管的职能，强化社会管理和公共服务的职能。要继续深化行政审批制度改革，全面贯彻实施《行政许可法》，推动行政审批制度和方式创新。这既是对历史、现实与未来的有机连接，又是对中央精神的把握与浙江特色的开拓的生动实践。只有当浙江"审批事项最少、审批速度最快、办事效率最高、投资环境最优"的体制机制建立健全时，浙江民间发展活力才会再次得到激发。

浙江的行政审批制度改革一直走在全国前列。从浙江省行政审批制度改革的进程看，主要分四个阶段：①局部试点阶段。1999 年 6 月，省政府印发《关于开展省级政府部门审批制度改革试点工作的通知》，提出了改革的主要内容和基本要求，并确定省计经委、外经贸厅、人事厅、劳动厅、文化厅、工商局、土管局和宁波市进行试点。其中，省政府 7 个试点部门减少审批事项 124 项，减幅达 53%。②全面推行阶段。1999 年 10 月，省政府在全国率先对所有职能部门实行审批制度改革①；2000 年 4 月，这项改革又在市、县政府逐级展开。2001 年 10 月，该省又制定全国首部行政审批规章——《浙江省行政审批暂行规定》。③二轮改革阶段。2002 年 3 月，按照"巩固、深化、提高"的总体要求，浙江省推行第二轮行政审批制度改革，省政府随后又出台《浙江省行政审批制度管理暂行办法》。到 2002 年末，

---

① 深圳市政府此前已全面开展行政审批制度改革。但在省一级政府的层面上，最早全面部署改革的是浙江省。

省级部门共取消、下放及调整行政审批事项 2120 项，减幅达 70% 左右。④深化改革阶段。2004 年《行政许可法》实施以来，改革逐步迈入法制化轨道。2005 年 12 月，省政府办公厅印发《关于进一步清理和规范行政许可项目的通知》。经过清理和规范，确认 67 家省级单位具备法定行政许可主体资格；全省 11 个设区市共废止规范性文件 2191 件，涉及行政许可（审批）项目 2562 项，取消自行设定的行政许可（审批）项目 558 个。①

削减审批事项是行政审批制度改革的重要内容，但绝非改革的全部。近年来，浙江省地方政府不断创新行政审批方式。其中，对清理后保留的每一个审批事项，着力规范设立依据、对象、条件、时限等各个环节，并制定具体的操作流程。为贯彻《行政许可法》，各部门还建立了统一受理行政许可申请、统一送达行政许可决定等配套制度。同时，自 1999 年绍兴上虞市创建全国第一家综合性行政审批服务中心以来，浙江省普遍设立了"一门受理、规范审批、限时办结"的各类"便民服务中心"。这些中心将过去分散在政府部门的行政审批事项予以集中，并建立了首问责任、服务承诺、限时办结等制度。据统计，目前全省基本形成了覆盖所有县级以上部门的政府"服务网"。

二 以简政放权为主要特征的新一轮行政审批制度改革

党的十八届三中全会明确指出，政府要加强战略、规划、政策和标准等制定实施，加强市场活动监管，加强各类公共服务提供。因此，必须大力推进审批制度改革，大幅度削减审批事项。只有这样，才能把政府部门的主要精力集中到战略、规划、政策、标准的制定实施上来，集中到市场监管上来，集中到公共服务提供上来。基于这样的认识，2013 年以来，省委、省政府提出了浙江全面深化改革的路线图，就是以行政审批制度改革为突破口，纵向撬动政府自身改革，横向撬动经济社会各领域改革，力争把浙江建设成为审批项目最少、速度最快、规则最公平、程序最透明、办事最公正、

---

① 参见陈广胜《走向善治》，浙江大学出版社，2007，第 31~32 页。

法治最清明的省份。改革的着力点是"三个大幅度减少"：大幅度减少政府对资源的直接配置；大幅度减少政府对微观事务的管理和干预；大幅度减少政府对资源要素价格的干预。这既是省委、省政府对改革形势的基本判断，也是省委、省政府对浙江发展历程的深刻认识和把握。

按照这一路线图，2013 年以来，省市县三级联动推进行政审批制度改革。这一轮改革，省级行政许可事项从 706 项减少到 424 项，减少了 40%；非行政许可事项从 560 项减少到 96 项，减少了 83%；非行政许可审批实施机关从 57 个减少到了 30 个，减少了 47%。在推进面上改革的同时，浙江在绍兴柯桥开展了企业投资项目高效审批试点，下放了 13 项省级权力，取得了明显成效。审批时间从原先的 345 天缩短到 100 天内。省人大以问卷、座谈、走访等形式开展调查，超过 80% 的企业和群众认为浙江省行政审批制度改革取得了较大进展，对审改工作表示满意。浙江大学公共管理学院开展的第三方评估结果显示，所有的被调查对象都对浙江大力推进企业投资项目高效审批等创新试点的做法给予了高度评价，认同率高达 100%。

十八届三中全会以后，省政府根据"企业投资项目，除关系国家安全、生产安全、涉及国家重大生产力布局、战略性资源开发和重大公共利益等项目外，一律由企业依法依规自主决策，政府不再审批"的精神，在舟山、柯桥、海宁、嘉善开展了核准目录外企业投资项目政府不再审批试点，取得了积极的进展，目前已有一大批企业投资项目进入试点程序。相应地，柯桥原来的企业投资项目高效审批试点，转入核准目录内企业投资项目高效审批试点。舟山市坚持简政放权与强化服务并重，推进行政审批制度改革。对企业和政府投资项目分别实行"简核简批"和"联审联办"，以简化办事程序和提高办事效率，对为民服务事项实行"就近就便"。全面清理行政审批事项后，保留非行政许可事项 137 项，减少 35 项。

浙江还积极推进相关审批制度改革。比如，积极推进工商注册制度改革，推行工商注册制度便利化。工商注册时间大幅度缩短，有的立等可取。2014 年 3 月 1 日，全面落实工商登记制度改革以后，当月就新设企业 2.4 万户，同比增长 55.5%，环比增长 183%。到 2014 年 5 月末，全省各类市场主体 388 万户，同比增长 9.5%，其中在册企业 114 万户，增长 17.8%。针对审批中介服务时间长、价格高、质量差等突出问题，新一轮审批制度改革把中介服务机构的改革作为一项重点任务来抓。省政府办公厅出台了《关于进一步加强行政审批中介服务管理的意见》，温州市探索实施了审批服务事业单位与行政机关彻底脱钩，人、财、物统一划归国资委管理的体制改革，目前已有 25 家拥有审批中介服务职能的事业单位完成脱钩改革。义乌市、柯桥区、富阳市试行了放开市场、竞争服务、集中办公、统一管理的中介机构管理服务新机制，通过公开竞争择优分别引进了 113 家、87 家、73 家中介机构进驻行政服务中心，集中、公开服务。

三 行政审批制度改革的深化："四张清单一张网"

应该清醒地认识到，从中央到地方，历届政府推进行政审批制度改革的决心和力度不可谓不大，取得的成效也是显而易见的。但多轮的行政审批制度改革之所以未能取得实质性的突破，政府对微观经济活动直接干预仍显过多，政府职能转变滞后，行政审批事项仍然较多，一些领域的审批事项程序繁琐、办事效率低下。同时，在一边"减"审批项目过程中，另一边还存在变相"增"新的审批事项的现象。其根本原因在于，传统的行政审批制度改革没有对现行的政府权力结构和利益结构进行实质性的调整，没有从整个政府治理体系变革的角度对行政审批制度改革进行顶层设计。正如李克强总理所说的，"改到深处是利益，触动利益往往比触及灵魂还难"。

浙江省在深化行政审批制度改革的基础上，推出了"四张清单一张网"的改革模式，即政府权力清单、企业投资负面清单、财政专项资金管理清单、政府责任清单和浙江政务服务网。这是一场政府的自我革命，这是一场以清权、确权、制权为核心的权力革命，是一场深层次的观念和体制变革，是对现有利益格局的深度调整，这是浙江省深入贯彻党的十八届三中全会精神，在当前深化政府自身改革的总抓手。

1. 政府权力清单：管住政府的"有形"之手

审批审核是政府行政权力的重要组成部分。大幅度减少审批审核事项，必然要求再造行政权力整体构架。同时，只有改革行政权力整体构架，才能不断深化审批制度改革。政府权力清单就是要对各级部门的行政权力进行摸底，分析这些行政权力的合法性、合规性、合理性和必要性，并通过优化职权配置、界定职权边界、公开职权运行以及完善职权监管，来明确权力清单。李强省长提出，要用政府权力的"减法"，换取市场与民间活力的"加法"，纵向撬动政府自身改革，横向撬动经济社会各领域的改革。

2014 年以来，省政府按照"没有法律法规依据的权力一律取消，由地方管理更方便、更有效的一律下放，有法律法规依据、但不符合全面深化改革精神的一律严管"的要求，通过"三报三审"进行了全面清理，6 月 25 日，省政府部门权力清单在新开通的浙江政务服务网上发布，它涵盖了 42 个省级部门对公民、法人和其他组织权利与义务产生直接影响的 4236 项具体行政权力。其中，1973 项由省级部门直接行使（含部分委托下放 101 项、部分内容属地管理 271 项），177 项委托下放，2078 项实行以市、县属地管理为主，8 项属省级部门共性行政权力。

与此同时，十八届三中全会后，省政府在富阳市启动了权力清单制度改革试点。这一方面是为面上建立权力清单制度提供经验，推动省市县三级权力清单的对接，另一方面是为了推动审批制度改革与权力清单制度改革互动，在更大范围、更深层次上推进政府自身改革。富阳市权力清单制度改革起步早、基础好。2010 年富阳市在省委的指导下，初步建立了权力清单制度，38 个部门的行政权力从 7881 项削减到 2622 项。在今年的试点中，富阳市根据三中全会精神，又对行政权力进行了新一轮的清权厘权、减权简权、确权制权工作，建立了可检查、可追溯、可监督的权力运行流程，晒出了全国第一份县级行政权力清单，常用行政权力从 2500 多项削减到 1474 项，取得了新的进展，为县一级建立权力清单制度提供了可复制的改革模板，为省市县三级权力清单对接奠定了基础。

2. 企业投资负面清单：激发市场的"无形"之手

企业投资负面清单就是制定核准目录外企业投资项目政府不再审批的具体办法。在这张清单之外，企业的任何投资项目，任何一级政府都不能再以任何借口强制审批。

浙江省于 2013 年底启动企业投资负面清单编制工作，对国家规定必须采取核准及禁止核准的措施，列入清单管理。同时，按照能减则减、能放则放的要求，不仅对目录之外的企业投资项目不再审批，凡地方核准的事项，除跨区域、跨流域项目外，一律下放市县管理。已制定的《浙江省企业投资项目核准目录（2014 年本)》分国家核准、省级核准、市县核准以及相关禁止类、限制类、淘汰类等 7 个类别，共计 1151 个事项。浙江还制定出台了《核准目录外企业投资项目不再审批改革试点方案》，在嘉善县、海宁市、绍兴柯桥区、舟山群岛新区开展了以"负面清单制、企业依法承诺制、备案制和事中事后监管制"为主要内容的改革试点。

3. 财政专项资金管理清单：科学合理配置公共资源

财政专项资金体现了政府切"蛋糕"的具体方案，作为在预算年度分配的用于社会管理、公共事业发展等具有指定用途的资金，它既有用于本级的部门预算专项，也有给下级政府的转移支付专项。对这些钱，过去往往重拨付、轻管理，有些项目的设置也不尽合理。为此，浙江以梳理省级政府部门专项资金管理清单为抓手，加大清理整合力度，坚决压减专项结余资金，严格控制新增口子，深化专项性一般转移支付改革。对现有的专项资金，已实现预定目标或期限已满的，予以取消；凡使用方向一致、扶持对象相同的，予以归并。为更好体现财政支出的公共性，将逐步取消竞争性领域专项资金，省级部门一般不再直接向企业分配和拨付资金。

经过有保有压、有促有控的清理，省级政府部门专项资金减少了 181 个。在公开发布的管理清单中，包括 39 个部门预算专项、40 个转移支付专项。着眼于提高资金使用绩效，浙江规定省本级专项资金使用，原则上通过竞争性分配或政府购买服务等方式；整合后的补助市县专项资金，一般通过因素法进行分配，促使"蛋糕"切得更加公平合理。

省级政府部门一般不再直接向企业分配和拨付资金，也不再直接向企业收取行政事业费。将政府从"分钱分粮"中解放出来，不仅能够减少政府对资源的直接配置，减少对微观事务的干预，而且还能促使政府将更多的精力转到加强发展战略、规划、政策、标准等的制定和实施上。

4. 政府责任清单：形成权责清晰的部门责任体系

已经推行的权力清单，重点解决的是"该放的权放到底"的问题，主要目的是限权，实现"法无授权不可为"。而推行责任清单，重点解决部门必须承担哪些责任、必须做哪些事情的问题，把"该做的做到位"，实现"法定职责必须为"。2014年8月，李克强总理在上半年经济形势分析会上提出了"责任清单"概念。用李克强总理的话来解释，"权力清单、责任清单就是要告诉大家，法无授权不可为，同时法定职责必须为，不为就是失职失责"。换言之，权力清单提出"清单之外无权力"，是告诉大家政府部门有哪些事"不能干"；而责任清单则是与权力清单相配套，告诉大家哪些责任是哪级政府哪些部门必须要承担的，也就是哪些事"不能不干"。

在公布省级部门权力清单之后，浙江省从今年8月开始组织开展了责任清单编制工作。10月31日，浙江省级部门的责任清单正式向社会公布。这也是全国第一张省级部门责任清单。而预计今年年底，市、县政府部门责任清单将完成。这张在浙江政务服务网上公布的责任清单包括：43个部门主要职责543项，细化具体工作事项3941项，涉及部门边界划分事项165项，编写案例165个，建立健全事中事后监管制度555项，公共服务事项405项。已经公布的责任清单的主要内容包括四个方面：部门职责、与相关部门的职责边界、事中事后监督制度以及公共服务事项。①

部门职责是根据"三定"方案、有关法律法规规章，梳理出来的这个部门应承担的主要职责，并将主要职责进一步细化为具体的工作事项，与部门实际开展的工作对应起来，尽可能做到可量化、可检查、可评价。如省环保厅梳理出来的部门职责有118项，包括负责环境污染防治的监督管理，组织和协调重点流域、区域污染防治工作等，在每一项主要职责后面，还要明确列出具体的工作事项。明确相关部门的职责边界，重点是市场监管、食品安全、安全生产、环境保护等领域，因为这些领域经常涉及多部门管理，或

① 参见吴朝香《浙江公布全国首张省级部门责任清单》，《钱江晚报》2014年11月1日。

者需要多部门密切配合，所以要对这些事项进行梳理，并明确相关部门的职责边界。如在危险化学品监管的事项方面，它的相关部门有7个：省环保厅、省安监局、省质监局、省公安厅、省交通运输厅、省卫生计生委、省工商局。它们各自的分工职责都要明确。

事中事后监管制度主要包括两大类：一是间接监管，就是省级部门对市县对口部门行使行政权力的监管；二是直接监管，就是明确监督检查对象、监督检查内容、监督检查方式、监督检查程序、监督检查措施等内容。其中，重点又是监督检查方式的规范，它对定期检查、随机抽查、全面检查、专项检查和群众举报投诉查处等作出相应规定。

5. "一张网"：浙江政务服务网

20世纪90年代以来，西方国家的信息技术和网络技术在政府、企业、个人中得到了广泛应用，其电子政务方面也取得了重要进展。建设电子政务，可以提高政府提供服务的效率，改善服务的质量。政府可以通过网络提供全方位服务，把政府承担的各类服务的内容、程序、办事的方法等向社会及时、准确地公布。在政府提供的网络窗口，可以使广大单位与公民个人简便地、不受时间和空间的限制而办理各种业务。建设电子政务，可以实现一定区域内的行政机关的信息、管理制度、管理方式、管理理念等各种资源的有效共享，提高各种资源利用的效率，大大降低行政成本。我国的电子政务建设发展迅速，但还普遍存在服务水平低、部门各自为政、盲目建设、信息资源共享程度低、服务功能不实用等问题。这些问题都已经严重阻碍了电子信息政府的构建，同时也限制了公共服务水平的提高。

浙江政务服务网就是要摆脱之前电子政务建设中各自为政、功能不全、服务水平低下等问题，利用互联网技术，加快建设省市县三级联动的行政审批和便民服务"一张网"，通过全省网上政务大厅，形成"一站式"网上办理，"全流程"效能监督，是一个集行政审批、便民服务、政务公开、效能监察于一体，省市县三级联动，各方在线互动的大平台。正如浙江省政府副秘书长陈广胜所言，浙江政务服务网就是网上政务服务超市化的一次改革探索，"服务零距离、办事一站通"为服务者和消费者提供一个综合性的公共平台。目前，浙江政务服务网已开通，已建成全省统一的互联网门户集群、行政权力事项库和省级统一的行政审批运行系统，政务云基础设施公共平台已投入运行。全省政务服务资源按个人办事、法人办事两条主线实现全口径汇聚，并开设了行政审批、便民服务、阳光政务等主题板块，推出包括智能问答、人工问答、咨询投诉等综合功能的网上值班室。截至 7 月 20 日，累计页面浏览量 447 万页，访问用户近 40 万人，实名注册用户（包括法人、自然人）约 1.5 万人，在全社会引起了巨大的反响。10 月 15 日，李强省长通过浙江政务服务网，向全省人民征求明年省政府 10 方面实事的意见和建议，得到了热烈的响应。

第四节　积极构建科学民主公开的决策机制

政府决策直接关系经济社会发展和人民群众的切身利益，不断改革和完善政府决策的形成和执行机制，使其适应经济社会科学发展的需要，已成为当前政府自身建设的一项重要工作。党的十八届三中全会明确指出，"完善科学民主决策机制，以重大问题为导向，把各项改革举措落到实处"。近年来，浙江省各级政府在决策过程中深入贯彻落实科学发展观，抓住政府重大决策的关键环节，在促进决策的民主化、科学化、法制化方面取得了积极成效。

一　拓宽公民参与渠道，提高公共决策的民意基础

政府的宗旨是为公众服务，行政决策应体现公众的意志和愿望。近年来，浙江各级政府对行政过程中的重大问题，对涉及公众切身利益和社会公共利益、城市总体规划、政府投资的重要社会事业设施、城市房屋拆迁基准价等重大事项，通过召开市民座谈会、听证会、发放调查表、民意调查、网上征询意见等形式，广泛征求民主党派、群众团体、人大代表以及公民、企业等的意见建议，从而大大拓宽了公众参与政府决策的渠道，提高了公民参与政府决策的积极性。

2003 年 6 月，浙江省政府纠风办就群众反映强烈的医药领域乱收费与不合理收费问题举行听证会，有 100 名市民受邀参加。会后，省卫生厅推出了加强医疗费用管理的 5 项措施。① 同时，各地积极探索创新公民参与公共决策的有效途径。如杭州市的"开放式决策"。自 2007 年起，按照"民主促民生"的要求，杭州市政府实施"让民意领跑政府"的"开放式决策"，其开放的特性覆盖决策前、决策中、决策后的全过程。如果说政务公开保证了公民的知情权，是政治透明在行政上的重要表现，那么"开放式决策"又使政务公开向互动参与发展，使更多的民众在事前、事中实现了参政议政，从而使政府"阳光决策"，这正是对以往政务公开的深化与完善。从1999 年开始，杭州就开始了不断扩大公民参与度的民主决策探索。近年来，在杭州市委"民主民生"战略指导下，政府的"开放式决策"步伐越迈越大，探索也越发深入。2007 年 4 月 16 日，市政府下发《杭州市人民政府关于进一步完善全市经济和社会发展重大事项行政决策规则和程序的通知》。2008 年 1 月 23 日至 28 日，杭州"两会"之前，市政府将政府工作报告的草案在网上公示，征求到各类意见 938 人次（件），最后有 68 条意见被直接吸收写进政府工作报告。市政府常务会议实行"开放式决策"，是杭州市政府在以往民主决策基础上的进一步创新性实践。"会前"充分征集民意后将政府决策事项提交市政府常委会；"会中"邀请人大代表、政协委员和市民代表、专家列席会议发表意见，市民也可以通过网上留言发帖或网上视频直播参与决策讨论；"会后"由政府有关部门给予回应反馈的市政府常务会议开放式决策模式。据了解，从 2007 年 11 月 14 日至 2011 年 3 月 30 日，杭州共邀请 328 位代表、委员、市民与专家列席市政府常务会议，114 位市民与市长在线交流，41.15 万人（次）点击网站参与，市民通过发帖或发邮件发表意见建议 4302 件。共同讨论政府工作报告、廉租住房保障管理办法、新型农村合作医疗实施办法等 98 项决策事项。2009 年起，杭州市及所辖 13

---

① 参见夏阿国、蓝蔚青等《平安浙江——全面构建和谐社会》，浙江人民出版社，2006，第166 页。

个区、县（市）政府均已推行"开放式决策"。

典型的还有温岭的参与式预算制度创新，该项改革曾高票入选"十大地方公共决策实验"；2010 年 1 月荣获第五届"中国地方政府创新奖"提名奖，它是指公民以民主恳谈为主要形式参与年度预算方案讨论，人大代表审议政府财政预算并决定预算的修正和调整，实现实质性的审查监督。参与式预算是温岭市基层干部群众在民主实践中的一大创举。从 2005 年开始，该市人大将民主恳谈这种民众通过民意表达、参与决策监督的非制度安排与人大制度紧密结合起来，逐渐形成了公民以民主恳谈为主要形式参与政府年度预算方案编制讨论，人大代表审议政府财政预算并决定预算的修正和调整，实现实质性参与预算审查监督的工作机制，目前已在全市 11 个镇和 5 个街道全面推开，并深化延伸到市一级。参与式预算的实践和推进，受到了浙江省委的密切关注。2010 年 6 月，时任浙江省委书记、省人大常委会主任赵洪祝作出重要批示，对这一做法给予充分肯定。2011 年 6 月，赵洪祝书记在全省人大工作经验交流会上听取温岭市人大典型经验介绍后，又予以高度评价，并在讲话中提出要适时推广到其他乡镇进行学习借鉴。2011 年，浙江省委出台的《中共浙江省委关于加强"法治浙江"基层基础建设的意见》中，明确提出要推行"参与式预算"等基层新做法。该意见明确提出，要"充分发挥基层人大在推进'法治浙江'建设中的重要作用。积极推行'参与式预算'制度，由基层人大负责组织，人大代表和群众代表参与，对政府及部门预算编制、预算执行情况进行民主恳谈，实现实质性参与的预算审查监督，提高政府财政预算、部门预算的科学性和透明度"。

二　健全决策咨询制度，提高公共决策的科学化水平

党的十八届三中全会明确提出，"加强中国特色新型智库建设，建立健全决策咨询制度"。现代社会的公共问题日趋复杂化、专业化，使得地方政府决策呈现多变、综合的态势。一项重大决策往往涉及政治、经济、文化、社会生活的多个领域，所需要的知识、信息、智慧是任何决策者个人所无法完全拥有的。推进各级政府从经验决策过渡到科学决策，必须充分发挥专家

咨询的作用。推进各级政府决策科学化，不仅要有程序性的制度安排，更关键的是，"行政决策要有科学的理论为指导、先进的技术为手段、规范的程序为依托、客观的评估为保障"①。仅仅依靠决策者自身能力显然远远不够，还应借助专家的理论素养和专业知识进行有效弥补。完善政府决策的专家咨询制度，就是要借助"外脑"，拓宽决策者的视野，激活领导者的思维，以此保证地方政府决策的正确性和前瞻性。②

浙江各级政府高度重视决策咨询制度建设，充分发挥专家在公共决策中的智力支撑作用。《浙江省人民政府工作规则》规定，在重大事项决策过程中，要充分发挥省政府决策咨询机构和专家学者的作用，广泛听取各方意见，确保决策理念的先进性、导向的正确性、内容的系统性、操作的可行性。在公共决策制定过程中，突出政府决策参谋机构、研究咨询机构以及群众的论证、评估和分析的作用，由决策承办单位委托专家、专业服务机构或者其他有相应能力的组织完成专业性工作，由政府法制、发展改革研究等机构，提供法律、政策、专业咨询等有关服务。一方面，加强重大问题决策的调研，各级政府坚持把调查研究作为决策的基础性工作来抓，一些省直部门还成立了专家咨询委员会，等等。通过调查研究，为政府决策提供了科学依据。另一方面，逐步明确重大行政决策的范围和责任，进行分类细化管理。省政府出台的《浙江省人民政府关于健全完善科学民主决策制度的规定》，明确了"审议重大建设工程与项目特别是政府投资和政府采购的重大项目以及重大或特殊建设项目用地政策"等十个方面属于重大决策的范围。各级政府通过实行重大决策论证、重大决策评审、重大决策公开征求意见，确保了决策科学合理。③ 目前，省政府重要规划审批、投资项目设立等各类重大决策事项，事先都经省咨询委主持论证。

同时，各地积极探索政府决策的第三方风险评估。比如，宁波市为避免

---

① 姜晓萍、范逢春：《地方政府建立行政决策专家咨询制度的探索与创新》，《中国行政管理》2005 年第 2 期。

② 参见陈广胜《走向善治》，浙江大学出版社，2007，第 296 页。

③ 参见马光明《努力实现政府决策科学化、民主化、法制化》，《今日浙江》2009 年第 21 期。

政府既当"运动员"，又当"裁判员"，提升风险评估的权威性和公信力，主动引入、积极培育第三方评估机构，将一些大且难项目的风险评估工作交由社会组织承担。评估机构通过大量走访调查，收集信息，提出风险等级及防范化解风险点的对策措施，形成公正、专业、科学的评估报告，以供有关部门作为决策参考。目前，宁波已有10家第三方风险评估机构，100多名第三方风险评估人员。由第三方负责评估的140多项决策、项目，均有效规避和降低了风险，未发生影响社会稳定的事件。社会稳定风险评估与地方发展、群众利益密切相关，为保证第三方评估机构的评估质量，宁波出台了加强第三方评估机构培育管理的实施细则，明确要进入社会稳定项目评估领域，必须先过评估资质、培训考核和稳评许可准入等"三关"；评估人员必须经过集中培训和资格考核，获得相关的资格证书，每个评估机构必须有规定数量的专业人才和社会稳定风险评估师，并获得"稳评许可证"。如今，决策出台和项目上马前，先进行社会稳定风险评估，已经成为宁波市的规定程序。

三　健全公民决策的制度体系，提高公共决策的法制化水平

浙江省始终将科学民主决策机制建设纳入规范化、制度化、法制化轨道。一是规范行政决策程序。浙江省于2005年8月出台的《浙江省人民政府关于健全完善科学民主决策制度的规定》明确规定：省政府重大事项的决策建议，由省政府领导直接提出或市、县（市、区）政府，省政府组成部门、直属单位提出，经省政府分管领导审核，并报省长同意；由省政府领导提出的决策事项，准备工作由省政府办公厅落实到省政府组成部门、直属单位，咨询、研究机构或其他社会力量承办；省领导或其他方面建议的决策事项，均由承办单位提出方案，经充分协商、听取意见、论证评估等环节后提交决策；省政府对重大事项的决策，由省政府常务会议讨论决定，必要时由省政府全体会议讨论决定。二是建立健全听证制度。制定实施《浙江省行政处罚听证程序实施办法》《浙江省实施行政许可听证办法》等，对听证事项、听证机构、听证程序等依据行业实际进行明确和规范。各有关部门相

继配套制定听证申请书、听证邀请书等格式示范文本，形成规范的听证档案资料。三是建立重大决策审查制度。重大决策事项在方案拟定后，由法律顾问和政府法制办进行审查，在决策形成文件初稿后，交由法制办再做审查。制定《浙江省人民政府制定地方性法规草案和规章办法》和《浙江省行政规范性文件备案审查规定》等，明确规范性文件计划管理、起草、审核等程序及相关责任。四是完善政府决策信息公开制度。严格按照《政府信息公开条例》要求，相继出台信息公开保密审查、行政机关公文类信息公开审核、信息公开责任追究办法等配套制度，将信息公开工作落到实处。五是完善政府决策的责任追究制度。全面推行行政问责制，对违反规定，导致政府重大决策失误的，政府重大决策不能全面、及时、正确实施的，严格按照有关法律法规追究行政首长和直接责任人的责任。通过建立健全重大事项社会公示制度、听证制和稽查制度等，避免了行政决策的盲目性，有利于政府决策的规范化、程序化。①

第五节　不断推进干部人事制度改革

"为政之要，莫先于用人。"建设中国特色社会主义，关键在于建设一支宏大的高素质干部队伍。什么是好干部？习近平总书记在全国组织工作会议上提出了好干部的五条标准：信念坚定、为民服务、勤政务实、敢于担当、清正廉洁。浙江始终高度重视干部人事制度改革工作，坚持"民主、公开、竞争、择优"的方针，突出重点、统筹兼顾，全面深化干部人事制度改革，着力健全完善干部选拔任用机制、考核评价机制、管理监督机制和退出机制，培养和选拔了一大批党和人民需要的好干部，许多工作走在了全国前列。

一　创新干部选拔任用机制

变"少数人选人"为"多数人选人"，不断扩大干部选拔任用的民主程

---

① 参见马光明《努力实现政府决策科学化、民主化、法制化》，《今日浙江》2009 年第 21 期。

度，是浙江创新干部选拔任用机制的基本特点。近年来，浙江省不断规范干部选拔任用提名，把加强党的领导和充分发扬民主结合起来，探索形成以党委全委会成员推荐提名重要干部等多种形式的干部选拔任用提名方式，扩大提名环节民主。

2004 年，浙江省在总结瑞安市实践的基础上，在市、县（市、区）全面实施了党委全委会推荐提名重要干部制度，扩大了提名环节民主，变"少数人选人"为"多数人选人"，使"隐性权力显性化，显性权力规范化"。2008 年，浙江省委先后两次召开全委会，对 5 个市的 9 名党政正职，44 个省委、省政府工作部门、群团组织以及省属企事业单位正职，共 53 名拟任人选进行推荐提名。党委全委会成员推荐提名制度实行 2 年内，浙江省经全委会成员推荐提名的重要干部共 686 批 4030 人次。①

与此同时，各地积极探索形式多样的干部选拔任用提名方式，如舟山市探索建立网上干部推荐平台。这一办法不仅规范了干部选任的初始提名权，而且环节设计科学严谨、可操作性强。首先，"网推"干部将初始提名权交给了群众，提高了干部选任的公信度。提名推荐是选拔任用干部工作的"第一道关口"，在很大程度上影响着后续程序的运行，决定着用人的时机、路径和最终结果。但由于地方上党委班子和组织部就那么几个人，不可避免地存在接触面窄、视野不够开阔的问题，所以"少数人在少数人中选干部"的现象比较普遍。而舟山市搭建了"干部推荐网络平台"，把"初始提名权"交到群众手中，借助群众的眼力和智慧选拔任用干部，从而解决了选任干部时视野不宽、过程不透明、缺乏竞争性、人为因素影响及说情跑要、买官卖官等问题，提高选人用人的公信度。其次，"网推"模式降低了群众参与门槛，节约了推荐工作的成本。如何扩大群众在初始提名上的参与度，是一个很多地方都在研究探索的课题。浙江在这方面起步较早。早在 2007 年浙江永康就探索实行了干部提名"海推"制度，较好地提升了干部初始

---

① 参见张军《提高选人用人公信度——浙江深化干部人事制度改革综述》，《今日浙江》2010 年第 12 期。

提名环节的群众满意度。而舟山在"海推"基础上发展出来的"网推",群众在"干部网络推荐"平台上就能实名推荐,既方便了群众,也降低了运作成本。再次,设置了"实名认证"环节,保证了"网推"干部的公正性。"网络投票"是这几年非常流行的一种投票方式,尤其是被广泛运用在各种商业选秀活动中,并由此衍生了投票公司等灰色产业。要保证"网络推荐"干部的公正性,必须消除这方面的干扰。所以舟山在"网推"中设计了"实名认证"环节,确保了每个人只能投一张票,这个设计看似简单,却能较好地保证推荐过程的客观公正。2009年7月,浙江舟山组织部门在其网站首页辟出专栏《干部选拔任用工作平台》,一年之后有1045人实名注册,近400人次参与推荐自己或别人。据了解,实施干部推荐一年来,舟山市已进行4批27个县处级岗位的公推比选,最后入围的人选中,三分之一是从网上推荐而来。

竞争性选拔干部,是选贤任能的有效途径。近年来,浙江省委把加大公开选拔力度作为干部人事制度改革的重中之重来抓,打破干部选拔任用的视野局限,在更大范围内不拘一格选贤任能,实现好中选优,真正让真才胜出,为浙江发展集聚优秀人才。1985年,宁波在全国首次公开选拔领导干部,率先引入竞争机制,变"伯乐相马"为"赛场选马",在全国产生广泛影响。2008年省级层面开展的竞争性选拔干部工作,35名副厅级领导干部、15名处级领导干部通过层层选拔脱颖而出,公开选调的57名主任科员以下公务员走上新岗位。在这次竞争性选拔干部工作中,组织部门围绕拓宽选人视野,采取了一系列措施。比如,省直单位领导干部职位,面向省内选拔的同时,部分职位还面向全国选拔;不仅面向党政机关干部,还面向事业单位及企业人员;不仅鼓励后备干部报考,还欢迎符合条件的其他人员报考。所有报考人员,既可以组织推荐,也可以个人自荐。对经过组织考察认定,因职位所限未予任用的优秀人选,将列入后备干部名单,实现选备结合,等等。为突出体现能力导向,本次选拔在提高能力和岗位适应度上加强了探索。除了探索定向选拔方式外,还将在资格条件设置上更多体现职位要求,在笔试、面试和考察方面突出能力导向。此外,本次选拔还在增强公开性和透明度，扩大民主和群众参与上加强了探索。选拔工作不仅全程公开选拔工作信息，部分工作业务涉及面广、社会关注度较高的职位，还将进行面试实况电视和网络直播。扩大群众参与：在面试工作中，目标职位所在单位系统的省市"两代表一委员"、中层及以下干部和其他方面代表还将组成群众评委组，评分权重达 30%。实施全过程监督：由省纪委、省委组织部有关人员组成的监督组，还将组织部分"两代表一委员"、组织工作监督员对竞争性选拔干部工作的各个环节加强监督。浙江省级层面自 1986 年开始，至今已开展了 11 次公开选拔。湖州等地还探索开展定期分类资格考试和有限公选，各市普遍开展市、县两级联动公选。

值得指出的是，在 2013 年召开的全省干部队伍建设会议上，省委书记夏宝龙在会上强调，建设素质过硬、能打胜仗的干部队伍要树立正确的用人导向。要全面正确贯彻党的干部路线和干部政策，大力提倡"狮子型"干部。从大局高度和长远角度来审视"狮子型"干部培育工作，真正把那些政治坚定、实绩突出、作风扎实、群众公认、敢抓敢管、担当破难的"狮子"选拔到各级领导班子中来，努力形成用在其时、用得其所、用尽其才的良好局面，为全省经济社会发展提供坚强的组织保证。

二　创新领导干部考核评价体系

干部考核评价工作，是选好人用好人的基础性环节。探索建立干部综合考核评价体系，不断推进干部考核评价工作的科学化、规范化、制度化，对于引导和促进广大干部牢固树立和落实科学发展观，具有十分重要的意义。党的十八届三中全会《决定》明确提出："要改革和完善干部考核评价制度，完善发展成果考核评价体系，纠正单纯以经济增长速度评定政绩的偏向。"

2004 年初，浙江省委主要领导指出，树立科学发展观，对广大领导干部来说，最重要的是要树立正确的政绩观。树立正确的政绩观，必须解决好"如何考核政绩"的问题。2004 年 2 月，浙江省委确定下达关于加强和完善领导班子和领导干部实绩考核评价工作的调研课题。10 月，在反复讨论和征求意见的基础上，形成了具有浙江鲜明特色的全国第一个地方党政领导班子和领导干部实绩分析指标体系。根据中组部和省委的统一部署，2005 年 5月至 10 月，在 2 个市、10 个县（市、区）进行了地方党政领导班子和领导干部综合考核评价试点工作。试点在改进和完善考核评价内容、改进和完善考核评价方法、改进和完善考核评价结果的评定方式三大关键环节，取得了新突破，收到了新实效，积累了新经验。

吸收试点成果和近年来深化干部人事制度改革的成功经验，2006 年 7月，浙江省委组织部在全国率先印发施行《浙江省市、县（市、区）党政领导班子和领导干部综合考核评价实施办法（试行）》（以下简称《实施办法》）。这一办法，在市、县（市、区）领导班子换届考察得到全面运用。从实践情况看，这一办法为在干部工作中贯彻落实科学发展观，推进干部工作科学化、民主化、制度化，发挥了重要作用。一是确立用人"风向标"。《实施办法》以德才素质评价为中心，立足于选准用好干部，改进和完善了考核评价内容，科学发展观和正确政绩观的要求在考核评价工作中得到了较好体现。如民主测评、个别谈话、民意调查等，均设置了反映科学发展观和正确政绩观要求的"评价要点"；实绩分析的定性和定量指标，从浙江作为经济相对发达地区的实际出发，着力体现对经济发展水平与质量，对社会事业协调发展，对经济社会发展后劲和潜力，对精神文明建设、民主政治建设和党的建设的注重，可以说，比较全面地反映了领导班子和领导干部落实科学发展观的要求。二是"官评"与"民评"相结合。《实施办法》在拓展干部评价主体，落实群众"四权"，探索组织评价和群众评价相结合方面有了新的更大进展。比如《实施办法》规定，对拟提拔人选考察对象，可通过新闻媒体、政府网站等方式向社会进行公示。这一新举措，提供了群众参与考核评价和监督的新途径，进一步增强了考核评价工作的公开性和透明度。民意调查是实施办法中扩大群众参与，落实群众评价的一个重要突破。各地通过对"党代会代表、人大代表、政协委员"的调查以及领导分管联系单位工作对象和服务对象调查等方式，尽可能扩大民意调查的范围，收到了较好的实效。三是给干部"画像"更真实。《实施办法》改进和完善了民主推荐、个别谈话、民主测评等传统方法，引入民意调查、实绩分析、综合评价等新方法，形成多种考核评价方法相互印证、互为补充的工作格局。综合评价工作中，坚持定性和定量相结合，对民主测评、民意调查、实绩分析等结果进行量化，实行"分类量化，综合定性"，较好地做到了既重数据分析、又重群众评价；既重发展成绩的评价，又重发展代价的分析；既重当前成果，又重主观努力和客观条件；既重纵向比较，又适当进行横向比较，极大地提高了考核评价结果的准确性和说服力。2007年9月，又研究制定《浙江省党政工作部门领导班子和领导干部综合考核评价实施办法（试行）》。这两个"实施办法"，确立了评价和选拔干部的尺度，也体现了组织部门选人用人的一种导向。总之，通过参与干部综合考核评价的生动实践，浙江省各级领导班子、领导干部和广大干部群众普遍接受了一次深刻的科学发展观和正确政绩观的宣传教育，有效地激发了领导干部实践科学发展观和正确政绩观的内在动力，形成了正确的工作导向和用人导向。

2009年2月，根据中组部"一个意见，三个办法"，浙江省制定了促进科学发展的"一个意见，五个办法"，坚持共性指标与个性指标并重，根据不同区域、不同层次、不同类型的特点，建立各有侧重、各具特色的考核评价指标体系。2011年，新修订的《关于健全促进科学发展的领导班子和领导干部考核评价机制的实施意见》，在考核导向、德的考核、贴近实际、基层评价等方面进行了进一步完善，构成浙江促进科学发展的领导班子和领导干部考核评价机制。

与2009年制定试行的考核评价指标相比，此次修订完善后的体系更加注重考核推进经济转型升级、社会管理、保障和改善民生、党风廉政建设的实际成效，增强考核内容的科学性。对市、县（市、区）领导班子和领导干部的考核评价，不是简单地把GDP、发展速度等作为评价干部实绩的主要依据，而是突出对经济转型升级、生态文明建设、精神文明建设、社会和谐稳定等方面的考核，把改善民生、节能减排、环境保护、文化建设、社会管理等指标纳入考核内容。市党政领导班子实绩考核评价指标体系由原来的发展性指标、约束性指标两大部分，调整为常态性指标、动态性指标和公众满意度指标三大部分。值得一提的是，指标不再"一刀切"。每个地方、每个部门都有自己的发展和工作重点，修订后的考核办法按照干部岗位职能、地方和部门工作特点，更加注重动态分类、个性化考核。市县、党政工作部门、国有企业和高校领导班子的实绩考核，在设置常态性指标基础上，每年年初再设置反映省委、省政府重点工作、各地特色工作的动态指标，努力使考核评价更贴近经济社会发展实际和党委、政府中心工作需求。同时，紧密结合各地、各部门实际，建立各有侧重、各具特色的考核指标，引导各地、各部门结合自身实际，抓重点、创特色、打基础，积极推进科学发展。对市、县（市、区）领导班子和领导干部的考核评价，根据经济社会发展状况及人均 GDP 水平，将 11 个省辖市划分为三类地区，其中，杭州、宁波为一类地区，衢州、丽水为三类地区。对经济发展水平高的一类地区，重点考核结构调整、科技创新、社会管理、公共服务情况；对限制工业开发的三类地区，增加环境质量、生态保护等方面的评价权重。

三　强化对领导干部的监督管理

选人是基础，但让每一位干部在岗位上发挥最大作用，则离不开科学、严格的监督管理。为认真落实干部管理监督各项制度，自 2004 年 6 月，浙江制定实施《关于推行干部生活圈、社交圈考察的意见》，重点在市、县党政机关县处级以下干部的考察中全面推行"两圈"考察。对关键岗位干部实行重点管理，2006 年，浙江省制定出台《关于进一步加强和改进省管领导干部日常管理的意见》，对省管干部明确提出思想政治建设、日常管理的具体措施。2009 年，首次对 1518 名省管领导干部进行集中性年度考核。制定出台《关于进一步加强县委书记队伍建设的实施意见》，加强对县委书记的选任配备、教育培训、分类考核、监督管理。2004 ~ 2009 年，共对 103 个省直单位主要负责人、5 名市长和 56 名县（市、区）长进行经济责任审计。2009 年起，开展县（市、区）委书记和县（市、区）长经济责任同步审计工作。[①] 与此同时，在 2011 年 10 月 7 日召开的电视电话会议上，时任

---

① 参见张军《提高选人用人公信度——浙江深化干部人事制度改革综述》，《今日浙江》2010 年第 12 期。

浙江省省长的夏宝龙提出，全省干部都要做到"六戒六要"：戒贪图安逸，要锐意进取；戒消极怠慢，要恪尽职守；戒不学无术，要善学善思；戒坐而论道，要踏实肯干；戒松散狭隘，要团结合作；戒骄浮奢侈，要心怀敬畏。"六戒六要"对干部的职责、作风、情操等提出了明确的要求，切中时弊，发人深思，催人奋进。

坚持和完善干部工作社会评价制度，是组织部门主动接受社会监督的一个有效方式。从 2008 年开始，浙江坚持每年开展"万人评组工"活动，委托国家统计局浙江调查总队在全省 1 万多名干部群众中进行组织工作满意度抽样调查，把干部选拔任用工作和整治用人上不正之风满意度作为其中的重点调查内容。严格执行中央下发的《党政领导干部选拔任用工作责任追究办法（试行）》，坚决整治跑官要官、买官卖官、拉票贿选等问题。坚持有案必查，查实必究，加大对违规用人问题的查处力度，通过"12380"举报电话、群众来信来访、网上举报信箱等渠道，认真受理反映选人用人问题的举报，做到查处一起、震慑一批、教育一片。省委组织部还专门出台文件，严厉整治在领导班子换届、日常干部选拔任用及后备干部集中调整中的拉票行为。

与此同时，浙江把健全调整不适宜担任现职干部制度，作为解决干部能上能下、能进能出的重要突破口来抓。调整不称职干部、辞职制、任期制等一批改革举措，使干部的"出口"越来越顺畅。2001 年，浙江省制定出台了《关于做好调整不称职领导干部工作的若干意见（试行）》，明确规定领导干部不称职的表现、调整程序和调整措施，此后各地围绕推进领导干部能上能下、加大治懒治庸力度，进一步完善调整不称职、不胜任现职干部的办法，对不称职的干部，除按规定免职、降职外，或采取改任非领导职务，或实行待岗制、下岗学习、离职分流等多种办法予以调整。2013 年浙江省委又出台了《关于完善能上能下机制，建设过得硬打胜仗干部队伍的若干意见》，把完善能上能下机制作为建立竞争择优、充满活力的用人机制的突破口，作为建设过得硬、打胜仗的干部队伍的关键举措来部署。省委《若干意见》提出了调整不称职干部、实行末位淘汰的具体要求，配套印发的调整不适宜担任现职领导干部办法规定了 5 类 21 种情形。对符合这些情形的干部，敢于动真格，坚决予以组织调整。

各地积极探索干部能上能下的好办法。如近年来，长兴县探索采取"1 + 3"立体衡量、"1 + 3"分类排名、"1 + 3"动议调整的模式，构建起一套干部能上能下的标准化运行体系。"1 + 3"立体衡量，即实绩考核占百分制评价分中的 50%；群众评议占 20%，主要由服务对象、基层党员群众进行评价；领导评价占 20%，分县领导评价和单位主要领导评价两大内容；乡镇部门互评占 10%，部门对乡镇主要领导、分管领导评价，乡镇主要领导对部门主要领导评价，乡镇分管领导对分管工作上级对应部门班子成员评价。"1 + 3"分类排名，即将所有的县管领导干部分成市管后备干部以及乡镇部门党政正职、乡镇分管领导、部门分管领导等四大类，分别排名，同类竞争，增强考核评价的科学性。"1 + 3"动议调整，即同类排名得分连续两年靠后 5% 的，必须实行降免职处理；干部第一年得分排名列同类同组后 5% 的，同类同组排名列前 10% 的，干部连续 2 年排名列前 15% 的，三类情况建议进行动议调整。2013 年以来，长兴县依托评价体系，累计提拔使用干部 48 名，免职干部 9 名，降职干部 12 名，稳妥有序，没有发生干部找组织提诉求或向上反映认为不公平的情况。

"政治路线确定之后，干部就是决定的因素。"[①] 习近平总书记在党的群众路线教育实践活动总结大会上强调，领导干部要严以修身、严以用权、严以律己，谋事要实、创业要实、做人要实。这些要求是共产党人最基本的政治品格和做人准则，也是党员、干部的修身之本、为政之道、成事之要。浙江省在党的群众路线教育实践活动中，全省各级党委层层传导压力，精心组织实施，广大党员干部受到了深刻教育，增强了同群众一块过、一块苦、一块干的自觉性，增进了同群众的感情，拉近了同群众的距离，塑造出了一支经得起历史和人民考验的优秀干部队伍。

---

① 《毛泽东选集》第 2 卷，人民出版社，1991，第 526 页。

第六章
不断创新与完善
权力运行制约和监督体系

　　健全和完善权力运行制约和监督体系，是我国社会主义民主政治发展的重要内容，是推进国家治理体系和治理能力现代化的必然要求。党的十八届三中全会通过了《中共中央关于全面深化改革若干重大问题的决定》，其中对"强化权力运行制约和监督体系"作出了专门论述，凸显了新时期加强权力制约和监督的特殊重要性。此外，在党的十八届四中全会通过的《中共中央关于全面推进依法治国若干重大问题的决定》中，不同的部分内容则从不同角度强调了优化权力配置、强化权力制约和监督的具体要求，依法治权成为依法治国的重要内容之一。历史经验表明，防止权力腐败的根本方法是加强权力制约和监督。建立起结构合理、配置科学、协调有力、制约和监督有效的权力运行机制，是中国特色社会主义民主政治发展的重要目标和基本保障。进入 21 世纪以来，浙江省不断完善和健全权力运行制约和监督体系，创新监督工作方式方法，拓宽监督渠道，推动权力运行制度化、规范化和公开透明化，着力构建与完善有浙江特色的惩治和预防腐败体系，不断在多层次和多领域探索加强权力监督机制的创新实践。这些有益探索，在推进党内廉政建设和反腐败斗争方面取得了显著实效，已经形成具有创新性且内容丰富的实践经验和理论成果。

第一节　多维度结合的权力运行制约思路与机制

　　权力制约与监督的思想是权力运行和实践的基础，权力运行和实践又是权力制约思想的现实体现。浙江经济社会发展成就和目标的实现，离不开权力制约和监督工作的重要保障。习近平同志曾指出，"党的各级领导机关和领导干部都掌握着一定的权力，把各级领导班子和领导干部队伍建设好，保证人民赋予的权力真正用来为人民服务，始终是我们党执政所面临的一个重大课题"①。近年来浙江省委、省政府在权力运行制约体系和机制领域的思路主要体现为：注重用制度管控权力，是权力依法正确运行的重要保证。加强权力的相互制约，科学配置权力，使决策权、执行权、监督权既相互制约又相互协调，确保国家机关按法定权限和程序行使权力。在监督行政权领域，主要是深入推进"阳光工程"建设，让权力在阳光下运行。

一 注重运用制度管控权力的思路

要实现中国民主政治发展的制度化、程序化、法治化，对权力制约和监督的制度化就是题中应有之义。邓小平同志早就强调过，制度更具有全局性、根本性、长期性，"制度好可以使坏人无法任意横行，制度不好可以使好人无法充分做好事，甚至会走向反面"②。要制约和监督权力运行，解决带有共性的权力腐败问题，就用制度管权管事管人。事权、财权、人事权，只有从制度上加以规范运行，才能着力于治本改革和探索制度反腐路径，消除腐败滋生蔓延的土壤。

习近平总书记强调权力制约与监督的根本目的，是为了从严治党、巩固党的执政地位和执政基础，提升党的执政能力。他在十八届三中全会第二次全体会议上的讲话中指出，"推进改革的目的是要不断推进我国社会主义制度自我完善和发展，赋予社会主义新的生机活力。这里面最核心的是坚持和完善党的领导、坚持和完善中国特色社会主义制度，偏离了这一条，那就南辕北辙了"③。那么，要改革和完善权力制约和监督制度，核心也是坚持和

① 习近平：《之江新语》，浙江人民出版社，2007，第81页。
② 《邓小平文选》第2卷，人民出版社，1994，第333页。
③ 中共中央文献研究室编《习近平关于全面深化改革论述摘编》，中央文献出版社，2014，第18页。

完善党的领导。加强权力制约和监督，党的十七大报告和十八大报告中都强调了要"坚持用制度管权、管事、管人"，"坚持用制度管权管事管人，保障人民知情权、参与权、表达权、监督权，是权力正确运行的重要保证"。通过制度来制约和管控权力，是保障权力依法行使的基本途径。

第一，权力必须受到制度的严密规范与有效制约。围绕着加强权力制约和监督的根本目的，在具体思路与机制上，浙江省委、省政府突出强调运用制度来制约权力的治理理念，以此保障权力行使过程受到实际监督。在运用制度制约权力上，始终坚持一个理念，即各项改革举措都要体现预防腐败的要求，从源头上管住权力。浙江省委坚持以改革统揽反腐倡廉工作，主动适应经济社会转型背景下反腐倡廉建设的新任务、新特点，推进权力监督工作理念和思路创新，初步探索出了一条规范事权、财权和人事权的路径，充分发挥制度在防范腐败现象中的重要作用，不断铲除腐败现象滋生蔓延的土壤和条件。同时，在权力监督实践中注重加强权力制约制度的相互衔接与整体协调性。习近平总书记论述说："历史经验告诉我们，改革是一个破旧立新的过程，如果不注意配套和衔接，不注意时序和步骤，也容易产生体制机制上的缝隙和漏洞，为一些人提供寻租、搞腐败的机会。"① 所以注重改革的系统性、整体性和协同性，避免出现制度真空，堵塞一切可能出现的制度和腐败漏洞。

第二，加强权力运行制约和监督的具体制度建设。浙江省委、省政府近十多年来在加强权力制约和监督以确保经济社会发展过程中，注重加强制度建设，用制度制约权力运行是一以贯之的思路和实践。在加强权力运行制约的制度建设上，主要有如下体现。

加强惩防体系建设，保障全面有效防控。浙江省突出了制度建设的系统性、前瞻性，着力规划反腐倡廉中长期制度体系。2003 年 7 月，浙江省委在全国率先出台了《浙江省反腐倡廉防范体系实施意见（试行）》，提出六

---

① 中共中央文献研究室编《习近平关于全面深化改革论述摘编》，中央文献出版社，2014，第 81 页。

大机制。从此，浙江反腐倡廉工作步入了打整体战、主动战的新阶段，为中央重大决策提供了有益经验。

一直坚持贯彻落实党风廉政建设责任制。不仅包括早在 2004 年就建立起党政领导班子的责任制和责任分解制度，而且还包括保障责任制具体落实的报告制度和责任追究制度等。在廉政风险防控领域，加强制度建设和机制创新。浙江各地各部门把建立健全制度贯穿于廉政风险防控机制建设全过程，通过建章立制，清理整合现有的工作规程和管理制度，全面形成从源头上防控廉政风险的长效机制，筑牢预防腐败"防火墙"。

加强党内监督。浙江省委先后出台了一系列党内监督措施，如述职述德述廉、新任职领导干部廉政谈话、诫勉谈话、函询制度等。习近平同志在 2004 年就强调，"党的建设的经验证明，加强党内监督和纪律建设，必须要有严格的制度规范。制度建设更带有根本性、稳定性和长期性，是党内监督工作和纪律建设持续深入健康发展的重要保证"①。《党内监督条例（试行）》侧重从加强事前、事中监督的角度，强化正面教育，预警在先，通过严格制度规范令其"不能为"。《党纪处分条例》则从事后查处的角度，加强反面教育，使党员领导干部充分认识到违法违纪的危害，通过强化警示作用使其"不敢为"。"要深入推进这两个《条例》的学习教育，不断提高党员干部的思想境界、监督意识和纪律观念，通过增强自身'免疫力'促其'不想为'。总之，我们要不断强化'不能为'的制度建设、'不敢为'的惩戒警示和'不想为'的素质教育，努力把反腐倡廉的工作抓实做细。"②

运用制度制约权力，更为重要的是把制度落到实处。时任浙江省委书记的习近平同志就此专门强调过，"各项制度制定了，就要立说立行、严格执行，不能说在嘴上，挂在墙上，写在纸上，把制度当'稻草人'摆设，而应落实到实际行动上，体现在具体工作中"③。而且为了切实做到制度不落空，还强调了责任追究制度。"我们要在狠抓制度的贯彻落实上下工夫，积

①　习近平：《之江新语》，浙江人民出版社，2007，第 68 页。
②　习近平：《之江新语》，浙江人民出版社，2007，第 70 页。
③　习近平：《之江新语》，浙江人民出版社，2007，第 71 页。

极开展批评和自我批评，开展经常性的监督检查，严肃查处违反制度的人和事，充分发挥新闻媒体的监督作用，该曝光的要曝光，该通报的要通报，该惩处的要惩处，做到令行禁止、违者必究，努力使制度成为机关干部自觉遵守的行为准则。"[1]

二　强化权力相互制约与协调的机制

权力的科学运行与权力结构设置有着密切关系。打造科学的权力结构和运行机制，是规范权力运行、加强对权力制约监督的基础性问题。十六大报告要求建立结构合理、配置科学、程序严密、制约有效的权力运行机制。十七大报告中明确提出了决策权、执行权、监督权的权力结构，"建立健全决策权、执行权、监督权既相互制约又相互协调的权力结构和运行机制"。这是科学配置权力结构的创新性发展。在党的十八大报告中又进一步强调了，"要确保决策权、执行权、监督权既相互制约又相互协调，确保国家机关按照法定权限和程序行使权力"。可见，加强和确保权力得到有效制约不仅需要科学配置权力结构，而且要保证权力依法行使。在十八届中央纪委一次全体会议上，习近平总书记强调，"强化制约，合理分解权力，科学配置权力，不同性质的权力由不同部门、单位、个人行使，形成科学的权力结构和运行机制"[2]。

近些年，浙江省委、省政府为加强权力运行制约与协调，通过系列具体制度来落实。改善传统权力运行模式，着力解决权力过分集中问题，进一步约束"一把手"的权力运行。在规范权力运行方面，全面实行单位主要领导不直接分管人、财、物和项目审批等"五不直接分管"制度，对重要部门负责人、重点岗位人员按规定实行定期轮岗交流。[3] 还建立健全权力配置

---

① 习近平：《之江新语》，浙江人民出版社，2007，第71页。

② 中共中央文献研究室编《习近平关于全面深化改革论述摘编》，中央文献出版社，2014，第80页。

③ 参见浙江省纪委《浙江省着力推进廉政风险防控机制建设全覆盖》，《中国纪检监察报》2011年9月16日。

的制约机制，按照职权法定、程序合法的要求来核定权力，全面实行"三重一大"集体表决等制度，防止权力过于集中。

浙江各地也实行权力相互制约的机制，主要集中在把决策权、执行权和监督权适度分开，对一把手的监督问题。一把手是权力较为集中的对象，也是党内监督的重点与难点。例如，杭州市委加强权力运行制约，主要采取"限权"措施，合理分解权力，形成科学的权力结构和权力制衡，解决权力过度集中问题。2005 年出台《中共杭州市委关于加强对党政主要领导干部监督的规定（试行）》，对党政"一把手"的"人权、财权、事权"都作出了限制。分事行权，分岗设权，相互制约。把主要领导的权力科学分解到班子成员，从权力分工上改变"个人说了算"的权力结构，包括推行"三重一大"集体表决、一把手"五个不直接分管"等制度，对一把手的权力进行有效分解和制衡。[1]

除了杭州市，在宁波、舟山、丽水等地市也有类似做法。宁波市科学配置权力，使决策权、执行权、监督权适度分解和平衡，形成相互制约、相互协调的权力框架。针对一把手权力过分集中的问题，建立"副职分管，正职监管，集体领导，民主决策"工作机制。实行权力分解下放制，通过直接放权、委托执法、延伸机构等方式，先后将 1924 项市级部门行政权限下放到各县市区，有的甚至下放到中心镇，下放占比近80%，切实改变层级上权力不均衡问题。[2]舟山市委也以分权制约权力，着重强化对一把手的监督，并优化权力运作流程。丽水市推行党政"一把手"不直接分管财务、人事、基建工程等"七个不直接分管"的权力制约制度。这些制度的实施都在不同程度上加大了对一把手的权力监督力度。

三 加强权力公开运行的监督机制

阳光是最好的防腐剂。加强权力监督，必须首先做到权力公开透明运

---

[1] 参见杭州市纪委《关于加强对权力运行制约和监督的思考》（内部材料），2014 年 6 月。

[2] 参见宁波市纪委《立行并重 惩防结合 构建纲纪严明的潜力制约监督体系》（内部材料），2014 年 6 月。

行，这是一个基本前提。浙江省委、省政府在多维度加强权力制约与监督机制中，强化权力公开运行，是其中一项重要内容。

浙江省委以廉洁政治为目标，通过"阳光工程"加强权力运行监督，建立健全权力公开透明运行机制。2005 年，把推行政务公开纳入《浙江省惩治和预防腐败体系实施意见》，在涉及"权、钱、人"的权力领域的公开方面有新的突破。此后不断在政府工作和信息公开、财务公开等领域推动权力公开的进展，主动创造条件让政府工作接受人民群众的批评和监督。

2012 年出台了《关于深入推进"阳光工程"建设的意见》，规范权力阳光运行，实现"部门全覆盖、事项全公开、过程全规范、结果全透明、监督全方位"的工作目标。省委书记夏宝龙强调，要深化"阳光工程"建设，做到"权力行使到哪里，监督制约就跟进到哪里"。"2013 年以来，浙江省阳光工程建设力度进一步加大，全省从最初确定的 14 个部门 21 个权力事项公开试点逐步扩展为省、市、县、乡、村五级全覆盖，省级 47 个部门共公开行政权力事项 2645 项，由群众点题公开重点民生事项 68 项。"[1] 浙江省在推进阳光工程基础上，全面推进"权力清单"制度，做到职权由法定、有权必有责、用权受监督、违法要追究、侵权须赔偿。权力清单制度核心是"清权、减权、制权"，依法公开权力运行流程和行使结果。这些公开权力运行的思路和实践为中央在权力公开运行监督方面的重大决策提供了重要借鉴。

由权力清单制度进一步扩展权力公开运行的范围，浙江省坚持以互联网思维和现代信息技术推动政府职能转变，在全国率先开通浙江政务服务网。由于浙江省开创了我国省一级政府自上而下、全面触网的历史先河，这一网络因此被人们称之为"中国政务第一网"。为此，浙江省把政务公开和权力运行公开与权力监督有效结合起来，从而形成监督有力的权力运行体系。

浙江各地加强权力公开运行的监督机制，主要借助现代科技手段，实行电子政务公开、权力网上运行和全程监控等措施与机制。宁波市在 2005 年

---

① 方力：《把权力关进制度笼子里》，《浙江日报》2014 年 1 月 6 日，第 1 版。

就开始实施阳光工程，把其作为从源头上预防和治理腐败的有效措施，大力推进政府信息公开和电子政务。注重阳光亮权，推进权力运行由"结果透明"向"全程透明"转变。通过电子监察平台和网上监察系统，对所有执法权都进行监控。宁波在全国率先将电子信息技术运用到网上行政执法，将行政执法和电子监察进行一体化管理，这是宁波继续深化政务公开、依法规范行政执法权力行使、建设法治政府的重要举措，体现了宁波的创新。又如，台州市纪委对行政权力进行监督的逻辑是先有权力清单，然后规范权力运行，按照"全业务、全流程、全覆盖"的要求，加强对行政审批、行政处罚、公共资源交易的数字监察。构建权力信息公开和动态调整长效机制，加强对权力行使的监督检查和问责机制。①

浙江省委、省政府加强阳光政府建设和权力透明运行的实践证明，推进权力公开透明运行，是加强权力监督和反腐倡廉建设的一项重要举措，是推进政治体制改革的一项实际行动。党的十七大报告中指出，"确保权力正确行使，必须让权力在阳光下运行"。十八大报告中强调，"推进权力运行公开化、规范化，完善党务公开、政务公开、司法公开和各领域办事公开制度"。十八届三中全会《决定》中进一步细化权力公开的要求，"推行地方各级政府及其工作部门权力清单制度，依法公开权力运行流程。完善党务、政务和各领域办事公开制度，推进决策公开、管理公开、服务公开、结果公开"②。只有权力一直都受到全面的监督与制约，才能确保权力合法运行，符合人民的利益。

第二节 构建与完善惩防体系和监督制度体系

浙江近年来在党政领域的权力监督实践中，注重构建和完善具有浙江特色的预防与惩治腐败的体系，以此为重点着力推进反腐倡廉建设。逐步实现

---

① 参见台州市纪委《实行权力清单制度 着力规范权力运行》（内部材料），2014 年 6 月。
② 《中国共产党第十八届中央委员会第三次全体会议文件汇编》，人民出版社，2013，第 54 ~ 55 页。

党内监督工作制度化，特别是健全对党政领导干部的一系列监督与问责制度体系。加强对行政权力运行的专门监督，抓住重点领域和关键环节来创新监督机制和方式方法。

一　特色有效的惩治和预防腐败体系

不受监督的权力就会导致腐败，古今中外概莫能外。加强权力监督以及预防权力腐败，成为现代政治发展的重要内容。中国共产党在预防与惩治腐败领域，注重多管齐下、多层面监督。具体就浙江近年来的实践分析，主要是构建和完善具有浙江特色的惩防体系，强化党风廉政建设责任制，完善对领导干部监督与问责机制等。

1. 关口前移，关键抓住预防腐败体系构建

2002 年以来，浙江省委积极探索，在全国率先全面构建具有浙江特点、与社会主义市场经济体制相适应的惩防体系，有力推动了浙江反腐倡廉实践的发展。2003 年 2 月，习近平同志在省纪委二次全会上提出，"要深入调查研究，广泛征求意见，花大力气构筑适应改革开放和市场经济要求、具有浙江特色、有较强操作性的反腐倡廉防范体系，着重在权力制约、监督管理上下功夫，走出一条预防和治理腐败的新路子"。2003 年 7 月，省委在全国省级层面率先出台了《浙江省反腐倡廉防范体系实施意见（试行）》，提出重点建立健全思想教育、权力制约、监督管理、法纪约束、廉政激励和测评预警等六大机制。"这一创举标志着浙江反腐倡廉工作走上了立体化、全方位、多层次的轨道，步入了打整体战、主动战的新阶段。"[①] 这为党中央的重大决策提供了重要参考，2005 年中央出台了《建立健全教育、制度、监督并重的惩治和预防腐败体系实施纲要》。

以 "4 + 1" 的框架全面推进惩防体系建设。2005 年，浙江省开始以党政机关、农村基层和企事业单位三位一体为布局，以整体构建、专项构建、行业构建、联合构建和科技促建 "4 + 1" 构建方式为途径，以最大限度地

---

① 马莉莉：《编织一张拒腐防变 "安全网"》，《浙江日报》2004 年 11 月 24 日，第 1 版。

降低腐败发生率为目标，构建惩防体系，取得了明显的阶段性成效。一是整体构建，着眼于推进一个地区的反腐倡廉工作，着力形成具有地域特色和整体防治能力的惩防体系。二是专项构建，围绕一些难点和热点工作，特别是在投资项目和建设工程等方面，探索构建专项性的惩防体系。三是行业构建，针对重权部门和领域一些容易滋生腐败的关键岗位和重点环节，完善管理，健全制度，形成具有行业特点的惩防体系。四是联合构建，整合部门优势，综合运用法律、纪律、政策及行政多种手段，体现反腐倡廉的联动性。五是科技促建，将信息技术、通信技术和网络技术等引入反腐倡廉工作，注重运用科技手段防治腐败。这一特色建构方式，利于有效实现惩治和预防腐败各种力量的重组优化，有效实现反腐倡廉的资源共享，形成有机整体和发展合力，是全面建设具有浙江特色惩防体系的"助推器"。

2008 年以来，加快完善具有浙江特点的惩防体系，大力推进体制机制创新。在落实中央《建立健全惩治和预防腐败体系 2008～2012 年工作规划》和《浙江省惩治和预防腐败体系实施意见》的基础上，制定了《浙江省建立健全惩治和预防腐败体系 2008～2012 年实施办法》，进一步完善惩防体系建设。后来还出台了《浙江省建立健全惩治和预防腐败体系 2013～2017 年实施办法》，重点包括完善反腐倡廉法规制度，强化对权力运行的监督制约，健全反腐败领导体制和工作机制等。

浙江各地为落实省委《实施办法》制定了具体目标和措施。杭州市 2008 年制定了《关于完善惩防体系、打造"廉洁杭州"2008～2012 年实施办法》，全力推出九大机制，即建立健全权力规范运行机制、监督制约机制、基层党风廉政建设长效机制、教育防范机制、作风建设长效机制、查办惩戒机制、廉政文化建设长效机制、社会信用机制、社会有序参与机制。这九大机制是杭州市五年惩防体系建设的基本框架。

2. 强化党风廉政建设责任制

党风廉政建设责任制是深入推进党风廉政建设和反腐败斗争的一项基础性制度，是落实反腐败领导体制和工作机制的重要制度保障。浙江省委、省政府近年来一直注重坚持并深入贯彻党风廉政建设责任制。习近平同志在浙江工作时强调："党风廉政建设责任制是管总的、牵头的制度，是推动反腐倡廉工作不断深入的龙头。这项制度必须坚持不懈地落到实处。"早在2004年，他就明确提出各级党委政府、党政领导班子和领导干部是责任制的主体，党政一把手要切实担负起"第一责任人"的政治责任、领导责任；建立并推行了省委、省政府定期检查党风廉政建设责任制落实情况等一系列制度。

第一，抓好责任分解，形成反腐倡廉合力。明确责任分工，是落实党风廉政建设责任制的首要环节，也是进行责任考核和责任追究的基础。浙江省委每年都下发文件，将党风廉政建设和反腐败工作任务进行细化，逐项分解到领导班子成员和各职能部门。各地各部门层层分解责任，建立起一级抓一级、层层抓落实的责任体系。

第二，创新落实机制，深入实施"三书两报告"制度。2005年浙江探索总结了"三书两报告"制度，即：每年年初，各级纪委向同级党委党政领导班子成员寄发责任分工报告书，向各牵头单位发送牵头任务函告书；年中，向党政领导班子成员寄发落实责任建议书，牵头部门向纪委常委会报告工作落实情况；年末，党政领导班子成员向党委常委会报告反腐倡廉专项任务落实情况。这一制度较好地实现了领导责任、工作任务、工作方法的有机统一，形成了责任明确、目标具体、责权统一、上下贯通的责任落实机制。

第三，强化责任追究，确保责任制刚性运行。2003年开始，省委、省政府对各市和省直单位落实责任制情况开展重点检查，并通报检查结果。2008年起，重点检查改为每年一次；2013年，又在责任制检查定性评价的基础上，引入了量化评分机制。对检查中发现的不履行主体责任，违反责任制规定的领导班子和领导干部，综合运用纪律处分、组织处理手段予以追究。

3. 不断深化廉政风险防控机制创新

浙江省不断深化反腐倡廉体制机制创新，包括深化廉政风险防控。近年来针对权力运行中的风险和监督管理中的薄弱环节，采取前期预防、中期监控、后期处置等防控措施，逐步建立从体制机制上预防和治理腐败的长效机制，取得良好效果。

突出重点，较早起步建立健全廉政风险防控机制。浙江省把全面推进廉政风险防控机制建设作为完善具有浙江特色惩防体系的重要举措来抓，着力推进廉政风险防控机制建设全覆盖，进一步推动了反腐倡廉建设向纵深发展。2008年，浙江省委作出推进廉政风险防控机制建设的决策部署。2011年，省委下发《关于全面推进廉政风险防控机制建设的意见》，加强建立健全廉政风险教育机制、权力配置制约机制、权力运行监督机制、廉政风险预警处置机制等六大机制建设，着重建立全方位、立体式的廉政风险防控网络。

深入排查风险，找准风险点，明确防控重点，是廉政风险防控机制建设的基础。突出重点岗位风险防控，加强对权力运行的监督。结合新情况新问题，在全国率先出台《浙江省党员领导干部防止利益冲突暂行办法》，明确规定了经商办企业、在经济实体兼职取酬、配偶子女从业行为等9个方面重点防控的廉政风险。针对腐败易发岗位，制定出台《浙江省预防职务犯罪条例》《关于党员领导干部报告个人有关事项规定的实施办法》《关于严格执行省属国有企业领导人员薪酬考核和投资入股有关规定的通知》等制度规定，对重点岗位工作人员特别是领导干部加强监督。突出运用信息技术加强动态防控。建设电子监察系统能够通过发掘信息技术手段的预防潜力，来弥补制度预防的不足。

把制度建设贯穿于廉政风险防控机制建设全过程。以廉政风险防控为突破口，以落实主体责任为工作保障，着力形成惩防体系建设的整体合力。在2011年全省实现廉政风险防控机制建设全覆盖的基础上，着力巩固、深化、提高，突出重点领域和关键环节，大力推进廉政风险防控规范化、制度化建设。按照抓"点"、连"线"、扩"面"三位一体的工作思路，着力构建纵向贯通省、市、县、乡、村，横向涵盖重点领域、重点对象和权力运行关键环节的全方位、立体式廉政风险防控网络。

浙江各地以规范和制约权力运行为核心，普遍采取"程序防控、分权防控、公开防控、预警防控"等方法，前移关口，主动预防，实现对廉政风险的动态监管。台州市构筑"三道防线"扎实推进廉政风险防控机制建设。2011年，台州市纪委、监察局探索建立廉政风险干预机制，出台了《台州市领导干部廉政风险干预实施办法（试行）》。构筑风险排查"坚实防线"，切实增强廉政风险防控的针对性；构筑规范用权"关键防线"，着力增强源头防控廉政风险的能力；构筑制度"基础防线"，建立健全廉政风险防控长效机制。[①] 又如，衢州市将廉政职能、廉政风险点、廉政风险防控措施统一纳入部门机构改革"三定"方案，做到业务职能与廉政职能一肩挑、业务责任与廉政责任一起担——这是衢州市结合政府机构改革推进廉政风险防控机制建设的创新举措。[②]

总之，浙江省通过强化廉政风险防控，采取多项制度和机制，并不断完善这些制度体系，抓住重点领域和关键点，规范和制约权力运行，最大限度降低廉政风险。

4. 重视推进廉政文化建设

文化缺失是腐败问题发生的一个重要原因，推动整个社会树立良好风气，有助于为党风廉政建设创造良好的社会环境。基于此，廉政文化建设首次被写入浙江省委文件。在 2003 年颁布的《浙江省惩治和预防腐败体系实施意见》中规定，面向社会开展廉洁教育，积极推动廉政文化进机关、社区、学校、企业、农村和家庭。

浙江省在廉政文化建设方面做了很多探索，把廉政文化纳入建设文化大省的整体规划之中，统一部署落实。把廉政建设与文化建设有机结合起来，顺应时代发展潮流，及时赋予廉政文化以丰富的内涵、时代的精神和先进的理念，把廉政文化建设作为开展反腐倡廉教育、建设社会主义先进文化的重要抓手，在廉政建设中不断加强文化防腐的力度，筑牢思想道德防线，着力从源头上防治腐败。

2005 年浙江省委出台《关于加强廉政文化建设的意见》，确立了全省廉政文化建设的总体目标："通过 5～10 年的努力，建立以科学的廉政理论为统领，以丰富多彩的廉政文化活动为载体，以健全的廉政制度为基础，具有

---

① 参见《台州市构筑"三道防线"扎实推进廉政风险防控机制建设》，人民网，http：//politics. people. cn/GB/70731/16849290. html，2012 年 1 月 11 日。

② 参见朱政《衢州市推进廉政风险防控机制建设取得明显成效》，《中国纪检监察报》2011 年 12 月 7 日。

鲜明时代特征的廉政文化体系，使广大党员干部拒腐防变能力不断提高，廉洁理念深入人心，反腐倡廉的社会环境和舆论氛围不断改善。"时任省委书记的习近平同志指出，在廉政文化建设进入全面推进阶段，以"立党为公、执政为民"为核心，以"艰苦奋斗、廉洁奉公"为主题，以党政机关和党员干部为重点，以学校、社区、农村、企业和家庭等为支撑，以培育优良的党风、政风和社会风气为目标，努力建立以科学的廉政理论为统领，以丰富多彩的廉政文化活动为载体，以健全的廉政制度为基础，具有鲜明时代特征和浙江特色的廉政文化体系。① 从而以文化的力量不断增强广大党员干部拒腐防变和抵御风险的能力。

浙江各地也在推进廉政文化建设和创新实践。2004 年以来，宁波市廉政文化建设进机关、学校、企业、农村、社区、家庭的具体意见相继出台，成为国内第一个出台廉政文化"六进"实施意见的城市。廉政文化建设途径方式多样化，也使得廉政文化建设领域不断拓展。

二 健全党政领导干部监督与问责制度

习近平总书记曾指出，"越是领导机关，越是领导干部，越是主要领导，越要廉洁自律，加强监督，以身作则，当好表率"。对领导干部行使权力加强监督，内在包含着对于违法违纪行使权力的责任追究的制度，也只有真正落实了这种责任追究，才能确保监督制度变为现实。

1. 强化对权力进行责任追究的要求

关于对权力运行结果加强责任追究，习近平总书记有一系列思想深刻的论述。他强调说，"我们要健全权力运行制约和监督体系，有权必有责，用权受监督，失职要问责，违法要追究，保证人民赋予的权力始终用来为人民谋利益"②。后来又在谈到关于法治政府建设和政府职能转变领域的改革任

---

① 参见《"中国·浙江廉政文化论坛"在杭举行，习近平致辞》，浙江省纪委网站，http：//www. zjsjw. gov. cn/news/detail. asp？id＝7864，2005 年 12 月 8 日。

② 习近平：《在首都各界纪念现行宪法公布施行 30 周年大会上的讲话》，《人民日报》2012 年12 月 5 日，第 2 版。

务时提出，"要推进法治政府建设，坚持用制度管权管事管人，完善政务公开制度，做到有权必有责、用权受监督、违法要追究"①。他还把加强责任追究作为反腐败体制机制改革的一部分，"反腐败体制机制改革，一个很重要的方面是厘清责任、落实责任。不讲责任，不追究责任，再好的制度也会成为纸老虎、稻草人"②。

除了总体层面加强权力监督和责任追究，在具体工作领域也同样强调加强责任追究制度的重要性。例如，要求建立生态环境保护领域里对主要领导干部的责任追究制度，"要建立责任追究制度，对那些不顾生态环境盲目决策、造成严重后果的人，必须追究其责任，而且应该终身追究"③。与之相关的组织部门、监察部门等要坚持把责任追究落到实处。又如，对于决策失误的责任追究，提出要"建立重大决策终身责任追究制度及责任倒查机制，对决策严重失误或者依法应该及时作出决策但久拖不决造成重大损失、恶劣影响的，严格追究行政首长、负有责任的其他领导人员和相关责任人员的法律责任"④。通过严厉的责任追究机制的保障，实现决策的科学化民主化和法治化。

2. 加强党内监督以及对领导干部责任追究

邓小平同志早在 50 年代就强调过，共产党要自觉接受监督，这对于维护和巩固党的领导权是至关重要的。2004 年，时任浙江省委书记的习近平同志提出要求："各级党组织要切实加强对权力运行的监督制约，把领导干部管住管好，特别是对各级领导班子的主要负责人更要严格要求、严格管理、严格监督。"

---

①　中共中央文献研究室编《习近平关于全面深化改革论述摘编》，中央文献出版社，2014，第 74 页。

②　中共中央文献研究室编《习近平关于全面深化改革论述摘编》，中央文献出版社，2014，第 81 页。

③　《习近平在中央政治局第六次集体学习时强调　坚持节约资源和保护环境基本国策　努力走向社会主义生态文明新时代》，《人民日报》2013 年 5 月 25 日，第 1 版。

④　《中共中央关于全面推进依法治国若干重大问题的决定》，《人民日报》2014 年 10 月 29 日，第 3 版。

　　浙江省委近十年来一直重视并不断完善党内监督制度。2003 年颁布的《浙江省惩治和预防腐败体系实施意见》在关于党内监督部分规定，加强对领导机关、领导干部特别是各级领导班子主要负责人的监督。在贯彻执行这一实施意见基础上，2005 年在全国第一个出台《浙江省党内监督十项制度实施办法（试行）》，具体包括舆论监督制度、询问和质询制度、罢免或撤换要求及处理制度、集体领导和分工负责制、重要情况通报和报告制度、述职述廉制度、民主生活会制度、信访处理制度、巡视制度、谈话和诫勉制度。这些制度坚持继承与创新相结合，突出党内监督的重点内容和重点对象，进一步增强了对领导干部监督的有效性、可操作性，提高了制度化水平，一个比较完善的党内监督制度体系逐步形成。

　　落实责任追究制度，抓问责和责任追究体系建设，严肃查处和惩治权力腐败。不断完善办案制度，始终保持惩治腐败的良好势头，形成党员干部不敢腐败的惩戒机制。2003 年 2 月 22 日，习近平同志在省纪委二次全会上讲话时强调，"坚持有贪必反、有腐必惩、有乱必治、依法依纪坚决惩治腐败"。十七大以来，浙江省及其各地党委、政府采取有效措施，加大执行力度，责任追究制度在探索中发展，取得了阶段性成效。杭州市不断加强党内监督制度。2004 年开始，杭州市委出台党内监督制度"10＋1"配套实施办法，具体包括《市委工作规则》《关于重要情况通报和报告的规定》《关于巡视工作的暂行规定》《关于罢免或撤换要求及处理的规定（试行）》《关于加强对党政主要领导干部监督的规定（试行）》等 11 项。① 这一由若干配套规定和解释组成的党内监督制度体系，推进了党内监督工作的规范化和法制化。还有，宁波市在 2005 年出台了 6 项制度加强党内监督，具体包括：推进"一把手"监督工程，推行党务公开和内部事务公开制度，深化述职述廉制度，逐步试行询问和质询制度，构建廉情预警机制，完善巡视制度。这一系制度实施促进了党内监督工作的科学性、主动性和前瞻性。

---

① 参见《杭州市出台党内监督制度"10＋1"配套实施办法》，杭州网，http：//www. hangzhou. com. cn/20050801/，2005 年 9 月 2 日。

三 加强对行政权力的行政监察和审计监督

在权力监督领域，浙江省高度重视行政监察工作，在行政系统内部对权力运行进行监督的体制机制建设也不断推进。

近年来，浙江省把加强党的纪律检查工作与加强行政监察工作有机结合起来，进一步加强和改进行政监察工作，保证了政府重大决策的贯彻落实。

2005年，时任浙江省委书记的习近平同志要求，把加强党的纪律检查和加强行政监察以及加强机关效能建设结合起来，形成有效的反腐倡廉促勤体制和机制。2005年4月，浙江省委、省政府成立了省机关效能建设工作办公室，省纪委、监察厅设立了行政效能监察室。2005年底，全省各市、县（市、区）成立了机关效能建设工作办公室，所有地级市和33个县（市、区）纪委、监察局都成立了效能监察室，形成了以"党委政府统一领导，纪检监察机关和效能办组织协调，部门齐抓共管，干部群众广泛参与"的机关效能建设领导体制和工作机制。为进一步做好新形势下的行政监察工作，浙江省政府在深入调查研究、广泛征求意见基础上，2005年制定了《关于进一步加强和改进行政监察工作的意见》，从加强效能监察、廉政监察、执法监察及加大治本力度等方面，明确了全面履行行政监察职能的途径和方式。

浙江省各级监察机关围绕政府中心工作，研究和确定监督工作重点，创造性地开展工作。各市县普遍建立机关效能监察投诉中心；加强制度建设，制定《影响机关工作效能行为责任追究办法》《投诉中心工作办法》等规范性文件，初步建立了有效的机关效能监察投诉受理网络和投诉工作机制。严格行政过错责任追究，严肃查处少数行政机关及其工作人员中存在的行政不作为、乱作为等问题。2004年至2005年9月，全省共受理机关效能投诉29752件，有9005名机关工作人员因机关效能问题受到处理。①

---

① 参见《浙江加强和改进行政监察工作》，浙江省纪委网站，http://www.zjsjw.gov.cn/news/detail.asp? id=7811，2005年12月2日。

随着违法违纪手段日趋隐蔽化、智能化、复杂化，行政监察机关主动适应经济社会转型期的新要求，以建设廉洁政府为目标、以规范权力运行为重点、以深化源头治腐为关键，科学谋划行政监察工作路径。"科学运用行政监察监督方式，充分发挥廉政监察、执法监察、效能监察这三大基本监督方式的作用。"① 坚持把信息网络技术等科技手段融入规范制约权力的制度设计和管理流程之中。近年来，浙江大力推进电子监察系统建设，将行政审批、公共资源交易等近3万项政务服务事项纳入电子监察范围，做到同步监察、实时监控。"浙江省自2007年10月起正式启动电子监察系统建设，全省90%以上的市、县（市、区）与省电子监察系统实现联网，省市县三级联网的电子监察系统形成了一个纵向联通、横向覆盖的审批事项信息数据库。"② 还制定了《浙江省电子监察绩效考核办法》，达到技术预防与制度预防的有机结合，促进廉政优政。这些创新性实践大大增强权力运行制约的有效性。

加强对政府的审计监督，主要是针对政府财政权力运行，预防和惩治财权腐败。近年来浙江省政府不断注重审计监督制度建设，尤其是经济责任审计工作起步早、起点高。早在1996年，省委、省政府就制定了《浙江省领导干部经济责任审计办法（试行）》，在全国率先开展地厅级领导干部经济责任审计。2001年开始试点市、县长经济责任审计，后来扩展到书记、县长同步审计，为全国提供了经验。2006年2月，时任省委书记的习近平同志就市县长经责审计作出重要批示，要求市县长审计要树立正确导向。③ 目前，浙江省已形成覆盖市县和乡镇党政主要领导、党政部门主要领导和国企领导人员的经济责任审计格局，形成符合浙江实际的总体工作框架。各地政府也在加强对领导干部的经济责任审计。像舟山市从2005年开始，将经济责任审计纳入党委、政府党风廉政建设和反腐败工作的重要内容，建立了以

---

① 《浙江省监察厅把握形势　加强和改进行政监察工作》，监察部网站，http：//www. zjsjw. gov. cn/news/detail. asp？id＝18422，2011年12月19日。
② 《浙江建立健全腐败风险防控机制纪实》，《中国纪检监察报》2009年12月1日。
③ 参见《全面推进经济责任审计工作科学发展》，《浙江日报》2011年2月24日，第12版。

市长为责任领导，审计部门牵头，组织监察财政人事劳动等部门参与的工作机制。2010 年，杭州市委、市政府出台《杭州市领导干部经济责任追究办法》，创新经济责任制度体系，突出"问责""问效"，填补了该市经责审计制度体系的空白。

可以说，浙江省的审计监督制度取得了显著成效，审计工作走在全国前列。特别是深化经济责任审计，把好领导干部的"经济关"，是从源头上治理腐败和加强干部管理的一项重要制度。通过审计监督和公开制度，无疑加大了权力监督和制约力度，成为民主政治发展的重要方面。

第三节 多层次多领域地方权力监督机制的探索与创新

在监督权力运行的过程中，浙江省各地不断探索具有各自特色的监督机制和制度创新，开展多领域、多渠道的权力监督创新性实践。这些权力监督实践创新，从监督主体来看，包括人大监督、行政监督、群众监督、舆论监督等类型。

党的十八大报告提出，"加强党内监督、民主监督、法律监督、舆论监督，让人民监督权力"。实行全方位监督权力，要发挥好各种监督方式和各类监督主体的作用，增强监督合力和实效。在这些基础性监督体系上，浙江地方和基层党政机关坚持实践探索和监督机制创新，主要包括：地方人大对"一府两院"的监督机制创新，具体涉及对政府履职和预算的监督机制，对司法"两官"的特色监督评议；市民公众对政府履行职能的监督；以及畅通舆论和媒体监督渠道和途径。

一 基层人大对政府履职和预算的监督机制创新

我国宪法规定，"一府两院"由人民代表大会产生，对人大负责，受人大监督。人民代表大会对政府的监督，是宪法规定的权力。但目前情况下很难实现，有些没得到执行，因此更有加强监督行政权力的现实重要性。"行政权力由于它的主动性、广泛性、经常性、持续性等方面的特征，在权力行使的过程中，最容易危及公民、法人和其他组织的合法权益。"[①] 所以，人大对行政权力的严格限制与监督，对于公民权利的发展和保障，至关重要。因此，监督、控制、约束行政权力，往往是各个国家权力制约和监督的重要内容。审查、批准和监督财政预算，是宪法和法律赋予人大及其常委会的一项重要职权，是人大监督的一项重要职能。

近年来，浙江各地人大按照法律规定，积极创新，在预算监督方面进行了有益探索。在基层权力监督机制的创新方面，主要是基层人大对政府履行职能的监督，以及对政府预算的监督。典型的是乐清市人民听证制度的实践创新以及温岭市以人大为载体参与式预算的实践创新。

1. 以人大为载体的人民听证制度

乐清市的人民听证制度，是以人大为载体的公民参与对政府履行职能的监督制度。人大搭建平台，让人大代表和普通民众监督政府工作情况。这是2007 年实施《监督法》的一个新举措、新方法，最关键的是人大行使监督权的方式创新，加入了市民主体元素。在人大履行法定监督职权基础上，把事后监督变为事前监督，被动监督变为主动监督，抽象监督变为具体监督，事前监督变为全过程监督。

人民听证制度有 6 个环节的基本流程：①年初确定议题。以 2014 年为例，根据 34 件人大提案，根据乐清市十五届人大三次会议的决议和 2014 年首次人民听证的会议情况，将河道整治、城乡清洁、交通治堵和食品安全等4 项工作列为 2014 年专题监督项目。②组织调研。由人大常委会副主任牵头，各个负责的工委、市委会委员、人大代表、市民（有志愿者组织参加的）共同开展调研，倾听真实民意。③召开听证会。参会各方包括市人大常委会组成人员和部分市人大代表；市政府人员，对应的副市长以及相关政府部门的负责人；各界市民参与者。④形成意见。听证会后人大召开主任会议，形成意见，交给市政府去落实。⑤专题调研、专项调研。这是跟踪监督，以及人大监督的通报制度，发现问题及时通报。⑥年末评估。年末市政

---

① 喻中：《权力制约的中国语境》，法律出版社，2013，第 133 页。

府相关部门来汇报工作完成情况，还有满意率测评。

通过规范程序运作的人民听证制度，更好地发挥了人大对政府的监督功能。从 2007 年 5 月到 2013 年 10 月，乐清人大共进行了 24 场人民听证会议，涉及教育、环保、城建、交通、社会治安等 62 项专项工作。人民听证适应民主政治发展的要求，作为人大履行法定监督职能的新方式，取得了实践效果。首先提升了政府的执行力，通过听证监督政府履行好相关职能。例如，在 2013 年 4 月关于河道及河道治理的人民听证之后，到年底乐清基本完成 86 条垃圾河清理和 44 条黑臭河整治，水环境得到了治理，给人民带来了实惠。还提高了基层人大监督功能和地位；并且依托人大常委会这一平台促进了政府与社会、与公民的合作共治，更好地解决各种社会难题和民生问题。

2. 以人大为平台的参与式预算制度

人大对政府预算的监督，是管住政府的钱袋子。人大严格监督政府财政，政府收支权力的行使才会受到实际约束。基层人大对政府预算参与监督的典型案例是温岭的参与式预算。

温岭市人大对政府预算监督的参与式机制，是 2005 年从新河镇和泽国镇试点开始的。2008 年从镇一级上升到市一级，相继开展了部门预算民主恳谈、代表工作站预算征询恳谈、预算项目初审听证、人代会分代表团专题审议部门预算、人代会票决部门预算、推动预算决算公开等探索。① 在温岭市级政府层面，参与式预算主要有如下几个步骤：①人代会之前深入开展预算协商和初审。②人代会中深化预算审查。这是按照正式法律程序进行的。③闭会期间强化预算监督。从 2008 年开始，将市级预算决算报告、审计工作报告等预决算审查的相关信息，在温岭市人大网上公开，接受全社会及人大代表监督。②

参与式预算的实践取得了积极效果。一方面更加充分地发挥了人大对预算的监督审查职能，进一步激发了人民代表大会制度的活力；另一方面是促

---

① 参见温岭市人大常委会《温岭市人大工作情况汇报》（内部材料），2014 年 5 月 7 日。
② 参见温岭市人大常委会《温岭参与式预算的做法、成效及启示》（内部材料），2014 年 6 月 7 日。

使政府预算编制更加详细、科学、透明，克服了政府财政支出的随意性和预算软约束问题，财政资金得到有效监督和使用；再一方面是公民参与预算的实践，通过人大搭建多个层面的预算协商平台，组织人大代表和公众广泛多层参与，落实了人民群众的知情权、参与权、表达权和监督权。这种参与式预算使得预算审查的监督从单纯的程序性，走向程序性与实质性并重，这也是中国基层预算改革的重大突破，从政府预算的单一主体，向政府与公众共同制定预算，促成更加科学合理的预算。

二 地方人大对法官、检察官的特色监督制度

人民代表大会及其常委会是国家权力机关，依法行使立法权、监督权、决定权、任免权等职权，依法加强对"一府两院"的监督，是坚持中国特色社会主义政治发展道路和建设社会主义法治国家的重要内容之一。"推动人民代表大会制度与时俱进，健全立法起草、论证、协调、审议机制，健全一府两院由人大产生、对人大负责、受人大监督制度，健全人大讨论、决定重大事项制度，完善代表联系群众制度，充分发挥人民代表大会制度的根本政治制度作用。"① 人大监督是作为国家权力机关最高层次的监督，也是最具法律效力的监督。就人民代表大会的监督权而言，人大及其常委会作为国家权力机关，对由其产生的司法机关的监督是宪法规定的一项重要权力，以保证司法机关按照人民意志运转。

浙江地方人大在创新其对司法监督过程中，主要是在依法行使监督职权的基础上，实现监督形式和监督方式创新，通过对两院法官和检察官的评议来加强对司法权的监督。宁波、台州、嘉兴、衢州等地方人大及其常委会以了解掌握评查司法机关及其工作人员办案为抓手，以重大事项报告和对法官与检察官绩效评估为切入点，对司法监督的途径和手段进行了有益探索和尝试。

宁波市加强人大监督工作，提高治理能力和水平。其中一个监督机制创

---

① 中共中央宣传部编《习近平总书记系列重要讲话读本》，学习出版社、人民出版社，2014，第78页。

新是对法官、检察官的评议。评议内容主要包括抽查他们主办的案件，旁听被评议的法官和检察官公开庭审或者出庭支持公诉案件等方式调查研究，通过民主测评、评议方法，评出优秀、称职、不称职的法官和检察官，处理结果是要求对存在的问题进行整改。宁波市人大常委会通过修订完善《关于司法机关报送文件和报告有关工作的规定》，2012 年通过了《宁波市人大常委会关于司法机关重大工作情况报告的规定》，其中对司法机关的界定、重大工作情况的报告范围、报送程序等内容作了明确设定。

台州温岭市人大加强对司法机关监督的有效途径是深入推进对两院法官和检察官的绩效评估工作。自 2008 年开始启动，按照设定的条件、采用电脑随机抽选的方式，每年在法院或检察院中确定一部分法官或检察官为评估对象，并通过网上向全社会公示评估名单，积极让群众参与监督的全过程，组建市人大常委会绩效评估小组，对被评估对象进行工作绩效满意度测评。比如 2013 年在法院正、副庭长中通过电脑抽选出 6 位被评估对象，通过组织法院 180 多名全体干警进行民主测评，走访政法委等 13 个单位以及 4 家律师事务所，向被评估对象所居住的社区了解其家庭邻里关系以及 8 小时外的表现，观摩庭审 16 次，抽查案件 123 件，向被评估对象主办案件的当事人发送征求意见函 476 张，历时 3 个月深入调查了被评估对象的司法业绩、办案情况以及法律效果和社会效果。

温岭市通过绩效评估，将法官、检察官从接受内部小范围监督拓展为接受人大和社会公众的公开化监督，促进和加强了人大对所任免司法人员的监督，促使司法机关进一步完善内部制约机制。这一工作在台州市全面推广。台州市人大履行监督职权、加强监督工作，2010 年以来的一项重点和亮点工作，就是在开展对"一府两院"总体监督的同时，通过调查及评议等方式加强对法官检察官的履职监督。这些举措促使司法机关更好地为民、公正、依法行使权力。

三　群众监督和舆论监督的渠道与机制创新

在权力运行监督过程中，从监督主体角度看，人民群众监督和舆论监督是联系在一起的。党的十六大报告在权力监督部分指出，要把党内监督、法律监督、群众监督结合起来，发挥舆论监督的作用。发挥群众和社会舆论监督在权力制约和反腐败中的作用，是社会主义民主政治建设和发展的必然结果。习近平总书记曾经指出，畅通群众监督渠道，规范舆论监督，完善社会监督体系。"在全面深化改革进程中，遇到关系复杂、难以权衡的利益问题，要认真想一想群众实际情况究竟怎样？群众到底在期待什么？群众利益如何保障？群众对我们的改革是否满意？"① 这就需要群众监督的实践，发挥群众主体作用。

1. 以舆论监督促使权力依法行使

社会舆论监督在权力监督中发挥着重要作用。以舆论监督权力是人民主权的题中应有之义，是人民主权的一个极其重要组成部分。与其他类型的监督相比，舆论监督主体来自于国家权力之外。舆论监督主体对于被监督的权力主体而言，有相对独立性，使其监督具有相对客观性。2004 年时任浙江省委书记的习近平同志提出接受舆论监督的要求，"各级领导干部都要欢迎舆论监督，主动接受舆论监督，通过运用舆论监督，改正缺点和错误，努力把工作做得更好"②。舆论监督是社会发展对权力进行制约和监督的要求，新闻媒体参与监督，有助于揭露和制约腐败现象，以确保权力在为人民谋福利的根本前提下运行。

在浙江党政部门，接受舆论监督的形式灵活多样。浙江省、市、县三级组织部门全部开通官方微博，开全国先河。2009 年以来，省、市、县三级组织部长每年走进网络与网民互动交流，听取意见建议，并直面解答网友"拍砖"。"2012 年，仅省、市两级就有 12 场访谈交流，页面访问量超过120 万人次，在线回答网民提问 1200 个。"③

温州通过电视问政开展对政府权力运行的监督活动。2014 年温州市委、市政府印发了《2014 年度市直单位专项工作"电视问政"活动方案》，主

---

① 习近平：《切实把思想统一到党的十八届三中全会精神上来》，《求是》2014 年第 1 期。

② 习近平：《之江新语》，浙江人民出版社，2007，第 55 页。

③ 周咏南：《浙江省代表畅谈加强权力监督　让权力在阳光下运行》，《浙江日报》2012 年 11 月 13 日，第 4 版。

要是全力打造"公众参与、媒体监督、干群互动"的问政平台，目的是为了通过媒体监督促使政府更好地行使权力和履行职能。这些问政活动，有规定程序，有群众现场提问环节，还有问政结果的反馈，与年终考核连接起来，从而增强了问政的实效。

以网络平台监督的形式是近几年得以较快发展的一种舆论监督主要途径，如果能利用好，可以发挥出正面积极作用。例如，温州市党委和政府拓宽了多种舆论媒体监督渠道、创新了舆论监督形式，加强对权力运行监督，取得了实际成效。市政府 2014 年印发了《关于加强网络问政工作的实施意见》，充分发挥以政府门户网站为主阵地，政务微博、政务微信等新媒体为辅助的网络问政平台作用，进一步畅通、拓展政府与群众沟通的渠道，建立网上听民意、汇民智、聚民心和网下察民情、办民事的长效机制。这也是以群众和网络监督促进政府履行职能的一种重要渠道与载体。杭州市利用微博等新媒体加强网络反腐。杭州市纪委官方微博以草根的姿态融入网民群体，用最迅捷亲民的方式，向社会发出纪检监察机关的声音。为此还专门制定出台《"@廉洁杭州"政务微博管理办法》，对微博发布的内容、来源、审核流程等都作出明确规定，建立了信息报送、审核、回复、处置和考核机制，并明确把微博工作纳入委局机关内部考核和全市党风廉政建设责任制考核内容。[1]

2. 人民群众监督权力的实践新机制

通过扩大民主来加强人民群众对政府的监督。群众监督既是防止政府犯错误的一种手段，同时也是人民行使民主权利的目的。一个接受群众监督的政府，能够得到群众拥护和支持。浙江各地接受公众监督的实践做法日益多样化，也都不断探索创新群众监督的新形式和机制，确保对权力运行的社会监督和约束。其中，温州的市民监督团，是公民参与监督政府行使权力和履行职能的典型案例。

城市建设和管理与人民群众的生产生活密切相关，离不开群众的全面参

---

[1]　参见杭州市纪委《杭州市纪委运用微博等新媒体推进"开门反腐"》，中央纪委监察部网，http：//www.ccdi.gov.cn，2014 年 7 月 27 日。

与和监督。为进一步破除发展障碍，改善发展环境，加速改革进程，2010年温州日报报业集团创建成立了"城市绿化千人监督团"。2012 年 3 月，改编扩充为"市民监督团"，充分利用报纸、网络等多种媒体手段，发挥民间智慧和群众监督作用，开展了系列监督活动。① 市民监督团的产生，是社会多元化发展的结果，是人民大众实现民主监督的有效平台。市民监督团成立至今，关注的点从城市绿化到破难攻坚，从违法建筑拆除到市区交通通畅，范围越来越广。从当初的千人扩展到现在的 44 个监督分团和分队 6000 多人，已经取得了明显的社会成效，成为重要民间舆论监督力量，受到了上级领导和广大干部群众的充分肯定。市民监督团把监督主体从媒体自身延伸到市民群众，以群众关注的政府重点工作和热点问题为切入点，开展跟踪督查，增强了主体力量和监督分量。

温州市民监督团的创新价值，也是其最大特色，就是群众监督与媒体监督结合起来，提升了群众监督力量和效果，增强了舆论媒体监督的民意代表性。市民监督团不仅是监督形式创新，更是监督内容、方式、流程的创新，也可以说是舆论监督发展史中的创新，更为深刻的含义在于使普通市民由旁观者转变成了参与监督者。

广播电视、网络作为公民参与的具体实践途径和载体，使媒体在推动和促进人民群众监督权力的过程中发挥着助推功能。从人民群众监督和媒体舆论监督所构成的社会监督实践的新机制以及监督效果审视，加强对权力运行的制约和监督，不仅要求体制内的人大监督、法律监督、党内监督等机制与体系的监督，还要求以群众和媒体舆论为代表的社会权利的监督，从而实现体制内监督和体制外监督的有机结合。

第四节　实现权力制约与监督的法治路径

从近年来民主政治发展中的权力制约与监督实践审视，浙江在强化权力监

---

① 参见温州市委宣传部《广聚民意　力推发展——温州市市民监督团活动纪实》（内部材料），2012 年 12 月。

督和反腐倡廉建设领域取得了显著的实际成效。其中主要经验和启示意义包括：坚持以制度为本和法治方式加强对权力的监督与制约；进一步探索对关键部门和权力较为集中的重点领域与环节的监督机制创新；充分发挥好多种主体和监督途径之间的合力作用和整体效能，实现体制内外监督体系的有效对接。

一　坚持以制度为本和法治方式加强权力制约与监督

加强权力制约和监督，制度建设至关重要，并且还要把制约和监督权力运行的制度形成配套的制度体系，增强制度的系统性和衔接性。同时，不断提高法治观念，以法治方式加强权力行使的制约和监督，这也是建设"法治浙江"的一个重要组成部分。浙江省及其各地方党委和政府近年来的实践就是不断完善制度建设并坚持依法监督和制约权力的过程，在多方面取得了显著成效。监督制度和机制建设是加强权力制约监督和反腐败的治本之策，这是今后继续强化权力制约与监督的根本经验和启示。

从实际情况看，影响反腐败成效的问题主要有两个，正如习近平总书记在中纪委一次全体会议上的讲话中指出的那样："一是反腐败体制机制不健全，机构职能分散，形不成监督合力；二是有些案件受到各种因素影响难以坚决查办，有的地方腐败案件频发却追究责任不力。"[①] 为此，解决权力监督和制约的关键，还是要依靠制度。

强化监督、管住权力，把权力关进制度的笼子。首先必须先建好笼子，先加强制度规范建设，这是重点与关键。正如习近平总书记所说："把权力关进制度的笼子里，形成不敢腐的惩戒机制、不能腐的防范机制、不易腐的保障机制。"[②] 为此，正确处理好权力制约和监督制度的继承与发展创新的关系，增强制度的系统性、前后衔接性、协调性与可操作性，最大限度防止制度漏洞、减少制度之间的相互冲突或摩擦，以免抵消制度的有效性和制度

---

① 中共中央文献研究室编《习近平关于全面深化改革论述摘编》，中央文献出版社，2014，第79~80页。

② 习近平：《更加科学有效地防治腐败　坚定不移把反腐倡廉建设引向深入》，《人民日报》2013年1月23日，第1版。

效力。关键的还有，权力制约和监督制度建设首先要限制和控制自由裁量权、尽可能缩小权力弹性；增强制度设计的预见性和科学性，不要总是跟在权力腐败问题之后；减少原则化设计，细化和完善监督程序，切实增强监督制度的可操作性和执行力。

加强权力制约和监督还要坚持监督体制机制改革。这也是以制度为本来监督制约权力的重要内容。对此，习近平总书记在十八届中央纪委第三次全会上发表重要讲话时强调："要以深化改革推进党风廉政建设和反腐败斗争，改革党的纪律检查体制，完善反腐败体制机制，增强权力制约和监督效果，保证各级纪委监督权的相对独立性和权威性。"① 以此思想为指导，推动党的纪律检查工作双重领导体制具体化、程序化、制度化，在新的监督体制机制下，促使落实党委的主体责任和纪委的监督责任，从而强化权力监督的实效性。

坚持法治思维和法治方式是制约与监督权力的重要保障。建设法治中国，必须坚持依法治国、依法执政、依法行政共同推进，坚持法治国家、法治政府、法治社会一体建设。在这一总体目标指引下，为了更好地加强权力制约和监督，必须坚持法治方式。习近平总书记多次提到要加强反腐败立法，运用法治思维和法治方式反腐败，"要善于运用法治思维和法治方式反对腐败，加强反腐败国家立法，加强反腐倡廉党内法规制度建设，让法律制度刚性运行"②。通过加强反腐倡廉党内法规制度建设以及反腐败立法，形成不敢腐、不能腐、不想腐的有效机制，尽快形成内容科学、程序严密、配套完备、有效管用的反腐败制度体系。"健全反腐倡廉的法规制度体系，完善惩治和预防腐败、防控廉政风险、防止利益冲突、领导干部报告个人有关事项、任职回避等方面法律法规。"③ 总之，要坚持标本兼治、综合治理、

---

① 《强化反腐败体制机制创新和制度保障　深入推进党风廉政建设和反腐败斗争》，《人民日报》2014 年 1 月 15 日，第 1 版。
② 中共中央文献研究室编《习近平关于全面深化改革论述摘编》，中央文献出版社，2014，第 71 页。
③ 《中国共产党第十八届中央委员会第三次全体会议文件汇编》，人民出版社，2013，第 56 页。

惩防并举、注重预防方针，更加科学有效地防治腐败，全面推进惩治和预防腐败体系建设。

从最广义上分析，制度包含着法律，因此加强权力制约和监督的根本制度建设和加强立法，与坚持以法治方式来制约和监督权力是内在一致的。坚持用法治的方式来加强权力制约和监督，关键一点就是必须做到坚决贯彻落实法律和制度，真正实现违法必究。为了增强权力制约监督以及反腐败的预见性，还要加强相关领域立法，当前有些较为隐蔽性的违法违纪案件就是因法律的不完备而发生的。在十八届四中全会《关于全面推进依法治国若干重大问题的决定》中，就把"严密的法治监督体系"作为社会主义法治体系的一个重要组成部分。现阶段，加强权力运行制约和监督的立法任务还比较重大。

二　加强对重点领域和关键环节的权力监督机制

在全面加强权力运行监督和制约的基础上，进一步突出重点，抓住主要矛盾，加强对那些权力较为集中的领域和关键环节的监督与制约。这是浙江省委和省政府确保权力合法公正行使的又一个重要经验和启示。

从当前权力腐败案件和情况分析，权力运行制约和监督领域仍然存在一些突出问题和薄弱环节。腐败案件在一些权力、资金、资源等较为集中的部门和领域易发高发，比如工程建设和重大投资、审批、教育卫生、国企等相关的部门和领域，而且大案要案和窝案串案还时有发生。与对一般领导干部的监督相比较而言，一把手的腐败还没有控制住，对一把手的监督还是一个较为薄弱环节。例如，在一些地级市中，一把手的腐败多发，"5 年查了 32 个市本级干部，其中 11 个是一把手。从全国的数据来看，一把手的腐败率也是在 1/2 到 1/3 之间"[①]。

这些权力运行领域严重的现实问题，说明了进一步加强重点权力领域的制约与监督的紧迫性和极端重要性。针对这些问题，要进一步加强权力较为集中领域和关键环节的制约与监督，确保权力运行的各个环节之间首

[①]　杭州市纪委：《关于加强对权力运行制约与监督的思考》（内部材料），2014 年 6 月。

先要相互制约。在社会主义市场经济条件下，在权力、资源和资本较为集中的领域，在干部的用人、用钱和资源配置的重点领域、重点部门和关键环节，进一步探索监督机制创新。对财政、金融、交通、土管、住建、组织人事等重点部门，应加大监督力度。特别是要针对现阶段违法违纪案件在迅猛发达的信息技术之下更具隐蔽性、复杂化和技术化的特点，还有些重大违法违纪案件以金融资本运作的方式为掩盖，就更需要探索和创新监督机制。

加强对领导干部一把手的制约和监督力度。这是从浙江省委、省政府到各地市委、市政府都在注重完善和加强权力制约的重点，也是作为党内监督的重中之重。最为突出的经验启示就是在领导层实行分权加强权力制约，对一把手的权力范围作出严格界定，切实推进"三重一大"制度，即凡重大决策、重要干部任免、重大项目安排和大额度资金使用等重大问题，必须坚持集体讨论决定，并进行社会公开，接受群众监督。另一个关键举措是通过不直接分管制度来限制和监督一把手的权力独断行使，把以往过于集中的权力分解为几个人或几个层次共同掌管行使，以集体权力制约个人权力。再有一点是抓好领导干部的述职述廉、重大事项报告、函询质询等党内监督制度的落实与责任追究，着重解决领导干部的权力滥用和腐败问题。

加强重点的权力领域和关键环节的监督，还要全面清理相关的各项制度规定，加强制度评估，不断提高制度的质量。与此同时，为了提高权力制约制度的执行力，要明确制度的实施、反馈、监督的责任主体，严肃查处、及时通报违反和破坏制度的行为，从而增强制度的刚性约束。通过加大改革力度来更加有效地防治重点领域的腐败，正如习近平总书记强调的："深化腐败问题多发领域和环节的改革，最大限度减少体制缺陷和制度漏洞，拓展从源头上防治腐败工作领域，通过深化改革不断铲除腐败现象滋生蔓延的土壤。"①

---

① 中共中央文献研究室编《习近平关于全面深化改革论述摘编》，中央文献出版社，2014，第74页。

三　发挥多元主体监督的合力与整体效能

公共权力的运行涉及多个方面和多个维度，对权力运行的制约和监督也是多维度、多层面的，因此要充分发挥好多种类监督之间的合力和整体效能。浙江省比较注重综合运用多种监督形式、创新监督机制、探索新的监督途径，充分发挥出各监督主体的综合监督力。这也是今后加强权力制约与监督的重要启示。

因为全国有不少地方的权力监督体系还不太完善，有些监督主体应有的监督功能还未实际发挥出来。党的十八届四中全会《决定》中指出，"加强党内监督、人大监督、民主监督、行政监督、司法监督、审计监督、社会监督、舆论监督制度建设，努力形成科学有效的权力运行制度和监督体系"[①]。为此，借鉴浙江及各地方政府利用和发挥好多种监督主体与监督方式的整体监督合力之实践经验。

1. 切实加强和完善党内监督

党内监督的一个重点是，加强对党内主要领导干部的监督。2002年十六大报告中就提出要"重点加强对领导干部特别是主要领导干部的监督"。此后党的重要文件中多次强调了加强对领导干部的监督。真正增强党内监督实效，主要是完善党内监督各种制度，并制定有针对性的实施办法，尤其是加强落实党内询问、质询、责任追究制度，这是领导干部依法行使权力的关键保障。特别是对一把手的监督，适度分解较为集中的权力，重大决策、重要人事任免、重大资金项目等都要实行集体领导。

完善党内监督的另一个重点是推动党内监督体制机制改革，以改革促反腐。加快纪律检查体制改革，"落实党风廉政建设责任制，党委负主体责任，纪委负监督责任，制定实施切实可行的责任追究制度"[②]。在职责划分

---

① 《中国共产党第十八届中央委员会第四次全体会议文件汇编》，人民出版社，2014，第39页。
② 《中国共产党第十八届中央委员会第三次全体会议文件汇编》，人民出版社，2013，第55页。

的思想指导下，"推动党的纪律检查工作双重领导体制具体化、程序化、制度化，强化上级纪委对下级纪委的领导。查办腐败案件以上级纪委领导为主，线索处置和案件查办向同级党委报告的同时必须向上级纪委报告"①。

2. 强化人大对"一府两院"的监督

人民代表大会制度是我国根本政治制度，人民代表大会对行政权和司法权的监督是我国宪法规定的法定职权。在实践中必须进一步通过监督制度和机制的创新，强化人大的法定监督职能，进一步激发人大制度活力，同时确保行政权和司法权受到有效监督与制约。监督的重点，在行政权领域，关键是对政府预算即钱袋子的监督，在司法权领域，关键是对法官和检察官依法办案与履行职权的监督。不断采取有效的监督形式把法定监督职权落到实处，增强监督实效。

3. 加强政协对权力的民主监督

人民政协的三大主要职能是政治协商、民主监督、参政议政。与我国基本政治制度相联系，政协的民主监督是我国社会主义监督体系中的一个重要部分，属于我国政治民主的一种监督。党的十八大报告中强调，加强党内监督、民主监督、法律监督、舆论监督，让人民监督权力，让权力在阳光下运行。可见，民主监督是一种重要的监督形式。政协的民主监督不同于人大的法律监督、政府的行政监督以及司法机关的监督，它是以人民政协为载体，以批评和建议为主要方式的一种监督。

为了更好地发挥民主监督的作用，浙江省委 2013 年专门制定下发了《中共浙江省委关于加强人民政协民主监督的意见》。这是省级党委率先制定的文件，得到中央领导同志的批示和肯定，全省不少县市也很积极制定相关文件，取得了不少实效。

借鉴浙江省政协民主监督的经验，要使民主监督制度化、规范化和程序化贯穿于民主监督的整个过程，建立可行、有效、可持续的监督机制，确保

---

① 《中国共产党第十八届中央委员会第三次全体会议文件汇编》，人民出版社，2013，第 55 页。

民主监督在权力依法运行中发挥更为有效的作用。

4. 加强政府专门监督

这也是政府内部专门机关的监督，强化对政府内部权力的制约，关键是提高这一类监督的相对独立性。

确保行政监察的有效性。重点围绕与人民群众切身利益密切相关的权力和公共政策领域，全面开展行政监督监察。加大执法监察力度，加强对政府职能部门、行政执法机关履行职责、执法程序的监督检查，确保行政机关及其工作人员的依法行政以及违法必究。

在对政府权力的专门监督中，审计监督作为对政府财政行为一种较为独特的监督，在不断健全和完善社会主义市场经济体制的现阶段，是一种亟待加强的监督机制。这种监督的关键在于对政府财政权力的制约，从根本上预防经济腐败行为，加强廉政防控。今后要不断完善审计监督制度和审计公开制度，保障依法独立行使审计监督权。

5. 完善群众监督和社会舆论监督

畅通人民群众多种监督渠道，发挥群众监督、舆论监督包括互联网监督的作用。坚持群众监督是中国共产党的优良传统和优势。邓小平同志提出过具体要求："要有群众监督制度，让群众和党员监督干部，特别是领导干部。凡是搞特权、特殊化，经过批评教育而又不改的，人民就有权依法进行检举、控告、弹劾、撤换、罢免，要求他们在经济上退赔，并使他们受到法律、纪律处分。"[1] 习近平总书记多次强调加强人民群众的监督，"要广泛听取群众意见和建议，自觉接受群众评议和社会监督"[2]。通过权利来制约监督权力，需要良好的公民参与制度，通过搭建有效的社会监督和舆论监督平台和载体，来引导、规范和保障人民群众对政府的监督。就具体操作层面而言，要通过完善政府信息公开、权力公开、信访举报、公众听证等一系列制度，搭建有效利用的平台，来引导、规范和推广群众的有序监督。

---

[1] 《邓小平文选》第 2 卷，人民出版社，1993，第 332 页。

[2] 习近平：《更加科学有效地防治腐败 坚定不移把反腐倡廉建设引向深入》，《人民日报》2013 年 1 月 23 日，第 1 版。

通过开辟多种渠道和途径，使群众个体和组织的监督大大增强，尤其是利用现代网络技术进行的舆论媒体监督，其威慑力也已逐渐显现出来。把媒体舆论的监督规范化、制度化和程序化，尤其是对互联网这一监督平台的规范化运用，可以提升网络反腐的话语权和有效性。但一个关键问题是，如何把这些监督纳入到整个体制内的监督体系中，如何把党内、人大、政府等专门机关的监督和社会舆论监督有机结合起来？这就需要探索如何把权力制约权力和权利制约监督权力有效结合的制度。

最后，充分发挥多种监督的整体合力，还要注重处理好各类监督之间的关系。关键是避免各类监督之间的相互冲突或摩擦的地方，追求实现 1 + 1 > 2 的监督实效。比如，党内监督与人大监督的关系，人大的预算监督与政府专门监督的关系，社会群众监督与网络舆论媒体监督的关系，专门机构监督与媒体舆论监督的关系等。"必须强调，监督工作要在党的领导下进行，在社会主义法治理念指导下进行，在民主集中制的原则下进行，把坚持党的领导贯穿于监督工作的全过程和每一个环节。"[①] 无论是哪种类型的监督，都应该纳入法治化轨道，都要在坚持在宪法和法律范围内，坚持依法监督的基本原则，这是监督权力运行的有力武器。促使各种监督相辅相成，增强监督整体合力与实效，从而创造出更有利的保证权力依法运行的监督制度环境。

---

① 习近平：《干在实处　走在前列——推进浙江新发展的思考与实践》，中共中央党校出版社，2006，第 383～384 页。

第七章
不断巩固和发展最广泛的统一战线

浙江是全国重点统战工作省份之一，统一战线面广线长，成员众多，新领域、新对象、新情况和新问题不断涌现，工作任务十分繁重。时任省委书记的习近平同志对统战工作高度重视，要求从"冷""热"两条线做好统战工作，"冷"就是要冷静思考，深入开展调研，研究深层次矛盾和问题；"热"就是要抓住热点、难点、重点问题开拓进取，狠抓落实，做好工作。①在历届省委的领导下，全省上下齐心协力，狠抓统一战线各领域方针政策的贯彻落实，使浙江省的统战工作在凝心聚力、推动发展、增进团结、促进和谐等方面都作出了重要贡献。

第一节　浙江省多党合作事业实现新发展

改革开放以来，浙江省多党合作逐渐制度化、规范化和程序化，中共浙江省委把政党协商纳入决策程序，在重大问题决策之前或者重大政治事件之后都与民主党派、无党派人士协商沟通，听取民主党派意见建议，达成共识。习近平同志在浙江工作期间，浙江省多党合作制度建设取得了新的长足进展。

一　领导重视是多党合作事业发展的关键

党委主要领导重视民主党派工作、带头做民主党派工作、模范贯彻执行

---

① 参见浙江省委统战部《浙江省委书记习近平强调要从"冷热"两条线做好统战工作》，《中国统一战线》2005 年第 5 期，第 8 页。

民主党派工作的方针政策，是浙江多党合作工作的显著特点，受到党外人士的热烈欢迎和高度评价。

一是高度重视、大力支持。历届省委书记上任后，都一一走访民主党派省委会、省工商联机关，与省级各民主党派、工商联负责人和无党派人士代表座谈，勉励大家围绕中心、服务大局，发扬成绩、改善不足，抓住重点、攻坚克难，为浙江发展作出新的贡献。

二是积极为民主党派发挥作用创造条件。历届省委书记都非常注重为民主党派和无党派人士履行职能、发挥作用创造条件。习近平同志特别重视改善和提高民主党派、工商联机关的工作条件。

三是在联谊交友、知心交心方面以情动人。党委负责人要同民主党派负责人和无党派人士交知心朋友，这是民主党派工作的光荣传统和重要方法，历届省委书记都身体力行、率先垂范，在全省各级领导干部中起到了很好的带头作用。习近平同志多次指出，各级党委领导干部要与民主党派、工商联和无党派人士广交朋友，做到政治上关心，思想上交心，感情上知心，事业上同心。

二 制度建设是政党协商的重要内容

历届省委都对多党合作领域的制度建设给予高度重视。2003 年，按照习近平同志的指示，省委出台了《关于进一步加强民主党派、工商联和无党派人士工作若干问题的意见》，进一步规范了多党合作的各项制度；2005年，省政府出台《关于印发浙江省人民政府健全完善科学民主决策制度规定的通知》，强调政府在重大决策过程中，要通过多种形式充分听取包括民主党派和无党派人士在内的各方面意见，重大决策的制定和执行情况要及时通报；2005 年，省委下发了《中共浙江省委关于进一步加强中国共产党领导的多党合作和政治协商制度建设的实施意见》，进一步明确了浙江省多党合作和政治协商的有关制度、规范和程序。此外，《中共中央关于巩固和壮大新世纪新阶段统一战线的意见》《中共中央关于加强新形势下党外代表人士队伍建设的意见》等文件颁发之后，浙江省也在《实施意见》中对做好多党合作事业提出具体措施；2011 年 7 月 11 日，省委还下发了《关于加强县级统一战线工作的意见》，也对民主党派工作提出了要求。一系列文件的陆续出台，对政治协商的内容和形式、民主党派负责人参加重要内外事活动、民主党派考察调研、民主党派的民主监督等方面都作了具体详细的规定，为浙江省多党合作和政治协商制度提供了完善健全的制度保障。

同时，省委高度重视各项制度的具体落实。历届省委把制度的贯彻落实放在与制定同等重要的位置上，每个重要文件下发之后都组织开展督查。《关于进一步加强民主党派、工商联和无党派人士工作若干问题的意见》下发后，2004 年对省委文件的贯彻落实情况和全省多党合作工作情况进行了督查、检查。2005 年 11 月，省委按习近平同志的要求对全省各地贯彻省委 9 号文件情况进行了督查，着重督查关于完善政治协商、健全民主党派负责人参加重要内外事活动制度、健全民主党派考察调研制度、民主党派的民主监督等问题。为深入贯彻落实《中共中央关于加强新形势下党外代表人士队伍建设的意见》及浙江省实施意见、《中共浙江省委关于加强县级统一战线工作的意见》等五个文件精神，省委决定对各地贯彻落实情况进行专项督查，省委书记夏宝龙专门作出批示，提出明确要求。2013 年 6 月，省委组织多个督查组分赴各地进行实地检查，确保督查落到实处，对统战工作起到了极大的促进作用。

三　多种协商形式是党际合作事业发展的重要途径

浙江省的政党协商主要形式包括会议协商、书面协商和专题协商三种。会议协商指党外人士座谈会、民主协商会、情况通报会、小范围谈心会、省委常委与民主党派省委会领导班子成员的谈心交友等；书面协商指民主党派省委会向中共浙江省委提出书面建议；专题协商指由省委统战部牵头确定重点课题，各民主党派省委会深入调研形成成果后，邀请省领导及相关部门领导参加，进行座谈和书面汇报相结合的政治协商。其中最常见的是以下几种：

一是省委、省政府组织召开的党外人士座谈会。省委组织召开的党外人士座谈会，主要是围绕省委的中心工作、重要文件和社会上的热点问题，以及贯彻落实中央和省委重要会议精神等进行交流座谈讨论。近年来，省委在召开省委常委民主生活会前，都召集各民主党派省委会、省工商联负责人和无党派代表人士进行座谈，听取他们的意见。省政府召开的党外人士座谈会，主要在每年"两会"前讨论政府工作报告草案，征求大家的意见和建议。

二是省委组织召开的民主协商会。省委组织召开民主协商会主要是中共在决定推荐省政府、省政协、省"两院"领导等人选之前，先向各民主党派省委会、省工商联和无党派人士通报情况，党外人士可以就省委所提人选发表意见。关于人事工作的协商会一般包括两项议程，首先是中共领导人通报人选推荐情况，其次是听取党外人士的意见建议，最后达成共识。每逢省人大、政协以及省政府换届之前，中共都与党外人士进行民主协商，征求对人选的意见建议，达成共识后再进入省"两会"审议程序。

三是省委召开的情况通报会。省委召开情况通报会主要是就党内重要会议、党内重要人事安排和国家经济社会发展的重大事项向党外人士进行情况通报，这些内容只在决策之后通报。从2002年10月到2003年10月，习近平同志调任浙江仅仅一年间，省委、省政府共召开19次通报协商会，通报中央有关会议精神，征求对人事安排、省委工作和浙江经济社会发展工作的意见。

四是独具特色的一年一次政党专题协商会。专题协商是指由省委统战部牵头，以各民主党派系列重点课题的调研成果为基础组织的专题协商会。从2011年开始，浙江已连续三年分别以"社会管理创新""文化建设""深化科技体制改革"为议题，由省委统战部在年初确定主题，并协调各民主党派省委会从不同角度，分头深入开展专题调查研究，年中进行一次调研情况交流，年底召开专题协商会，邀请省委分管副书记和省政府有关部门负责人出席听取意见建议，取得了很好的效果。2014年，各民主党派围绕"五水共治"这一全省中心工作，在年初就确定今年的专题协商议题为"生态环境保护"，认真组织调研，拿出有分量的调研报告，贡献真知灼见，为促进科学决策、民主决策提供支撑。

四 党外代表人士队伍建设是多党合作事业发展的重要基础

党外代表人士队伍建设是统战工作的重点之一。习近平同志要求，要紧密联系浙江省统一战线和多党合作的实际，要按照"缺什么补什么"的原则，努力造就一支能自觉接受中国共产党领导，坚定不移走中国特色社会主义道路，具有广泛代表性和较强参政议政能力、与党长期亲密合作、德才兼备的党外代表人士队伍。按照要求，浙江着眼新形势下坚持和完善社会主义政治制度、巩固和壮大爱国统一战线的任务，努力建设一支数量充足、结构合理、素质优良、作用突出的党外代表人士队伍。在这方面，浙江省在四个环节各有侧重。

一是拓宽渠道。浙江省不断拓宽党外代表人士的物色选拔渠道，从高等院校、科研院所、国有企业等单位源头和新社会阶层、海外留学归国人员等领域发现党外代表人士。充分发挥各部门、各团体、各组织的作用，加强协调与配合，建立健全党外代表人士的推荐机制。把综合评价作为党外代表人士推荐使用的必经环节，建立科学实用的指标体系，对党外代表人士的政治素质、专业成就、群众基础进行综合评价，成为选拔人才的客观依据。进一步加强党外代表人士后备队伍建设，把党外代表人士后备队伍建设工作纳入本地区人才和干部队伍建设的总体规划，加强民主党派、工商联领导班子后备干部队伍建设。无党派、民族、宗教、港澳台海外等各领域都建立相应的后备队伍名单，有重点地加以培养。

二是注重实践。浙江省以增强政治共识为核心，把系统深入开展中国特色社会主义理论体系、中国特色社会主义制度和社会主义核心价值体系教育作为培训的首要任务，贯穿于党外代表人士教育培训工作的全过程。以培养高素质的复合型人才为目标，坚持理论培训与实践锻炼相结合，形成理论培训与实践锻炼互补互促的新格局。充分发挥社会主义学院主阵地作用，合理利用党校、行政学院、干部学院、高等院校和其他培训机构的培训优势。按照要求，浙江省建立了一系列党外代表人士教育培训工作机制，如联合调训机制、办班协调机制、经费保障机制。创新实践锻炼方式途径。积极创新方式方法，拓宽渠道，陆续推出了交流任职、下挂锻炼、上挂锻炼、横向挂职、基地锻炼、专题性挂职锻炼等党外代表人士实践锻炼六法。

三是加大选拔力度。浙江省认真贯彻党外代表人士安排的政策要求，严格执行中央关于党外代表人士在各级人大、政协安排比例和数量的规定；除有特殊要求的部门外，其他政府部门可选配党外干部担任领导职务，在原有配备数量的基础上有所增加，并重点在涉及行政执法监督、与群众利益密切相关、与知识分子联系紧密和专业技术性强的部门中配备党外干部；各级人民法院、人民检察院不断加大选配符合任职条件的党外干部担任领导职务的力度，数量进一步提高；高等院校领导班子中一般有党外代表人士担任领导职务；另外，积极推动国有大中型企业、科研院所、人民团体以及各类高新技术开发区、经济开发区、留学人员创业园区等单位党外领导干部的配备。

四是创新方法。浙江省各级党委和有关部门能够明确管理重点，了解和掌握党外代表人士的政治表现、思想状况、履行职责、联系群众和廉洁自律情况，特别是在重大原则问题上的政治立场和态度，帮助党外代表人士坚定政治共识，增强大局意识、责任意识和自律意识，树立良好社会形象。进一步建立完善监督管理机制，探索建立党外代表人士监督管理委员会，规范党外代表人士的评价和退出的程序，加强与党委职能部门、党外代表人士所在单位、所属党派团体和同级人大、政协的联系，针对不同领域党外代表人士特点，分级分类进行管理；在领导班子和干部队伍建设中，通过定期考核、述职述廉、诫勉谈话等方式加强对党外干部的管理。建立健全省、市、县三级党外代表人士数据库，加强动态管理、科学管理。

第二节 做实做好促进民族团结进步工作

进入 21 世纪以来，浙江省委、省政府一直高度重视民族工作，把民族工作纳入浙江现代化建设的总体布局，认真落实党的民族政策和国家的法律法规，不断完善民族工作的体制机制，切实加大对少数民族地区发展的扶持力度，努力巩固和发展新型的社会主义民族关系，全省民族团结进步、民族繁荣发展事业取得了新的成就。

一　促进少数民族和民族地区的全面发展

就浙江省民族工作而言，民族地区主要是发展问题，重点就是推动景宁以及 18 个民族乡（镇）、437 个民族村实现跨越式发展，跟上全省发展步伐。习近平同志指出，实现科学发展是解决民族问题的关键所在，要把扶持浙江省少数民族地区加快发展摆到更加突出的战略位置，纳入浙江省经济社会发展的总体规划，加大对少数民族和民族地区的扶贫开发力度。

一是不断健全帮扶机制。省委、省政府高度重视民族工作，认真贯彻党的民族政策和国家有关法律法规，不断完善民族工作体制机制。历届省委、省政府都把景宁确定为省委书记或省长的工作联系点，各级党政负责人也分别将民族自治县、民族乡（镇）、民族村作为联系点，全省上下形成了党政齐抓共管、民族工作部门综合协调、各部门通力合作的民族工作格局。完善发达地区对口支援少数民族地区制度，提高对口支援的针对性和实效性。少数民族地区能够发扬自力更生精神，解放思想，更新观念，增强主体意识，真正把各项优惠政策和等方面的扶持转化为自我发展的能力。

二是不断加大帮扶力度。21 世纪以来，各级政府不断加大帮扶力度，加强少数民族地区的扶贫开发工作，落实各项扶持政策，加大财政转移支付力度。2008 年省委、省政府专门出台扶持景宁发展的浙委〔2008〕53 号文件，每年特别补助景宁 2 亿元。2012 年省委、省政府再次出台专门扶持景宁加快发展的浙委〔2012〕115 号文件，明确提出景宁"到 2017 年综合实力在全国 120 个民族自治县继续向前移位，率先实现全面小康社会"的目标。2013 年省政府办公厅出台《关于进一步加快民族乡（镇）经济社会发展的意见》，明确提出 2017 年全省 18 个民族乡（镇）的农村居民人均纯收入要不低于所在县（市、区）的平均水平。2014 年 4 月还召开全省现场会对民族乡（镇）发展进行部署，进一步提出争取到 2017 年全省18个民族乡（镇）的人均国内生产总值和农村居民人均纯收入要在"十一五"基础上翻一番以上，全省建设1个走在全国民族乡（镇）前列的模范乡镇。"十一五"期间，全省财政安排各类少数民族专项资金总计1.15亿元，较"十五"期间增长了2.5倍。"十二五"以来，浙江省已投入中央和省财政民族发展资金1.1亿元，重点扶持少数民族村农业发展项目和特色畲寨建设。2014年省财政安排的民族发展资金又较上年提高500万元，达到2500万元。近年来，由省财政承担全省各地少数民族因素转移支付每年额度达到5800万元。2014年起由省财政以转移支付方式每年安排每个民族乡（镇）200万元帮扶资金，并由30个省级部门和18个经济发达县（市、区）与18个民族乡（镇）进行结对帮扶。全省统一战线通过实施"百名民主党派成员联系百村、百家民营企业帮扶百村、百名华人华侨帮助百村"等"三个双百工程"，共结对帮扶115个民族村，实施帮扶项目323个，落实帮扶资金2692.92万元，引进人才282名，引进技术45项，举办各类培训班214期，培训10726人次，组织劳务输出3634人次，资助贫困群众、学生3066名125.01万元。从2013年至2017年，全省统一战线又开始新一轮帮扶行动，力争在五年时间内，使100个村的少数民族低收入群众的生产生活条件得到较大改善，人均收入达到所在市、县的平均水平，或年度增幅高于全省，逐步实现省委提出的"物质富裕、精神富有"的目标。

三是实施追赶战略，推动民族地区全面协调发展。省委、省政府对民族地区优先实施帮扶政策，把加快少数民族地区发展作为建设社会主义新农村的重要内容，改善民族地区的发展能力和少数民族群众的生活条件。首先是促进经济加快发展。加强基础设施投入力度，通过云景高速公路等一批重点交通项目实施，有效地改变了景宁等民族地区的交通区位条件。全省以少数民族发展资金为助推，以项目建设为抓手，充分利用民族地区水、山林和土地资源，进行特色农业产业的培育和开发。其次是积极推动农民增收。结合浙江省扶贫开发工作和新农村建设，引导欠发达地区少数民族下山移民、劳务输出，引导发展特色种养业、民族工艺品加工业和"农家乐（畲家乐）"休闲旅游业等，大力促进农民增收。再次是发展少数民族文化。积极挖掘畲族传统文化，加大畲族文化研究，完成了《中国少数民族古籍总目提要·畲族卷》浙江篇的编撰任务，相继出版发行了《中国畲族医药学》《畲族民歌集》《畲族语言简本》等畲族丛书，在丽水学院建立了畲族文化研究中心，省里成立了畲族文化研究会。举办了畲族服饰设计大奖赛。积极挖掘畲族文化魅力，将畲族"三月三"节庆活动打造成一个集民族文化、旅游经济为一体的品牌活动，既促进了民族地区文化和旅游产业发展，又给少数民族和民族地区带来了发展机会和活力。

四是促进民族地区走生态绿色可持续发展道路。浙江省注重促进少数民族地区创新发展思路，挖掘潜力和优势，转变经济增长方式，大力发展特色经济，注重保护生态环境。2003 年 11 月，习近平同志在深入畲乡调查研究时强调，景宁的生态优势很明显，很有特色，这是后发优势，发展潜力巨大，一定要保护这个优势，发挥畲乡特色和优势，走可持续发展的道路。习近平同志强调，我们要看的远一点，生态优势一旦破坏就不可能恢复，付出的代价远远大于获得的收益，我们不能只顾眼前利益。遵照习近平同志指示，浙江省引导景宁充分利用环境资源，大力发展生态旅游、风情旅游，充分展现畲乡特色，充分体现茶乡竹海的潜力。以创建民族团结进步小康村和特色畲寨建设为抓手，按照"村庄整治＋民族元素""美丽乡村＋畲寨特色"的模式推进创建活动，使美丽畲寨更好地体现古风古韵、一村一景、宜居宜游、出彩出新。截至目前，全省共有 100 个民族村创建为省级民族团结进步小康村，34 个民族村开展少数民族特色村寨保护与发展试点，15 个民族村入选《全国少数民族特色村寨保护与发展名录》，6 个民族村被列为首批中国少数民族特色村寨命名挂牌申报对象。

二　持续推进城市民族工作的创新实践

随着浙江城市化进程的加快推进，少数民族流动人口迅速增加。少数民族流动人口也和世居少数民族相类似，具有大分散、小集聚的特点，表现为相对性的民族集聚、从业集聚、区域集聚。浙江省从少数民族流动人口的特点规律出发，充分利用网络时代的工具手段，瞄准少数民族流动人口的个性化服务需求，以组织、窗口、热线、平台建设为工作抓手，加强城市民族工作的体制机制创新，着力构建浙江城市民族工作新格局。

一是发展组织，健全网络延伸触角。少数民族流动人口大多工作在企业、生活在社区。因而，城市民族工作应当面向基层延伸触角，编织起上接"天线"、下接"地气"的城市民族工作网络体系，不断提高民族工作社会治理的组织化程度。省、市和少数民族流动人口较多的县（市、区），普遍成立了民族工作领导小组，担负起了少数民族工作分析研判、组织协调、指导督导的职能。在此基础上，重点加强街道、社区的少数民族管理服务组织建设，推动组织架构的纵向延伸，要求少数民族流动人口相对集中的镇、街道建立少数民族工作领导协调组织，开辟民族工作室，落实民族工作专（兼）人员，做到组织、机构、人员三落实，少数民族流动人口重点社区建立民族工作协调议事会，确定协管员、联络员。同时，在少数民族流动人口中有引导地建立民族工作促进会、少数民族联谊会等社团微组织，把少数民族流动人口中的骨干人员组织起来，通过他们的自我参与管理，不断增强少数民族流动人口自我教育、自我管理、自我服务的能力。

二是开辟窗口，瞄准需求精准服务。针对少数民族群众的就业结构、风俗习惯等情况，重平时、抓经常、建机制，通过各级各类窗口建设，努力实现少数民族服务管理的精准化、个性化。有形窗口建设方面，各地在365便民服务中心，少数民族较为集中的街道、社区，普遍设立针对少数民族的"绿色服务通道"，提供就业创业、办证办事、社会保障等全方位服务，满足少数民族群众流动人口基本公共服务的需求。个性窗口建设方面，针对少数民族群众的特殊需求，各地从实际出发开展精准化、个性化服务。自助窗口建设方面，积极调动和发挥少数民族群众的奉献热情，通过建立"民族之家""城市义工"等志愿服务队伍，建立起一支支流动服务队，展现出一片片民族兄弟情。义乌市鸡鸣山社区是一个少数民族流动人口相对密集的社区，社区组织为少数民族群众建立了一支以社工为骨干、由少数民族代表和经营户志愿者组成的服务队，专门为少数民族流动群众提供一对一志愿代办服务，让他们深切感受到了民族大家庭的浓浓情谊。

三是建立热线，畅通渠道增进互动。在少数民族流动人口重点街道、社区，开展以"四个一"为内容的热线创建活动，架设起一座座连通政府与少数民族群众交流沟通的桥梁。开通电话服务热线：社区通过服务热线，为少数民族群众的诉求表达、问题咨询、困难求助提供方便。不少街道、社区还专门印制服务热线小卡片，发放到少数民族群众手中。建立一个民族 QQ 群或微信群：根据少数民族流动人口以年轻人为主体的特点，一般以社区为单元，建立少数民族 QQ 群或微信群，通过网络平台，宣传党的民族政策，交流民族工作的体会心得，为少数民族群众释疑解惑，引导少数民族群众唱好民族"好声音"。组织一支民族信息员队伍：民族工作部门注意发现培养一批少数民族群众中优秀分子和热心人士，确定为民族工作干部、社区工作者的信息员，通过他们真实了解少数民族群众的愿望和需求，及时掌握少数民族流动人口的动态和信息，为做好民族工作提供服务。形成一套快速高效的信息反应机制：建立健全热线从受理、登记到办理、报结、评价的反应机制和民族领域突发事件的维稳工作预案，努力做到投诉求助事事有回音，件件有着落，突发事件发现在萌芽，解决在初始。

四是打造平台，助推发展成就梦想。少数民族流动人口来到浙江，说到底是为了寻求发展，实现个人的创业就业、致富成才梦想。因此，城市少数民族工作的根本落脚点也应当放在助推发展成就梦想上。浙江把少数民族流入视为一种资源和财富，着力打造各种助推发展的平台，让来浙的少数民族群众留得住、能融入、有发展。构筑创业就业平台：通过建立流出地与流入地的双向沟通机制、开辟网上就业超市、举办专场招聘会、发放民族情创业贷款等，为少数民族群众在浙就业创业、生产经营提供支持，营造了"零歧视""低门槛"的少数民族就业创业氛围。提供个人提升平台：为了提高少数民族群众的知识技能，适应日益激烈的市场竞争和浙江独特的民营经济环境，各地积极开办民族学校、技能培训班、创业实践基地等服务平台，创造了舟山市流动人口生产技能培训民族班、宁波北仑少数民族大学生教育实践基地等众多助推少数民族素质提升的好载体、好模式，让一批批少数民族同胞告别了低端劳动力的身份，实现了在浙江的进步和发展。创建才能展示平台：深入发现蕴藏在少数民族群众中的智慧潜能特别是少数民族文化的独特魅力，通过组建文艺轻骑队、举办民族艺术节、评选民族工艺精品、开展民族服饰设计比赛等形式，既彰显了少数民族群众的文化魅力，增进了民族归属感和价值感，又使民族文化得到商业开发利用，开辟了增加少数民族群众收入的新途径。

三 巩固和发展平等、团结、互助、和谐的社会主义民族关系

民族关系是多民族国家中至关重要的社会关系，民族团结是社会和谐的重要基础。浙江省在工作中坚持正确方向，使用科学方法，推动平等、团结、互助、和谐的社会主义民族关系不断巩固发展。不仅继续做好世居的少数民族居民的工作，还认真做好少数民族移民和流动人员的工作，促进全省各族人民和睦相处、和衷共济、和谐发展。注重多做有利于民族团结和谐的实事好事，维护少数民族的合法权益，使在浙江的少数民族群众共享改革发展成果，感受社会主义大家庭的温暖。在处理民族关系上，高度重视、妥善处理影响民族关系的各种问题。民族问题无小事，民族问题高度敏感，个别矛盾、局部问题处理不好可能会产生严重后果，浙江省处理民族问题时讲原则、讲法制、讲政策、讲策略，坚持依法、慎重处理。对属于人民内部矛盾的，用团结教育和疏导化解的方法解决，防止伤害民族感情的事发生，尤其能够妥善处理外来少数民族人员与当地群众之间的矛盾和纠纷；对属于违法犯罪的，不论涉及哪个民族、信仰何种宗教，都依法处理，同时注意方法策略；对从事民族分裂活动的，坚决依法打击，有效抵制境内外敌对势力利用民族问题进行渗透和破坏，牢牢掌握斗争的主动权。浙江省各级党委、政府都积极探索建立处理影响民族团结问题的长效机制，努力把各类突发性事件解决在当地、解决在基层、解决在萌芽状态。

第三节　积极引导宗教与社会主义社会相适应

浙江是宗教大省，五大宗教齐全，发展历史悠久，信教群众和宗教场所众多，宗教工作任务较重。习近平同志担任浙江省委书记时强调，必须坚持和发展马克思主义宗教观，准确把握和认真对待宗教问题，深刻理解和认真贯彻党的宗教工作基本方针，积极引导宗教与社会主义社会相适应。浙江省委、省政府非常重视宗教工作，认真贯彻党的宗教政策，依法加强对宗教事务的管理，坚持独立自主自办方针，发挥宗教界人士和信教群众在促进经济社会发展中的积极作用，宗教工作不断取得新的进展。

一　加强爱国宗教团体和宗教界代表人士的队伍建设

21 世纪以来，浙江省不断加强爱国宗教团体的自身建设，加大宗教界代表人物的培养力度，一批中青年教职人员走上领导岗位，宗教团体的纽带作用得到充分发挥，党同宗教界的爱国统一战线得到了进一步巩固和发展。

一是抓好爱国宗教团体建设。宗教团体自身建设的好坏，直接关系到浙江省各级宗教团体的未来面貌和全省宗教界的稳定，关系到宗教能否与社会主义社会相适应，关系到能否更加广泛地把广大群众的意志和力量集中到社会主义现代化建设上来。这是宗教工作中的基础性工作。2010~2014 年，省佛协、省基督教两会、省道协、省天主教两会共 6 个团体完成换届，另有省伊协成立。省级宗教团体实现领导班子整体性新老交替，班子配备注重梯次结构合理化。2012 年在杭州、舟山等地对宗教团体考核机制探索基础上，制定出台了《省级宗教团体负责人考核办法》，推动省级宗教团体负责人考评机制化。从 2009 年起，省财政厅每年拿出 250 万元用于补助省级宗教团体的办公场所租赁费、人头费及办公经费，帮助宗教团体解决实际困难。

二是加强宗教界代表人士队伍建设。经过多年的培训培养，浙江省已初步建立一支"政治上靠得住、宗教上有造诣、品德上能服众、关键时起作用"的宗教教职人员和信徒骨干队伍。有的已在省级宗教团体中担任重要职务，有的给予一定政治安排和社会安排，发挥了引领作用。同时，在参加过培训的历届学员中物色一批有发展潜力、有培养前途的后备人才，建立联系网络，继续跟踪教育，做好培养工作。实践证明，在关键时刻他们能够勇挑重担，如在"三改一拆"涉及宗教违法建筑的处置工作中发挥了积极作用。

三是分级分批展开培训工作。为落实中央统战部"百千万工程"的实施，贯彻中央统战部《关于加强新形势下宗教界代表人士队伍建设的意见》，除向中央统战部推荐中国人民大学研修班学员外，浙江省已初步建立了500人左右的省级宗教界代表人士队伍数据库，注重长远规划和梯次建设。省、市两级制定三至五年培训计划，有计划、分级、分批地进行轮训。省级层面，除每年举办省级宗教团体负责人暑期读书班外，还依托省社会主义学院举办宗教界省级、市级人大代表、政协委员研修班和宗教界中青年骨干培训班，着重提高宗教界代表人士队伍的综合素质和参政议政能力。此外，根据各教自身特点和存在问题，分教别举办省天主教常委班、基督教常委班、佛道教中青年骨干培训班、伊斯兰教代表人士培训班，天主教爱国会骨干培训班。市级层面根据各市实际，有针对性地开展各级各类培训，分为市级宗教团体负责人培训、宗教活动场所负责人培训、宗教界中青年骨干培训等形式。培训形式一般采取读书班、研讨班、专题座谈会、形势报告会、爱国主义基地教育、外出考察等方式，采取专家授课和交流讨论相结合，理论学习和外出考察相结合，增强学习的有效性。同时也指导宗教团体加强自我培训。据统计，每年全省各级举办各类宗教界人士培训班300期左右，培训近3万人次。

二 充分发挥宗教界的主动性和创造性

任何宗教都要适应其所处的社会和时代才能存在和延续。宗教与社会主义社会相适应，既是我国社会主义社会对宗教的客观要求，也是我国各宗教自身存在和延续发展的客观要求。积极引导宗教与社会主义社会相适应是当前和今后宗教工作的重要任务之一，需要我们从事统一战线和宗教工作的同志作出努力，也需要宗教界自身作出努力。

一是深化以"安全""教风"为主题的和谐寺观教堂创建活动。自2009年开始，浙江省响应中央统战部和国家宗教事务局号召，开展和谐寺观教堂创建活动。在深入开展和谐寺观创建活动中，创造性开展了星级宗教活动场所评选工作。

二是积极探索宗教文化建设新举措。在全省宗教界深入开展以爱国主义为主题的"寻梦中国、正言正行"教育实践活动，引导宗教界人士和信教群众对教义教规作出符合社会发展进步要求的阐释，指导各地广泛开展佛教讲经交流、道教玄门讲经、基督教神学思想建设研讨、伊斯兰教新卧尔兹巡讲等活动；积极推动宗教文化建设，支持舟山、宁波打造"观音文化"和"弥勒文化"等精品项目。

三是积极引导和促进宗教慈善事业健康发展。近年来，浙江省宗教界在扶贫、济困、救灾、助残、养老、支教、义诊、经济社会发展等方面发挥了积极作用。2008年以来，全省宗教界已累计捐款8亿余元。积极响应国家宗教事务局"宗教慈善周"活动，以此为平台，积极拓展服务社会的领域和途径，打造具有浙江特色的宗教公益慈善品牌。如2013年开展以"宗教慈善周"主题的活动，为民族地区和残疾人献爱心，2014年开展"五水共治五教同行"为主题的公益活动。

四是开展佛道教专项治理工作。2011年开展对乱建寺庙和露天宗教造像的专项工作，进行分类治理。2013年根据中央10部委联合制定的《关于处理涉及佛教寺庙、道教宫观管理有关问题的意见》，重点突出"治乱""治假""治过热"。"治乱"，主要针对乱建和承包寺观等借教敛财的行为；"治假"，主要针对假僧假道和非宗教活动场所等以教牟利的行为；"治过热"，主要针对寺观被投资经营、捆绑上市或花高价烧高香、从事抽签卜卦等行为。2013年，全省佛道教领域列入专项治理案例79例，完成治理72例。各地依法处理"寺庙被承包上市""短期出家""烧头香"等问题，杭州淳安县蜜山禅寺、宁波余姚市天下玉苑景区西隐禅寺"寺院被承包经营",以及嘉兴桐乡市修真观"非宗教活动场所以教牟利"等典型案例。宁波市天童寺以此为契机,协调了与天童景区的关系,免除寺庙门票,并对寺庙前的流动摊贩进行了整治,改变了周边脏、乱、差现象。通过专项治理活动,进一步维护了浙江省佛道教界的良好形象。

五是用先进文化引导和丰富人们的精神生活。由于各种思想文化的相互激荡和我国社会经济成分、组织形式、就业方式、利益关系和分配方式的日益多样化,人们思想活动的独立性、选择性、多样性、差异性明显增强,一些人思想上出现了困惑、迷茫和混乱,希望在宗教中寻求精神慰藉,这为宗教的传播和扩大影响提供了空间,也为境外利用宗教进行渗透提供了机会。做好宗教工作必须强基固本,解决好社会变革中人民群众物质文化生活领域出现的新问题。浙江省始终高扬先进文化的旗帜,不断发展社会主义文化,弘扬和培育民族精神,丰富人民群众的精神世界。坚持不懈、理直气壮地向人民群众特别是广大青少年进行辩证唯物主义、历史唯物主义和无神论的宣传教育,不断树立科学精神、运用科学思想和扩大无神论的阵地,提高全民族的思想道德和科学文化素质。鉴别和发掘宗教文化中的积极成分,研究和总结我国宗教融入民族传统文化的有益内容,鼓励广大信教群众树立良好的道德风尚标,追求健康的精神生活。

六是团结和引导广大信教群众为全面建设小康社会作贡献。浙江注重团结和引导宗教界人士和广大信教群众,不断增强其接受党的领导和走中国特色社会主义道路的坚定性,自觉抵御境外渗透活动,为维护民族团结、社会稳定和祖国统一服务;启发和引导广大信教群众努力学习现代科学知识,提高文化教育水平,为建立科学、健康、文明的新生活方式服务;要帮助和引导广大信教群众努力生产,改善生活,把智慧和力量凝聚到全面建设小康社会的宏伟目标上来。

三 探索民间信仰事务和宗教场所的管理工作

一是民间信仰事务管理工作。全省共有民间信仰活动场所3万多处。浙江省于 2009 年将民间信仰事务管理工作摆上重要议事日程，坚持先行先试，积极探索民间信仰事务管理工作的有效途径。针对"谁来管，管什么"的问题，浙江省在宁波宁海、温州、台州临海等地进行了试点。各地从实际出发，在严格甄别的基础上对民间信仰点实行"有序准入"，逐步形成了"属地管理，分级负责，强化自治"的管理模式，走出了符合浙江各地实际、具有浙江地方特色的民间信仰管理道路。

二是民间信仰活动场所规范化管理工作。台州市最先在路桥区和黄岩区各镇（街道）设立"宗教活动场所财务委托代理中心"，对各宗教活动场所的财务实行监督和管理，"统一制度、统一票据、统一账户"，加强了财务的规范化管理。目前台州全市 90% 宗教活动场所均推广了此项制度。而路桥区和黄岩区也在与时俱进地推进此项制度，路桥区正在探索宗教活动场所规范化管理评价体系建设和民间信仰场所备案管理两方面工作，黄岩区通过建立财务监督组的方式进一步深化提升此项工作。近年来，台州市在开展民间信仰活动场所规范化管理的基础上，又创新推出民间信仰场所备案管理，对民间信仰活动场所备案条件、程序、分类备案及场所动态管理、民主管理、大型活动等作出了具体规定。临海市的开展民间信仰活动场所规范化管理工作经验，被国家宗教事务局列为全国民间信仰活动三种试点管理模式之一在全国推广，较好地解决了民间信仰活动场所要不要管、由谁管、如何管、管什么等老大难问题。

三是着手规范宗教建筑。针对宗教建筑领域乱象丛生，缺乏设计规范，宗教建筑有追求奢华而不注重内涵的发展趋势，为进一步引导宗教的健康有序发展，推进宗教事务的法制化、规范化、长效化管理，民族宗教部门、建设部门等相关单位和建筑设计研究院着手研究制定《浙江省宗教建筑技术规范》，促进浙江省的宗教建筑规范化，更多地融入中国元素和浙江特色，体现节约型社会的理念和现代风格。

四是推进宗教违法建筑处置工作。各级党委、政府和统战、民族宗教部门始终把尊重宗教信仰自由、尊重信教群众的感情作为重要原则，认真做好宗教界人士和信教群众的教育引导工作。浙江省爱国宗教团体和宗教界代表人士也积极支持和配合"三改一拆"工作。2013 年 12 月，浙江省五大宗教的七个省级团体联合发出了《浙江省宗教界积极支持"三改一拆"行动倡议书》。2014 年 4 月，省基督教三自爱国会和省基督教协会也发出了《浙江省基督教界支持"三改一拆"倡议书》。在具体处置过程中，浙江省各地对宗教违法建筑，严格依法认定，处置过程确保程序到位。对依法必须拆除的，在送达整改通知书的同时，做深入细致的思想教育引导工作，明确期限，动员其自拆，全省除极个别宗教违法建筑以外都是以自拆为主。对可以整改的，由其堂点负责人和宗教团体提出申请，政府相关部门协助他们进行整改。对已在宗教部门依法登记，但由于各种原因造成土地证、房产证和宗教场所登记证"三证"不全的场所，以宗教团体为主开展摸底，政府相关职能部门在合法、合理、合情的前提下，帮助其逐步补办相关手续。在整个过程中，始终注意做好宗教界的思想工作，发挥宗教界人士的作用，在处置重点违法建筑时，各地相关宗教团体负责人都亲自到场，做疏导和化解信教群众情绪的工作。

五是加强对宗教活动场所的日常管理。有步骤地开展了争创"文明宗教活动场所"的活动，积极探索了寺庙规范化管理经验，认真做好基督教宗教活动场所的依法登记工作。合理安排宗教活动场所，正常的宗教活动和宗教团体的合法权益得到有效保障。

第四节　努力拓展港澳台海外统战工作

浙江省是港澳台和海外统战工作的 8 个重点省份之一，浙江籍在海外的华侨、华人及居住在港澳的同胞不仅数量大，而且层次高，拥有一大批商业巨贾、政界名流和文化名人，浙江省前往欧美、日本等国家或地区留学、经商务工人员逐年增多，浙江省经济社会的快速发展，又吸引了越来越多的"三胞"来浙江发展。习近平同志担任浙江省委书记时曾指出，浙江省的港澳台海外统战工作资源丰富、责任重大，必须抓出成绩、抓出特色。

一　以主题活动为特色

21 世纪以来，浙江省以健全工作机制为重点，以有特色、有影响、有实效的活动为依托，"走出去、请进来"，运用亲情、乡情、友情、商情开展工作，不断拓展港澳台和海外统战工作领域，扩大交流合作。

在港澳统战工作方面，通过举办浙江海外联谊会迎春团拜会、省领导与在京参加两会的浙江籍港澳全国人大代表与全国政协委员座谈会以及省领导出席香港浙江省同乡会联合会开馆仪式等活动，加强浙江省与港澳社团及代表人士的联系，支持同乡会建设，进一步发展壮大了爱国爱港、爱国爱澳力量。举办"香港·浙江周""澳门·浙江周"等活动，促进浙港、浙澳经贸交流与合作。

在对台工作方面，全面贯彻执行中央对台方针及《反分裂国家法》，增强台湾民众对国家的认同感和向心力。举办"台湾大学生浙江夏令营""金秋故乡游""中青年企业家经贸考察团"等两岸交流活动，不断推动海峡两岸人员往来和经济文化交流合作。认真做好"三胞"眷属工作，积极为他们排忧解难，扩大祖国大陆特别是浙江在台湾的影响，在争取台湾民心、推进祖国统一进程中，发挥了积极作用。

在海外统战工作方面，充分发挥海外联谊会作为港澳台侨工作重要载体、平台和窗口的功能，进一步拓宽海外统战工作覆盖面。成功举办纪念邓小平同志"把全世界的宁波帮都动员起来建设宁波"指示发表 20 周年大会、首届世界温州人大会，组织百名侨领故乡行、百名海外博士浙江行、浙江高层次留学人员为国服务志愿团，以及浙江侨领推动中国和平统一座谈会等形式多样的主题活动。

二　充分利用侨务资源优势

改革开放以来，浙江取得了巨大成就，经济社会发展日新月异，发生了翻天覆地的变化。原因之一，就是广大归侨侨眷和海外侨胞心系故乡、情系桑梓，作出了积极的贡献，归侨侨眷和海外侨胞功不可没。习近平同志强调，浙江是侨务资源大省，可以说，有海水的地方就有浙江人，有人群的地方就有浙商；这是浙江的一大优势，既是资源优势，又是人文优势，也是政治优势，浙江省一定要继续很好地发挥这个优势，总结好的经验，探索新的规律，把握新的特点，研究新的方法，进一步做好浙江的侨务工作。

21 世纪以来，全省各级党委和政府充分认识新形势下加强侨务工作的重要性，全面贯彻党的侨务政策，遵守和执行国家侨务方面的法律法规，依照法律和章程创造性地开展工作。统一战线有关部门能够充分发挥桥梁和纽带作用，充分利用战略机遇期，加大招商引资力度，动员浙江省广大侨胞继续到浙江来发展事业，投资创业，捐资兴业，造福桑梓；充分利用浙江人分布广泛，浙商善于捕捉商机的特点，推动"走出去"战略，把浙江的企业延伸到国际上去，充分利用两种资源、两个市场；多渠道、多层次、多形式地开展海外联谊工作，弘扬中华文化，推进"反独促统"，促进祖国统一大业；及时了解和研究侨情，积极探索联系侨界、服务侨界、发挥侨界作用的新途径、新举措，切实做到维护侨益，凝聚侨心，集中侨智，发挥侨力，不断开拓浙江省侨务工作的新局面。

三 积极促进与港澳的合作与交流

浙江历来与港澳有密切的联系，祖籍是浙江的港澳同胞约有 40 万人，其中不乏工商巨子和社会名流，在港澳有各种浙籍人士同乡会 80 余个。特别是改革开放以来，浙江与港澳的关系在经济发展、文化交流、人员往来中更加密切。习近平同志担任省委书记时曾指出，保持港澳长期繁荣稳定、促进祖国和平统一，是构建社会主义和谐社会、实现中华民族伟大复兴的题中应有之义。按照要求，浙江省积极促进浙港、浙澳经贸、科教、文化、体育、旅游等领域的合作与交流；依托各级海外联谊会和港澳浙江同乡会，加强与港澳各类社团和社会各界特别是专业界人士和年轻一代的联系与交往；坚持港澳人士做港澳人士工作的方法和途径，努力建设一支爱国爱港、爱国爱澳代表人士队伍，充分发挥浙江籍港澳地区全国人大代表、各级政协委员及各方面代表人士和爱国团体的作用，为促进港澳社会繁荣稳定作贡献。

四　促进侨乡新农村建设

2008 年，当村级民主选举换届工作结束后，情况却大不一样，青田县同时涌现了 36 位"华侨村官"。"华侨村官"有海外闯荡的经历，阅历丰富，视野宽，观念新，创新意识强。他们中不少人已事业有成，有人还是海外侨团的负责人，兼具资金、人脉等多种优势，在海外侨社侨界，具有不小的号召力，是浙江侨务资源的重要组成部分，他们归故乡任"村官"更成为新农村建设的重要领军人物。经过近两年实践，在他们领导下的村级经济获得发展，村容村貌得到改变，群众文化生活进一步丰富，村民脱贫致富收入提高。这些地方的发展成就及发展速度超过非"华侨村官"所在村，典型表现在以下几个方面：侨乡农村基础设施建设不断改善，侨乡农村精神文明水平不断提升，侨乡村级经济不断发展，侨乡村民生活更加宽裕，侨乡村级民主政治建设不断完善。

五　鼓励海外留学归国人员创业

作为全国经济强省和侨务资源大省，浙江在未来 5 年内，有望迎来"史上最大海归潮"。当前，随着"八八"战略和"两富""两美"浙江建设的深入推进，必须充分挖掘和利用好这一特殊人才"富矿"，更好地助推产业转型升级，更广泛地助力全面深化改革。海归创业最看重的是一个地区良好的生态圈系统。面对日渐高涨的归国创业热情，全省各地频抛"绣球"，营造创业辅导、项目资助和便捷服务的良好环境。

一是依托科技"孵化器"，创业辅导更加便捷。创业成果转化的关键在于"孵化器"的建设及其效用的发挥。全省各地和各有关部门十分注重专业"孵化器"和海归创业园建设。2013 年 6 月，在省委统战部、省侨联、省海创会与杭州经济技术开发区的努力下，省海外留学人员创业园（下沙）揭牌，这是全省统一战线系统第一家省地联动、合作共建的海外留学人员创业园，也是浙江统一战线系统助推经济转型、实施创新驱动发展战略和培养代表人士的全新载体。

二是把握产业需求面，项目对接更加顺畅。海归人员是新技术的掌握者、新产业的开拓者、新学科的创建者。为积极发挥财力智力"两个资源"的独特优势，浙江省在全国率先成立海外留学人员及其家属联谊会。从 2006 年 8 月开始，每年利用暑期组织海归博士专家在全省轮流开展"海归人才服务志愿团"活动。2010 年 6 月，组建"海归创业导师团"，运用"导师＋徒弟"的搭档模式，推出"海归创业实践基地"和"海归创业实践项目"，促进了大批海外人才、资金、技术和项目的有效对接。省里出台了"人才驿站"制度，到企业工作的海外人才可以把关系挂靠在高校院所。

三是融入金融生态圈，融资载体更加丰富。为助推海归更好地融入金融生态圈，2011 年 1 月，由多名浙江籍海归人士发起设立"海邦人才基金"，这是全国首个以"老海归帮新海归"为宗旨的专项基金，带动引进了 20 多个海归创业创新团队。该基金仅在杭州就募集 10 亿元，已投资的龙旗科技、创意联讯等 40 个项目均为高新技术项目，引进了一批海外高层次人才和团队，带动了社会投资 10 多亿元。2013 年 6 月，经浙江省侨联牵线，由剑桥和耶鲁等名校海归精英联合发起成立的 10 亿元的全省首个"华侨产业发展基金"，开始正式投入运作。围绕打造"海归创业天堂"，杭州市以海创园为重点，抛出了资金上的橄榄枝，创建了"科技引导基金"，积极引进天使投资、风险投资、私募基金等各类资本；成立了金融发展中心、创业投资服务中心，定期举办投融资洽谈会、项目路演、实时推介等活动。

第五节　广泛团结、积极引导新社会阶层

新社会阶层主要由非公有制经济人士和自由择业的知识分子组成，是完善社会主义市场经济体制和推动经济社会发展的一支新兴力量，在浙江省呈现出快速增加的态势。新社会阶层是统战工作新的着力点，广泛团结新社会阶层人士，最大限度地把他们团结在党的周围，充分发挥他们的作用，是统一战线的重要任务。

一　明确新社会阶层统战工作的主要内容

在新社会阶层人士统战工作方面，浙江省主要从以下几个方面入手：一是密切与新社会阶层人士的联系，了解和掌握新社会阶层的发展变化，畅通反映意见建议的渠道，维护他们的合法权益，鼓励和帮助他们发展事业，表彰和宣传他们中的先进典型。二是加强思想政治工作，引导他们特别是其中的企业家爱国、敬业、诚信、守法、贡献，致富思源、富而思进，不断提高战略眼光，不断增强社会责任，热心社会公益事业，积极回馈社会、造福人民，做合格的中国特色社会主义事业的建设者。三是以社团为纽带，社区为依托，网络为媒介，活动为抓手，不断拓宽做好新社会阶层人士统战工作的渠道。要积极发挥工会、共青团、妇联等人民团体，以及知识分子联谊会、留学人员联谊会等各类统战性社团在联系、团结新社会阶层人士中的作用。四是加强新经济组织、新社会组织中的党建工作，切实发挥党的领导核心作用和共产党员的先锋模范作用。五是在试点的基础上，建立和完善新社会阶层代表人士的综合评价体系，把新社会阶层代表人士的培养选拔纳入党外代表人士队伍建设的总体规划，按照有较高政治素质、有较大社会贡献、有较强参政议政能力、在所联系阶层中有较大影响的标准，有重点地培养选拔，逐步建立一支代表人士队伍。

二　总结新社会阶层统战工作的成功经验

对于新社会阶层这个新的社会群体和统战工作的新领域，没有"先生"可问，没有"先例"可循，没有"先验"可鉴，浙江在引导新社会阶层人士自觉承担经济责任、自觉承担政治责任、自觉承担社会责任的工作实践中不断创新，取得了一定经验。

一是率先开展新社会阶层人士的综合评价，提升政治引导的实效。2005年浙江省开展了非公有制经济代表人士综合评价体系试点工作，最终形成了浙江省非公经济代表人士综合评价试点模式，2006年在全国范围内推广。2008年，省委统战部在先期试点的基础上，又制定下发了《关于开展新社会阶层代表人士（自由择业知识分子）综合评价工作的意见（试行）》，建立了自由择业知识分子代表人士综合评价体系，努力实现自由择业知识分子综合评价工作的制度化、规范化和程序化。通过综合评价，做好新社会阶层人士的培养、选拔和安排，树立正确的政治示范和导向，使这一阶层的广大群体在政治上能够与党同心同德，经济上能够与国家同舟共济，在社会上能够与其他各个阶层和谐相处，在国际竞争的大潮中能够以民族利益为重，真正成为我们党在全面建设小康社会、构建社会主义和谐社会中的重要支持力量。

二是率先开展非公有制经济代表人士担任工商联会长的试点工作，设立政治引导的平台。非公有制经济代表人士担任工商联会长试点取得了较大的成效，通过此项工作，让更多的非公有制经济代表人士参与到工商联的领导工作中，更有助于调动广大非公有制经济人士的积极性，进一步激发全民创业的热忱；更有利于团结广大非公有制经济人士，增强工商联在非公有制经济人士中的亲和力和影响力；更有利于体现工商联的统战性、经济性和民间性，凸显其在社会主义市场经济发展中的特殊地位和重要作用。

三是率先开展两新组织党建和统战工作试点，奠定政治引导的基础。浙江省高度重视新经济组织和新社会组织党建工作，积极探索建立党组织的有效途径，不断扩大党的组织覆盖面。各地还通过组建党委统战部、党支部（总支）统战工作室、联络站等模式拓展新经济组织、新社会组织统战工作覆盖面，切实加强新经济组织和新社会组织的统战工作。2011年设立省委新经济与新社会组织工作委员会，并要求省、市、县三级都要建立两新工委，按照"有机构、有班子、有队伍、有经费、有制度"的要求，切实加强两新工委建设。并提出按照加强和创新社会管理的要求，以深入实施"强基固网、双强争先、党员人才、同心聚力、和谐示范、保障提升"六大工程为抓手，拓展工作领域，推进工作创新，把两新组织党建工作提高到一个新的水平。

四是率先提出并实施新社会阶层人士统战工作网络构建行动计划，夯实政治引导的基石。浙江经济社会的快速发展为新社会组织的发展和自由择业知识分子群体的健康成长提供了肥沃土壤，使浙江成为新社会组织和自由择业知识分子数量最多的省份之一。浙江省把自由择业知识分子作为统战工作新的着力点，在深入调研、深入实践、深入思考的基础上，制定下发了《关于"新社会阶层人士（自由择业知识分子）统战工作网络构建行动计划"的实施意见》，积极构建自由择业知识分子统战工作网络。这就是在各级党委统一领导下，在全省范围内基本建立由各级党委统战部门牵头协调，以联席会议机制为保障，以党建工作为核心，以综合评价为先导，以社团为纽带，以社区为依托，以网络为媒介，以活动为抓手的全面覆盖浙江省各类、各层面新社会阶层人士的统战工作网络体系，延伸统战工作触角，扩大党的基层工作覆盖面。努力形成上下联动、左右协调、内外参与的新社会阶层人士统战工作新格局。通过实施网络构建行动计划，使新社会阶层人士从"单位人"转化成"社会人"，从"社会人"转变成"组织人"，并进而成为"和谐社会人"，真正成为我们党长期执政的群众基础。

另外，义乌等地创新异地商会和外来商人社会管理，宁波、嘉兴的商会承接政府职能管理等工作；杭州市的楼宇统战工作，宁波市的商圈知识分子统战工作，北仑区的外资企业中的管理和技术人员统战工作，都是新的开拓，令人瞩目。

三 鼓励、支持和引导个体私营经济加快发展

习近平同志要求，各级党委、政府必须毫不动摇地鼓励、支持和引导个体私营经济加快发展，推动民营经济实现新的飞跃。遵照习近平同志的指示，浙江省主要在以下几个方面着力：

一是从走中国特色社会主义道路的高度认识发展非公有制经济的意义。非公经济的作用不仅在于其在产值、税收、就业、慈善等方面的贡献，更重要的是在市场和经济结构方面，有利于促进竞争，有利于配置资源，有利于增强活力，有利于创业创新，有利于参与国际竞争，也有利于促进公有制经济的发展，有利于加快转变经济发展方式。没有非公有制经济的发展，中国特色社会主义新胜利就不可能实现。对此，必须切实转变观念，从思想根源上平等对待国企和民企。要尽力破除一切影响民营企业发展的思想束缚，尽

力改变一切影响民营企业发展的体制障碍和政策制约，进一步规范市场秩序，努力建设"信用浙江"，切实维护私营企业主和企业职工的合法权益，为民营经济加快发展创造公平竞争的环境。

二是进一步加快要素市场改革。进一步清理各种要素市场准入条件中有关所有制限制的条款，打破行业垄断与地区封锁，促进生产要素在全国市场自由流动，让各类市场主体在同一规则环境下参与要素市场竞争、获得生产要素。建立专门面向中小企业服务的政策性银行和引导民间资本参与建立中小金融机构，形成与企业构成相匹配的"门当户对"的金融格局。要构建多层次股权投资体系和"金字塔式"的资本市场体系，让资本市场惠及中小企业。

三是在"公平参与市场竞争"方面加强制度顶层设计。确保国企民企平等地位，让民营企业更多参与制度设计。有效打破既得利益对改革的锁定，构建有利于多种经济科学发展的体制机制，释放民间投资增长活力。在过去的基础上进行有针对性地探索全面的政策细则规定，如在民营资本进入国有垄断领域产生纠纷后，维护其合法权益的渠道如何建立，民资与国资交易时面临交易规则不平等和对话机制不平等的问题时如何规避有关风险，等等。要减少行政审批，坚决清理和取消不合理收费。对垄断行业尽可能引入竞争机制，通过竞争性领域放开市场、资本多元化改造、可竞争性环节分离等措施，在竞争中增强国有经济活力。

四是通过加大立法、执法力度确保"同等受到法律保护"。要积极构建同等受到法律保护的法治环境，依法保护民营企业和企业家合法财产不受侵犯、合法经营不受干扰。要严格按照《反垄断法》查处垄断协议、滥用市场支配地位和滥用行政权力排除、限制竞争等各种垄断行为。要针对新情况新问题，加大立法和执政力度，逐步填补法律保护的空白点。进一步完善网络立法，加强网警力量，探索成立实体网络派出所，维护民营企业合法权益。进一步放宽领域、降低门槛，完善金融支持、中介服务和人才保障体系，进一步优化舆论环境、政策环境、政务环境和法制环境，为民营经济的发展和提高创造更好的条件。

五是鼓励非公企业大力弘扬浙江精神，围绕省委充分发挥"八个优势"、深入实施"八项举措"的重大战略部署，积极进取，开拓创新，再创新优势，推进新发展，实现新飞跃，为"两富""两美"浙江建设作出更大的贡献。

四 积极创建浙商的交流发展平台

2011年10月，首届世界浙商大会在杭州举行，来自海内外的1200多位浙商代表会聚一堂，共话桑梓之情，共谋发展大计。浙商的发展壮大折射了中国改革开放的光辉历程，反映了浙江经济社会发展的历史成就，体现了以创业创新为核心的浙江精神的巨大力量。浙商大会的召开，有利于树立战胜挑战的坚定信心，开启创业创新新征程；有利于坚定科学发展的毅力恒心，再创转型升级新优势；有利于怀抱反哺浙江的赤子之心，投身家乡建设新热潮。

习近平同志在给首届世界浙商大会的贺信中指出，敢为天下先、勇于闯天下、充满创新创业活力的浙商群体，是在社会主义市场经济大潮中应运而生的。如今从浙商群体中派生出的蔚为壮观的"省外方阵"和"海外军团"，在全国投资总量超过3万亿元，在境外投资总额突破100亿美元。浙商群体为推动浙江经济持续快速发展，为促进我国区域经济协调发展和提升开放型经济水平作出了重要贡献。当前，我国已进入全面建设小康社会关键时期和深化改革开放、加快转变经济发展方式攻坚时期。随着经济结构调整和扩大内需战略的有效启动，随着浙江海洋经济发展示范区、舟山群岛新区和义乌国际贸易综合配套改革试点等战略举措相继出台，浙江经济率先发展、转型发展、和谐发展、可持续发展迎来新的机遇，省内外、境内外浙商群体的创新创业也步入新的发展空间。希望浙商群体审时度势、抓住机遇，自觉顺应我国经济谋求更长时期、更高水平、更好质量发展的新形势，深入传承浙商文化、大力弘扬浙商精神，继续用好国内国外两个市场、两种资源，把奋力向外拓展同积极向内拓展结合起来，把富而思进同富而思源、富而思报结合起来，做到形成健康的发展机制同坚持理性的投资导向相统一，做大做强主业同拓展新的发展空间相统一，调整产业结构同优化对外贸易结构相统一，营造企业和谐文化同构建和谐劳动关系相统一，追求经济效益、社会效益同生态效益相统一，为全面建成小康社会和创新型国家，为实现中华民族伟大复兴建功立业。①

现任省委书记夏宝龙同志在浙商大会上指出，浙江省将以更宽广的胸怀鼓励浙商走向世界，创业创新闯天下；以更诚挚的真情感召浙商反哺家乡，合心合力强浙江；以更坚定的决心，大力实施三大国家战略，为浙商提供更广阔发展空间；以更扎实的举措，大力推进"四大建设"，为浙商提供更大发展平台；以更有力的政策，大力推进经济转型升级，为浙商提供更多发展机会；以更高效的服务，大力优化创业创新环境，为浙商创造更宽松的发展氛围。希望广大浙商创业创新，再创辉煌；富而思源、回报桑梓；义行天下、勇担责任，谱写新中国一代商人新的光辉篇章。②

五　努力引导新生代企业家

随着时间的推移，一大批政治素质好、管理水平高、创新能力强的优秀民营企业家将逐渐淡出历史舞台。有专家估计，未来 5～10 年内我国将有 300 万家民营企业面临接班换代，预计能够顺利交接的仅有 3 成，其余 7 成会产生各种问题，严重的甚至导致企业的衰亡。③ 对于浙江这样的民营经济大省而言，如何培养和造就一批方向明确、积极有为的新生代企业家，不仅是攸关长远的重要战略问题，也是一个十分紧迫的现实问题。目前，浙江省新生代企业家虽然文化水平和综合素质较好，市场观念和开放意识较强，创新精神和创业热情较高，但缺少创业"实战"经验，社会认同度较低，社会责任感较弱。针对这些现状和问题，浙江省各地、各部门开展了形式多样

---

① 参见金波、应建勇《浙江首届世界浙商大会在杭隆重开幕》，《浙江日报》2011 年 10 月 26 日，第 1 版。

② 参见金波、应建勇《浙江首届世界浙商大会在杭隆重开幕》，《浙江日报》2011 年 10 月 26 日，第 1 版。

③ 参见滕斌圣《民营企业最难传承企业家精神》，http：//money. 163. com/12/1030/15/8F2T12R300253G87. html。

的教育引导工作，鼓励和引导新生代企业家具备全球化视野、创业创新意识，勇于承担社会责任，培育代表人士，使其成为民营企业家中探路之人、举旗之人、作表率之人。

一是全面优化新生代企业家的成长环境。包括营造公开、平等、竞争的政策环境，营造公正、科学、全面的社会认同环境，营造积极、健康、良性的舆论环境。特别是在加强舆论宣传引导方面，加大力度进行正面典型宣传，对于一些在各级"中国特色社会主义事业优秀建设者"评选活动中崭露头角以及在社会慈善、公益事业、技术创新、产业转型等各方面有所建树的新生代企业家中的代表性人物，注重表彰、宣传，维护其社会形象。

二是建立合理的教育引导机制。浙江省在新生代企业家的教育培训方面充分利用各种形式，如在高校建立新生代民营企业家培训基地，实践锻炼，高端论坛，实地考察调研，等等。在培训内容上，除了增强民企二代的政治意识、责任意识和道德观念，还积极组织新生代企业家学习市场经济知识、现代管理知识、科技知识以及社会学、心理学等现代企业家所必需的高层管理知识，增强民企新生代的经营管理能力。在政治引导中追求"多样性与一致性的统一"：所谓多样性，就是新生代企业家在各方面都有自己的见解和观点，这是他们活力、智慧和创新能力的体现；所谓一致性，就是坚持走中国特色社会主义道路的政治共识，这是保障"两个健康"发展的基础。

三是多途径探索创新新生代企业家健康成长的平台、渠道、载体。建立联谊组织，积极推进省、市、县、乡镇各级成立和发展新生代企业家联谊组织，努力形成上下交流、左右互通的组织网络，将更多的新生代企业家纳入进来。提供政治参与的机会和平台，积极培养和引导优秀的新生代企业家加入中共或民主党派，将他们列入非公有制经济代表人士的后备队伍，为他们提供更多参政议政的机会，在各级党代表、人大代表、政协委员、工商联等政治安排中予以优先考虑、重点推荐，更加注重长远规划、提前布局、长期培养、发挥作用。再次是搭建履行社会责任的平台，积极引导新生代企业家参与"五水共治""两美浙江建设""光彩事业""义行天下感恩行动"等活动，创造更多的渠道，为他们履行社会责任提供平台，为他们塑造社会形象提供舞台。

四是积极引导新生代企业家树立正确的创业理念。引导他们具备全球视野和创新的激情，举起民营经济发展壮大的旗帜，把更加饱满的热情、更加昂扬的斗志作为中国特色社会主义事业继往开来的宝贵的精神财富，用创新的意识和创新的激情，从老一辈民营企业家手中接过有形的企业，继承并发扬和创造更加宝贵的无形的精神财富。培养他们树立居安思危的忧患意识，培养吃苦耐劳、坚忍不拔的创业勇气，锐意进取，勇于革新，敢于实践，用先进的经营模式和管理理念，促进民营经济转型升级，为企业自身不断发展壮大与促进国家经济社会又好又快发展注入活力，实现民营经济优质、健康、快速发展。

五是构建优质的联系服务机制。浙江省努力建立行之有效的联系新生代企业家的制度，切实加强与他们的交流沟通，努力为他们解决企业经营发展中的实际问题，为他们表达正当的利益诉求提供畅通渠道，并努力为他们办实事、解难事。对于新生代民营企业家的服务涉及组织、统战、财政、税收、群团等一系列部门，可以参照新社会阶层人士统战工作联席会议制度，进一步整合资源，建立起由统战部门牵头，党委和政府职能部门、有关社会团体参加的服务新生代企业家的协调机制，定期研究、部署和总结新生代企业家的培育工作，并明确各自的分工和职责，形成开展工作的合力。

六 努力团结党外知识界人士

团结党外知识分子工作是统一战线的基础性工作，第二十次全国统战工作会议明确的 15 个方面的统战工作对象，有 6 个属于党外知识分子工作范畴。党外知识分子的分布存在点多、线长、面广的特点，据统计，浙江省有党外知识分子 256 万人，新社会阶层人士（自由择业知识分子）260 万人，已登记的无党派代表人士 8803 人，在册归国留学人员 9400 人。浙江省知识界人士联谊会是以浙江省党外高级知识分子为主体的统一战线性质的社会团体，是党和政府联系各界知识分子的桥梁和纽带。适应统战工作社会化的趋势，必须大力加强知联会建设，扩大各级知联会的吸引力、凝聚力、影响力，密切党与党外知识分子的联系，加强对党外知识分子的教育引导，充分发挥党外知识分子在党和政府工作大局中的作用。

党外知识分子作为各方面的人才，在促进浙江省文化大省建设、实施科教兴省和人才强省战略乃至整个经济社会发展中都具有重要作用。浙江省全面贯彻尊重劳动、尊重知识、尊重人才、尊重创造的方针，充分调动党外知识分子的积极性、主动性和创造性，鼓励他们把实现个人价值和社会价值结合起来。一方面吸收先进知识分子入党，另一方面也把部分优秀分子留在党外，关心他们，凝聚力量，以利于更好地发挥其作用。知识分子的分布面广，流动性大，必须分类做好工作。努力掌握新形势下党外知识分子工作的特点和规律，及时了解和反映党外知识分子的思想动态，积极探索做好党外知识分子工作的方式方法。按照培养、吸引、用好人才的要求，真正做到以政策留人、以感情留人、以事业留人，并以此吸引更多的海内外英才到浙江或为浙江工作。

知联会的成立是浙江省落实人才强省战略的一项重要举措，是加强和改进知识分子工作的一次有益尝试。2004 年，省知识界人士联谊会成立，时任省委书记的习近平同志发来贺信。贺信指出，浙江省知识界人士联谊会是以浙江省党外高级知识分子为主体的统一战线性质的社会团体，是党和政府联系各界知识分子的桥梁和纽带。它的成立是浙江省落实人才强省战略的一项重要举措，是加强和改进知识分子工作的一个有益尝试，必将对加快浙江经济社会发展起到积极的推动作用。时代呼唤人才，伟业孕育人才。当前，浙江省正处于加快全面建设小康社会、提前基本实现现代化的重要历史时期，希望浙江省知识界人士联谊会在党的领导下，以邓小平理论和"三个代表"重要思想为指导，大力弘扬求真务实精神，大兴求真务实之风，切实发挥"聚才""荐才"的功能，为把浙江省建设成为与经济大省地位相适应的人才强省作出应有的贡献。

在此基础上，浙江省积极探索知联会建设的"浙江模式"，在全国率先实现了知联会组织全覆盖，构建了完善的党外知识分子工作网络体系。率先关注和研究知联会的定位和发展问题，提出知联会建设要把握"五个性"，即结构的广泛性、成员的代表性、主张的包容性、利益的特殊性、运作的民间性。同时，搭建知联会成员的展示平台，先后成功举办了以"新社会阶层人士与创业创新"为主题的全省第一届新社会阶层代表人士论坛、以"成就、使命、责任——改革开放与新社会阶层人士"为主题的全省第二届新社会阶层代表人士论坛、第一届留学人员论坛、以"加强港口合作，促进长三角地区联动发展"为主题的第二届苏浙沪知联会主题论坛，省知联会成立了专家志愿服务团，建立了省知联"爱心基金"。

七　创造性地开展网络界人士统战工作

浙江是互联网大省，现有网站 26 万余家，网民达 3280 万余人，普及率为 54%，高于全国平均水平 12 个百分点。为适应互联网时代统战工作的新形势、新任务，我们把新媒体从业人员和网络意见人士统称为网络界人士，作为统战工作新的着力点，以组建网络界人士联谊会为载体，加强对网络界人士的政治引导，最大限度地把网络界人士团结在党的周围，探索统一战线服务意识形态工作的新途径。网络界人士统战工作是项全新的、探索性的工作，浙江省选择在网络经济相对发达、网民比例较高的温州市开展试点，截至 2014 年 4 月，全省已建成 6 个网联会，率全国之先就网络界人士这一新兴社会阶层统战工作作出有益探索。

网联会是具有群众性、联谊性、服务性、自律性、统战性的社会团体，可以在加强政治引导、助推网络经济、网络建言献策、推动队伍建设等四个方面发挥独特作用。一是政治引导得到加强。网联会把网络界人士适度组织起来，为开展政治学习、行业教育、价值提升等提供了有效的平台和载体，使网络界人士能够更加深入地了解党的方针政策。各地网联会分别开展了学习十八大精神、"同心·中国梦"、互联网健康发展等理论培训班，提高网络界人士的政治理论素质，不断增强他们的道路自信、理论自信、制度自信。温州市龙湾区网联会、鹿城区网联会都开展了践行"七条底线"的活动，倡导共同创造网络文明。各地网联会还积极开展"同心·信息教室"

援建活动、互联网培训计划等，让所有外来民工子弟同享信息教育，打响网联会服务社会的品牌。二是网络经济加快发展。网联会集中了涉及互联网的优势资源，通过争取扶持政策、创新网络营销模式、开展电子商务培训等，在助推网络经济发展方面取得显著成效。在网联会的参与建议下，温州市、龙湾区政府相继出台了扶持网络经济发展的若干政策，仅龙湾区每年就为电子商务企业提供扶持资金1000万元以上。龙湾区网联会积极帮助协调整合资源，联合运营的二手车交易市场，半年交易额较前期提升30亿元；为全区电子商务企业开展义务培训8次，培训人员600多人次，建设大学生创业孵化基地3个，为电子商务整个行业发展积极贡献力量。三是建言献策优势明显。各地以网联会为载体，主动开展网络参政、网络问政、网络反腐等活动，通过网站、微博、微信等形式，比以往更加直接、广泛地征集社情民意。比如龙湾区、鹿城区网联会积极建设"网上建言献策直通车"，鹿城区网联会加快完善"代表委员网上工作站"。网联会通过发挥网络建言献策的优势，积极发挥在协商民主、民主监督、维护和谐中的作用，受到了省市领导和广大网民的认可和好评。四是队伍建设初见成效。通过推进网联会建设，统战部门把网络界代表人士纳入工作视野，加强了对他们的发现和培养。比如，龙湾、鹿城网联会共向统战部门推荐党外代表人士5名，后备人选22名。网联会将根据工作发展的需要，进一步扩大成员规模和优化成员结构。

八　积极探索新居民的统战工作

作为市场经济大省，浙江省常住人口为5400万人，其中外来流动人口为1200万人，且以长期居住的"新居民"为多，不少地方新居民人数超过了老居民人数。促进新居民融入城市、融入社区、融入当地市民生活，共同从城市发展中获益，共同成为和谐社会的积极参与者，是对加强和创新社会管理提出的必然要求，也给统战工作带来了新的课题和新的任务。浙江省开展新居民统战工作的方针是：公平对待，合理引导，完善管理，搞好服务，培养人物，促进融入。具体而言有如下做法：积极创新载体、平台、机制、手段，充分发挥统一战线优势，维护新居民的合法权益，鼓励和支持民主党派、党外知识分子等统一战线成员围绕制定和完善有关新居民事务的法律法规和政策性文件开展调查研究、建言献策，使新居民工作有法可依、有章可循。大力培育新居民自治组织并充分发挥其自我管理的作用，引导新居民加入传统的各种组织或是成立新的组织等，既是充分依托社区建设促进新老居民融合的重要途径和手段，也是有效开展新居民统战工作的重要平台和抓手。积极引导新居民有序的政治参与，统战部门会同有关部门帮助建立完善新居民参政、议事、协商、恳谈、通报、咨询、旁听"两会"以及社区网站、"居民论坛"等平台，不断扩大新居民的知情权，畅通其意见诉求和表达渠道。重视在新居民中发现和培养代表人士，切实摸清各类新居民自治组织的总体数量，关注各类新居民自治组织的领军人物，关注参与社区民主管理和参政议政的积极分子，关注网络"意见领袖"的发展情况，注意从中发现和培养代表人士，继而作出必要的政治安排或社会安排、荣誉安排。实践证明，新居民统战工作有利于新居民更好地融入本地，有利于新居民促进当地经济发展，有利于促进社会和谐，成效显著。

第八章
浙江政治发展的基本经验与有益启示

改革开放以来，浙江作为我国市场经济的先发地区和对外开放的前沿地带，不断深化改革，不断扩大对外开放，经济保持持续健康快速发展。有数据显示，改革开放 30 多年来，浙江省生产总值年均增长 12%，是各省市区中人均 GDP 增长最快的地区。经济发展到一个新的阶段必然会对政治发展提出新的要求，经济社会发展的新情况、新变化也必然会传导到政治领域，政治发展与经济发展密切相关。从浙江的政治发展实践看，无论是政治存在基础、政治发展内容、政治运行方式，还是在政治民主、政治法治化、政治参与等方面，都出现了许多新变化、新常态。面对新形势新发展新挑战，客观分析浙江政治发展的特征、认真总结其经验、科学把握其趋向，对于我们采取正确有效的应对措施，与时俱进地推进治理体系和治理能力现代化，建设法治国家、法治政府、法治社会具有重要意义。

第一节　浙江政治实践的基本特征分析

经济的加速发展，社会利益关系的加速变化，使社会矛盾冲突也日益加剧。2002 年以来，浙江处于一个经济加速发展、社会加速转型的关键时期，许多深层次的矛盾和"成长中的烦恼"层出不穷，诸如社会利益结构的剧烈变动，贫富差距的扩大，腐败的滋生蔓延和资源、环境压力的加重，等等，浙江的政治发展出现了趋势性的变化与特征。

一　社会和个体的自主性不断增强，社会组织日益成长

市场经济的发展，在政治领域引发的一个重大后果，就是国家与社会的

适度分离。这必然导致社会和个体的自主性增强，民间组织日趋活跃，社会组织日益成长，政治发展的社会基础发生重大变化。社会组织日益成长壮大，深刻地改变了政治生活的原有格局，使党和国家一体的一元化的权力格局向以党的领导为核心，党、国家和社会三者相互作用的三维权力结构转化，政治发展的动力结构也由国家单方面推动变为国家和社会的共同推动。来自经济、社会的利益诉求与发展期望，逐渐成为推动政治发展的重要力量，成为推动党和国家领导体制、执政体制变革的实质动力，这对当代中国的政治发展产生了深远的影响。

浙江不仅是民营经济大省，也是民间社会组织大省。浙江登记、备案的民间社会组织总数在全国居第三位，每万人拥有民间社会组织数量居全国第二位。① 2014 年 8 月 25 日，浙江出台全国首个社会组织建设省级地方标准，浙江省质量技术监督局批准发布了 DB33/T933—2014《社会组织建设规范》省级地方标准，这对于进一步推进社会组织规范化建设、加快完善社会组织信用体系、促进社会组织健康有序发展具有重要意义。

浙江民间社会组织在浙江的政治发展中发挥着重要的积极作用，使社会和个体的自主性不断增强。如温州的民间商会、行业协会在促进行业自治、维护市场秩序以及维权等方面就发挥了非常重要的作用。温州的打火机协会曾成功应对国际反倾销诉讼，名震一时。根据省民政厅的调查，浙江省民间社会组织的作用尤其明显：反映会员、弱势群体和基层民众的权益与诉求，维护社会稳定，对政府决策产生重要影响；积极开展自律与维权活动，拓展国际国内市场，促进经济发展；扶助弱势群体，热心社会公益，积极参与和谐社会建设。

政治的社会基础结构发生的新变化，对政府如何管理社会、发挥广大群众的自主作用提出了新挑战，它要求我们重新审视政府与企业、政府与社会的关系，改变过去大包大揽的治理方式，充分发挥企业和社会自组织的作用

---

① 参见吴锦良等《走向现代治理——浙江民间组织崛起及社会治理的结构变迁》，浙江大学出版社，2008，第 2 页。

和能力。如何既积极扶持、培育民间组织，使之发挥出正面功能，又依法规范民间组织、抑制其负面效应是政府必须面对的新课题。浙江各级部门适时出台了一系列地方性法规措施，因地制宜地加强政策引导，促进了民间组织的健康发展，政府的治理方式也在不断探索之中改进、发展和完善。

二 执政基础不断夯实扩大，"效率政治"转向"公平政治"

在经济社会发展的基础上，加紧建设对保障社会公平正义具有重大作用的制度，逐步建立以权利公平、机会公平、规则公平为主要内容的社会公平保障体系，努力营造公平的社会环境，保证人民平等参与、平等发展权利是中国特色社会主义的内在要求。

从世界范围来看，处于现代化发展和社会转型进程中的许多发展中国家，都遭遇过政治危机的困扰，现代性孕育着稳定，而现代化过程却衍生着动乱。① 在工业化、城市化快速发展的现代化过程中，会产生一系列结构性失衡问题②，导致社会利益关系急剧分化和变动，如果处理不好，不仅会阻碍经济增长，而且会导致社会动荡和出现政治危机。过分悬殊的贫富差距最容易导致政治合法性危机的产生，各个利益阶层增强的政治参与愿望和匮乏的政治参与渠道的矛盾也会引发危机，蔓延的政治腐败更会严重蚀蚀政党的执政基础。

市场经济的快速发展为有序推进浙江民主政治建设创造了客观条件，也为民主政治创新提供了内在动力。经济的快速发展增加了民众可支配收入，优化了民众的消费结构，提升了民众的消费层次。精神文化层面的需求空前膨胀，民众完善自身、追求公平正义的呼声日益强烈。民众主体意识上升，维权意识、自主精神、民主意识、参与意识都有了很大程度的提升。这就为民众参与政治提供了主观层面的先决条件。而随着收入的增长，财富的积累，浙江民众普遍过上小康生活，民众拥有足够的闲暇时间、基本的收入基

---

① 参见亨廷顿《变化社会中的政治秩序》，王冠华等译，生活·读书·新知三联书店，1989，第38页。

② 参见亨廷顿《变化社会中的政治秩序》，王冠华等译，生活·读书·新知三联书店，1989，第30～72页。

础、一定的社会保障条件，民众参与政治，充分享受法律赋予的各项政治权利已无后顾之忧。客观物质条件业已具备。经济的快速发展为民主政治的创新提供了主客观层面的必要条件，使得民众广泛参与政治、行使自身权利成为可能。

然而，浙江正处于现代化加速发展和社会全面转型的关键时期，执政基础也同时面临严峻的挑战，主要表现为：一是贫富差距过大和社会不平等，成为威胁着政治稳定的重大隐患；二是人民内部矛盾增多，呈现显性化和尖锐化的态势，恶性群体性事件时有发生；三是腐败现象蔓延升级，依然高发；四是政治参与的制度化水平滞后于公民参与需求的扩大；五是思想意识日益复杂、多元，对主流意识形态形成冲击。在这些现实问题中，社会不平等是最容易危及政治稳定的根源问题。新时期，浙江虽然经济快速增长，人民总体生活水平提高，但城乡差距、区域差距，收入差距拉大趋势还未得到根本扭转，发展的公平性、协调性矛盾十分突出。

因此，在新的发展阶段，不断提高党和政府的治理能力，夯实与扩大党的执政基础，将追求社会公正基础上的经济增长作为增强执政能力的有效途径，从"效率政治"转向"公平政治"成为政治实践的重要特征。我们唯有更多地承担起维护社会公正的责任，兼顾好不同地区、不同方面群众的利益，才能有效解决各种结构性失衡矛盾，促进社会健康稳定地发展。

三 施政方式由"统治"转向"善治"、由"管理"转向"治理"

面对时代发展的新要求和政治发展中的现实矛盾，建设服务型政府、转变政府职能、改变施政方式是顺应时代发展需要的必然应对。政府管理模式由管制型、发展型政府转向服务型政府，政府职能由注重经济发展转向经济发展、社会发展和生态文明并重，施政方式由"统治"转向"善治"、由"管理"转向"治理"是浙江政治实践的重要特征。面对市场经济、社会组织和人民民主不断发展的新形势，政府必须改变过去那种以行政命令为核心的自上而下单向式的施政方式，转向与社会、公民对话合作的双向互动式的施政方式，由封闭式办公的方式向公开透明的方式转变，由过去施政注重上级满意向注重人民满意转变，等等。

由于在广大竞争性产业领域中民营经济已经能够担当推动经济增长的重任，同时也由于处于经济加速发展时期，民众对公共产品和公共服务的需求大幅度增长，浙江在实践中逐渐由发展型政府转变为服务型政府，将资源主要投向公共产品和公共服务方面。出于更好地协调政府与市场、政府与社会发展关系的考虑，浙江各级政府早已根据实践需要将其职能转为提供公共产品和公共服务，大致从 21 世纪初开始，政府将自身角色定位逐步从发展型政府调整为向服务型政府转变。为适应新的社会经济发展形势，浙江各级政府积极编织"服务网"和"安全网"，推出了一系列重要改革措施，有效地加快了政府职能转变，提高了政府的社会治理和公共服务水平。

浙江在全国率先推行乡镇企业产权制度改革、小城镇户籍制度改革、粮食购销市场化改革等一系列改革，使浙江在城乡协调发展方面走在了前列。在解决"三农"问题上，浙江劳动和社会保障部门开始建立健全为农民就业服务的机构，从农村劳动力总量控制向疏导和服务方向发展，浙江部分地区还积极推出了土地换社保、提供就业培训、成立"社区股份经济合作社"等保障失地农民权益的方法。在统筹人与自然发展上，浙江省制定了可持续发展浙江行动计划，实施了"十年绿化浙江"、建设"绿色浙江"和"两美"浙江等重大举措，加强对耕地资源、水资源、矿产资源和生态环境的保护，严格控制人口自然增长，并积极探索集中化、市场化治理污染的路子。[①] 在政府能力建设上，浙江积极推进政府运行机制转变，在审批制度改革、政务公开、公共财政建设、预算编制和管理、政府集中采购等方面都取得了重要进展。与此同时，浙江大力改革干部人事制度，着力提升机关效能和行政人员的工作效率，各级政府通过对各级行政领导的竞争性选拔任用，对普通行政人员的更加注重民意的考录和考评等方式，大大提高了政府的工作效率和服务水平。

---

① 参见郁建兴、徐越倩《从发展型政府到公共服务型政府——以浙江省为个案》，《马克思主义与现实》2004 年第 5 期。

四　公共财政、公共预算制度改革日益成为基层民主实践创新的突破口

随着改革开放的深入发展，渐进式的政治体制改革取得了巨大的进步。但是，相对来说，在财政民主或对财权的监督方面却步履艰难。诸如预算不统一、不完整，大量的财政资金仍然游离于预算之外；部门预算中虚报人员、造假项目、挤占专项资金、预留资金等都是屡禁不止、久治不愈的顽症。这些问题充分表明，财政运行存在大量的"灰箱操作"和"黑箱操作"，责任追究严重缺位，与"公共财政""阳光财政"尚有很大距离。在市场经济条件下，由于多种所有制经济成分的存在，财政收入的来源变得公共化，纳税人意识增强，盯紧国家的"钱袋子"成为公众的自觉意识。因而，官员任意花销、随意挥霍公共资金的行为必然会激起社会公愤，并极大地损害党和政府的形象。

针对这些问题，浙江地方人大和政府出现了预算民主化的趋势。省级人大常委会设立了预算工作委员会，市县一级也成立了相应的专门工作机构，推进了预算法制化建设，相继出台了加强预算审查监督的决定、规定和条例，在省市县一级人大实施了部门预算。浙江省人大的预算监督包括三个方面：一是对编制预算的审核监督，要求细化到部门，看如何分配，是否合理等情况；二是对预算执行过程的监督，看是否执行到位；三是审批结算，含部门结算、收支情况。总体上看，人大及其常委会对财政预算监督基本上做到了依法监督：在监督的空间上，由监督预算收支行为向监督国民经济运行状况转变；在监督的内容上，由侧重监督预算内资金向既监督预算内又监督预算外资金转变；在监督的方式上，由注重程序性监督向既注重程序性监督更注重实质性监督转变；在监督的手段上，实现由人大独当一面监督向同时充分发挥审计部门的监督作用转变，从而有利于加强对整个社会经济活动的监督，减少预算的随意性，最大限度地发挥财政资金的作用。

除积极发挥人大的监督职能，浙江最引人注目的是积极探索"公众参与式"公共预算改革，成为基层民主实践创新与治理改革的新样式。从

2005 年开始，浙江省温岭市在新河、泽国两镇率先"试水"公共预算改革，积极运用温岭首创的基层民主形式——民主恳谈——为基层人代会审查预算服务，形成了对预算进行实质性审查监督的"公众参与式"预算模式，成为中国基层公共预算改革的先声。随后，温岭又将参与式预算扩大到五个乡镇，并将部门预算民主恳谈从镇一级提升到市一级，至 2009 年已扩展到交通、水利、计划生育、城建规划、科技五个部门，参与式预算改革不断走向深入。温岭的参与式预算改革从预算民主切入，把民主恳谈制度引入预算审查、监督过程，从人大监管的层面吸纳公众参与，激活了人大审议、监督财政预算的作用，使人大在公共预算中发挥越来越重要的作用。

五　协商民主的内涵和外延不断拓展，民主制度建设日益完善

社会的多元化转型带来了利益诉求的增多、公民参与意识和参与热情的高涨等变化，催生了诸多基层民主的探索与实践。大量的人民协商、群众协商、村民协商、居民协商、职工协商等已逐步进入规范化、法律化和制度化的轨道。在浙江，原创性的基层协商民主制度也日益显示出旺盛的生命力，协商民主的内涵和外延不断拓展，治理体系中的民主制度建设加速发展，成为社会主义民主政治建设的新重点。

浙江各地先后涌现出了大量基层协商民主的创新性实践，在村级、社区、企业等基层单位都已经广泛建立起了民主协商制度。作为我国基层协商民主制度的诞生地，已经形成了多样化的协商民主形式，如民主恳谈会、论坛式协商、咨询会、听证会、议事会、工资集体协商制度、网络议事等。近十年来，浙江省始终将基层协商民主作为地方民主政治建设的重要内容和地方政府治理的有效形式，充分发挥其在地方民主实践中的独特优势，通过政协组织、统一战线、民间团体、普通公民、政权机关等参与主体之间的广泛协商，共同推进该省经济社会发展的重大问题和涉及群众切身利益的实际问题的协调、解决与发展，逐步走出了一条具有浙江特色的社会主义基层民主建设道路。

同时，由农村改革引发的基层民主建设逐步成为浙江民主发展最亮丽的

风景。从"海选"到"民主恳谈"，从"村务公开"到"村务监督"，以村民自治为核心的农村基层民主不断拓展和深化，农村的民主选举、民主决策、民主管理和民主监督的规范化、制度化水平不断提高，取得了显著成就，以执政科学化、民主化、制度化为内容的基层民主成为浙江各级政府治理改革与创新的重点和特色。

六 依法执政向纵深发展，政治法治化水平不断提高

政治建设的核心在于规则和程序，无论是规则还是程序，它们的制定和遵守都离不开法治，因此，法治化必然贯穿于政治运行的全过程，只有在法治的轨道上，政治才能有序地运行。进入新时期以来，浙江省委、省政府高度重视法治建设，提出了建设"法治浙江"战略，要求把人民群众的民主要求全面纳入法治化轨道，始终坚持依法执政，把坚持党的领导、发扬人民民主和严格依法办事统一起来，不断提高政治、经济、文化、社会生活的法治化水平。建设"法治浙江"不仅意味着传统意义上依法治"民"，更意味着依法治"官"、依法治"权"。"法治浙江"战略的全面实施，大大提高了浙江各级党委、政府依法执政的水平，法律体系不断完善，法治政府建设稳步推进，司法体制不断完善，全社会法治观念明显增强，有力地保障了浙江政治的有序发展。

随着实践的发展，地方立法从以经济立法为主逐步转向经济立法和社会立法并重，以保证法治环境不断改善。浙江的社会领域地方性法规包括：关于规范劳动关系的地方性法规，如《浙江省劳动保障监察条例》；社会保障方面的地方性法规，如《浙江省失业保险条例》；特殊群体权益保护的法规，如《浙江省实施〈中华人民共和国老年人权益保障法〉办法》；社会福利方面的法规，如《浙江省住房公积金条例》；公共管理或者社会管理方面的法规，如《浙江省社会治安综合治理条例》；等等。浙江地方立法中的有关社会民生领域的立法已呈现不断扩大的发展趋势，正在为浙江经济社会的发展发挥重大作用。

浙江在近几年的法治政府建设中，除加强一般意义上的"依法行政"，

有效约束公权力外，还将法治政府建设的外延进一步拓展，致力于建设阳光政府、服务政府和责任政府。司法工作乃至整个法治建设将人民的政治、经济、文化权益保障作为主轴，《中共浙江省委关于建设"法治浙江"的决定》把"确保人民的政治经济文化权益得到切实尊重和保障"作为"法治浙江"建设的出发点和落脚点，强化了对人民群众的政治、经济、文化权益的维护，法治政府建设持续推进。

七　政治文化复杂多样，政治意识形态面临严峻挑战

政治文化世俗化、理性化和多元化趋势日益明显，市场化、全球化和信息化的发展，使得人们的思想意识日益复杂多样、政治心态日趋多变、价值取向日趋多元，教条式、命令式的政治理想和意识形态的感召力日益减弱，政治意识形态面临严峻挑战。目前在我国的意识形态领域，除了处于主流的马克思主义之外，还有自由主义、新保守主义、新左派、中国传统道德文化和宗教文化、基督教文化等政治思潮和政治文化，更有一些中外的糟粕观念和文化，如专制主义、利己主义、拜金主义、官僚主义、色情、暴力、迷信、赌毒等。这些异质政治文化或边缘政治文化的扩散和冲击，使得主导政治文化或主流意识形态面临着被削弱的危险。

西方发达国家通过强势的经济、科技、信息渠道进行文化扩张和渗透，直接或间接传播其意识形态，这给我国的意识形态安全带来了巨大的冲击。全球化确实推动了民主、自由、平等、人权等政治价值在我国的深入发展，但是必须看到，中国的主流意识形态和西方资本主义意识形态有着本质的区别，我们必须防止西方对我国进行文化颠覆的危险。在各种思想文化相互激荡、相互渗透、相互影响的情况下，如何坚持马克思主义科学理论和先进世界观在整个社会中的主导地位，如何在多样性文化的相互激荡中凝聚广大党员和群众的思想，弘扬社会主义核心价值观，是我们在新的历史时期必须面对的重大课题。

浙江作为改革开放程度高、市场经济发育早、市场发达的沿海省份，人们思想活动的独立性、选择性、多变性、差异性出现得更早，人们思想观

念、道德意识、价值取向、生活方式多样化的趋势表现得更加明显。这使得浙江省在主流意识形态建设方面面临的形势更加严峻、情况更加复杂、任务也更加艰巨。在"两富""两美"浙江建设过程中，以社会主义核心价值观为指针，统一思想、澄清认识、形成共识，成为浙江思想文化领域亟待解决的重要任务。

第二节　浙江政治建设的基本经验探要

经济的加速发展必然推动政治、文化、社会、生态各方面的变革与发展，浙江政治发展的趋向性变化使其在实践探索中产生许多经验。依据国家治理体系和治理能力现代化和依法治国的客观要求，结合浙江近十年来政治发展的生动实践，从中国特色社会主义政治的内在本质、基本结构、根本力量、内在运行方式和治理实践的发展趋势等方面总结经验教训、探寻发展规律具有重要的理论探索和实践推进意义。

一　把不断扩大人民民主与构建中国特色社会主义的基本政治结构有机结合起来

发展社会主义民主政治，建设社会主义政治文明，最根本的就是必须坚持中国特色社会主义政治发展道路，坚持党的领导、人民当家作主和依法治国的有机统一。党的领导，是我国宪法确定的一项基本原则，也是推进浙江科学发展的根本政治保证；人民当家作主，是社会主义民主政治的本质要求，也是推进科学发展的动力源泉；依法治国是党领导人民治理国家的基本方略和本质要求，也是推进科学发展的法治保障。发展社会主义民主政治，必须积极推进民主的制度化、规范化、程序化，更好地发挥法治的引领和规范作用，引导人民群众合法、负责、理性、有序地参与国家和社会事务管理。

21世纪以来，浙江省委、省政府在大力实施和深入开展"八八战略"、树立科学发展理念、建设"平安浙江"、"法治浙江"、文化大省、"两美"浙江等一系列重大决策部署中，始终坚持人民主体地位，坚持把实现好、维护好、发展好人民群众的根本利益作为创业富民、创新强省的出发点和落脚点；加快完善民主制度，丰富民主形式，进一步发挥人民积极性、主动性、创造性。把不断扩大人民民主与构建中国特色社会主义的基本政治结构有机结合起来，扎实推进人民代表大会制度，充分发挥人民政协的重要作用。通过"法治浙江"战略和法治政府建设，司法公信力不断提高，人权得到切实尊重和保障。

人民代表大会制度是我国的根本政治制度，也是保证人民当家作主的根本政治制度。扎实推进人民代表大会制度，是支持和保证人民通过人民代表大会行使国家权力的根本性举措。充分发挥人大及其常委会作为国家权力机关的重大作用，依法行使立法、监督、决定、任免等职权，不断完善地方法制保障体系，加强对"一府两院"的监督和制约，加强对政府全口径预算决算的审查和监督，充分发挥人大代表的主体作用等，都为我们在新的历史起点上坚持和完善人民代表大会制度、推进社会主义民主政治建设，奠定了坚实的基础。

社会主义协商民主是我国人民民主的重要形式，坚持和完善中国共产党领导的多党合作和政治协商制度，就是要充分发挥人民政协在推进协商民主制度建设中的独特优势和重要渠道作用。近年来，浙江省政协围绕团结和民主两大主题，履行政治协商、民主监督、参政议政职能，积极推进政治协商、民主监督、参政议政制度建设，进一步协调关系、汇聚力量、建言献策、服务大局，把政治协商纳入决策程序，坚持协商于决策之前和决策之中，增强民主协商实效性。深入进行专题协商、对口协商、界别协商、提案办理协商，不断探索政协工作的新形式、新机制、新举措。

近年来，浙江基层民主进一步扩大，涌现出了民主恳谈、民主听证、民情沟通、村民监督等多种做法，深化和完善厂务、政务、村务"三公开"制度，有效保障和落实人民的知情权、参与权、表达权和监督权。"法治浙江"建设中，地方立法工作进一步加强，围绕人民群众关心的问题，不断提高立法的民主化、科学化水平。积极推行依法行政，加快建设法治政府，切实维护司法公正。加强法制宣传教育，努力为人民群众创业创新创造良好的法治环境。

浙江的实践表明，只有始终将人民群众作为中国特色社会主义事业的主体性依靠力量和强大的动力来源，尊重人民主体地位，发挥人民首创精神，最广泛地调动人民的积极性、主动性和创造性，政治实践才能不断从人民中汲取智慧、凝聚力量，形成各尽所能、各得其所、团结奋斗的发展局面。

二 把中国特色社会主义政治建设与其他各项事业建设有机统一起来

加强政治建设，跳出政治看政治实践，把政治建设放到党所领导的中国特色社会主义的经济、文化、社会、生态文明的伟大实践中去研究，把中国特色社会主义政治建设与其他各项事业（经济、文化、社会、生态文明）建设有机统一起来，把党和政府的事业与人民的事业有机统一起来，用新的思路、新的视野、新的方法开拓政治工作的新境界，在推进事业发展中加强政治建设，在实践的进程中不断让人民享有实质性的民主权益，从实质上巩固人民主体地位，是浙江政治发展的一条重要经验。

十多年来，浙江各级党委按照提高科学判断形势、驾驭市场经济、应对复杂局面、依法执政、总揽全局的要求，进行了有益探索，不断提升驾驭社会主义市场经济、建设社会主义民主政治、发展社会主义先进文化、构建社会主义和谐社会和科学判断国际形势以应对复杂局面，把政治建设和党委的实际工作有机统一起来。

（1）紧紧抓住经济建设中心不动摇。牢牢把握发展这条主线，抓住和用好重要战略机遇期，深入实施"八八战略"，以人为本、统筹兼顾、全面推进，调整结构、苦练内功、增强素质，不断增强浙江经济的综合实力、发展活力和国际竞争力。以"浴火重生、凤凰涅槃"的决心，加快推动经济结构调整和增长方式转变，不断增强浙江经济的综合实力和国际竞争力。抓住科技创新和实施品牌战略两个重点，加快区域创新体系建设，提高自主创新能力，全面提升产业层次、企业素质和产品附加值，增强区域特色经济的竞争优势。加快推进生态省建设，十分重视建设资源节约型社会，积极发展循环经济，着眼于以最小的资源环境成本获取最大的经济效益。在新一轮改革中，政府自身改革成为全面深化改革的中心，主抓手就是通过减权、减钱、减事的思路，建成"四张清单一张网"，实现以行政审批制度改革为核心，减少政府干预市场的权力和领域，为市场保留足够的动力与活力；以扩大一般转移性支付为核心，保障财政资金能高效用好，用到刀刃上；以深化事业单位改革为核心，建构以社会组织为主体的经济社会治理机制与结构，努力建设"两富""两美"浙江。

（2）正确处理关系改革发展全局的重大问题，努力构建社会主义和谐社会。以"平安浙江"为抓手，在重大事项决策、领导干部的选拔任用等工作中不断扩大民主，想问题、做决策与群众同商共议，考虑群众意愿，真正增强为群众办实事、办好事的能力，使党的各项事业呈现出蓬勃发展之势。坚持以发展党内民主来调动全省党员的积极性、主动性、创造性，动员和组织全省人民依法管理国家和社会事务、经济和文化事业，不断提高自身的领导水平和执政水平。深入研究党内民主建设规律，按照科学执政、民主执政和依法执政的要求，改革和完善党的领导方式和执政方式、领导体制和工作机制，使党的组织以科学的思想、科学的制度、科学的方法为人民执好政、掌好权。

（3）建设文化大省，加强社会主义先进文化建设。2005 年 7 月，浙江省委召开了第十一届委员会第八次全体会议，通过了《中共浙江省委关于加快建设文化大省的决定》，提出经过较长时期的努力，使浙江成为教育、科技、卫生、体育事业等领域主要发展指标全国领先的文化大省。为此，要求各级党委、政府和领导干部要自觉把加快建设文化大省的工作摆上重要位置，把科学发展观和正确政绩观体现到加快建设文化大省的工作之中，大力弘扬社会主义核心价值观，在与时俱进的"浙江精神"基础上，进一步提炼浙江人的共同价值观，唱响增亮浙江的"最美现象"，努力提高领导和驾驭社会主义先进文化建设的能力与水平。

（4）建设"法治浙江"，提升党和政府的治理能力。2006 年 4 月，中共浙江省委召开了十一届十次全体（扩大）会议，通过了《中共浙江省委关于建设"法治浙江"的决定》，按照建设社会主义法治国家的总体要求，积极建设"法治浙江"，全面部署建设"法治浙江"的具体要求，深入推进依法治省各项工作。建设"法治浙江"，用法治思维、法治手段推动改革发展、确保政治稳定、引导社会和谐，把依法治理确定为党领导人民治理社会的基本方略，把依法执政确定为党治国理政的基本方式，就是建设社会主义法治国家在浙江的具体实践，就是各级党委、政府在依法行政中不断加强治理体系与治理能力现代化建设的具体实践，就是切实贯彻党的十八届四中全会决定精神的具体实践。

（5）建设"绿色浙江"，加强社会主义生态文明建设。以生态省建设为契机和突破口，打造"绿色浙江"，是党的十六大以来浙江省贯彻落实中央精神，实施可持续发展战略的具体行动。近十多年来，浙江的可持续发展能力不断增强，生态环境得到改善，资源利用效率显著提高，促进了人与自然的和谐，初步走上了生产发展、生活富裕、生态良好的文明发展的轨道。2014年5月，浙江省委作出《关于建设美丽浙江创造美好生活的决定》，高标准推进生态文明建设。"两美"浙江以"美丽乡村"建设规范为基础，以"五水共治"系列标准为突破口，探索建立由工作标准、管理标准和技术标准共同组成的美丽浙江建设标准体系，以先进标准引领产业结构、生产方式和生活方式的转变，在更高起点上推进全国生态文明示范区和美丽中国先行区建设。

（6）创新"两新"组织的活动机制与管理方式，加强基层党建工作。非公有制经济发展，是浙江的特色所在，非公有制经济创造的GDP占浙江的半壁江山；非公有制经济建设，也是党领导下的建设中国特色社会主义伟大事业的重要组成部分。浙江各级党组织不断加强非公有制经济组织的党建，切实解决非公有制经济党建中遇到的各种各样的问题。在民营企业中，配备或发展精明强干的党务工作者，结合企业实际抓好党员队伍建设，科学管理流动党员，发展条件成熟的私营企业主入党，有效开展党组织活动，认真贯彻党的路线、方针、政策，切实维护工人的合法权益。外资企业作为一种新的经济组织，在所有制形式、领导和管理体制、用工分配制度等方面与国有企业、乡镇企业都有一定区别，与民营企业也有一定区别，因而浙江区别对待，加强管理，创新活动方式和管理方式。社区党建，是党改进城市居民管理过程中出现的新情况，也是党的社会管理事业的一部分，因而，浙江社区党建以创特色、出活力为根本出发点，经过努力实践开创了新局面。随着许多新的社团组织不断出现，社团党建也是新的问题，浙江调动全省党员特别是从事社团党建工作的同志的积极性，深入研究，创新机制，形成了一整套行之有效的管理方法。

浙江的实践表明，只有把政治建设与中国特色社会主义事业紧密结合起来，才能开拓政治工作新局面，才能真正避免"空头政治""形式政治"的侵害，实质上保证人民当家作主，才能使浙江省委成为推进"八八战略"、构建"平安浙江"、建设文化大省、建设"法治浙江"的坚强领导核心。

三 把基层政治建设中的实践创新与制度建设有机统一起来

我国还处于社会主义初级阶段，经济、政治、文化、社会各个方面还很不发达，虽然社会主义民主的基本制度已经确立，但民主政治的社会基础还不坚实，民主的意识还很淡薄，民主的运行机制还很不健全。因此，扩大基层民主，保证人民群众依法管理自己的事情，创造自己的幸福生活，是社会主义民主最广泛的实践，也是发展社会主义民主的基础性工作。浙江省基层"草根式"的民主实践创新取得了许多成果，积累了许多经验。把基层"草根式"的民主实践创新与制度建设有机统一起来，不断推进基层治理实践的制度化、规范化、法制化，使人民群众在切身政治实践过程中增强对中国特色社会主义的道路自信、理论自信和制度自信，是浙江政治发展的一条重要经验。

党的领导、人民当家作主和依法治国的三位一体是中国特色社会主义民主政治的内在本质，人民民主是中国特色社会主义政治制度的根本目的，它保证了我国政治统治的合法性，保证了我国政治发展的合规律性和合目的性。浙江基层的民主实践创新必须坚持党的领导、人民当家作主和依法治国相统一的要求，不断改革和完善基层党组织的领导方式和执政方式，扩大社会主义基层民主，丰富基层民主的形式，保证人民群众依法直接行使民主权利，管理基层公共事务和公益事业，动态生成和完善了一系列符合实际的具体制度，增强了干部和群众的民主意识与民主习惯，夯实了中国特色社会主义基层民主的基础。

民主作为一种制度，其运行和落实需要有一系列的章典和规则。因此，依法办事、合规守序是民主自身的内在要求，是民主运行的自身规律。为了保证民主的正常有序并富有成效地运行，浙江在基层民主实践过程中始终强调要严格依法办事、依法行事，并在具体的实践中动态探索规则制度。以温岭的民主恳谈为例，民主恳谈活动必须严格依照《中华人民共和国宪法》《中华人民共和国村民委员会组织法》《中华人民共和国城市居民委员会组织法》《乡镇人民代表大会主席团组织条例》《中国共产党章程》《中国共产党基层组织工作条例》等有关法律、法规和章程办事，这是温岭民主恳谈的基本法律章典和法律依据。在遵循这些基本法律的基础上，各级组织还根据各地的实际和民主恳谈活动的实际情况，制定了如《村民议事规则》、村民会议公决制度等具体规则，使民主恳谈活动有法可依、有章可循。同时，还必须严格按规定的程序办事。如温岭市镇、村两级的民主恳谈会不定期地举办，群众自愿参加，与乡镇党委和政府、村党支部和村委会平等对话、沟通、交流、协商，其性质相当于一个决策咨询机构。镇民主听证会一般每季度召开一次，也可以根据需要随时召开，在每年度的镇人代会之前召开民主听证会，向群众通报有关年度发展计划、重要工程建设项目以及其他涉及人民切身利益的重要项目，这些已是乡镇人大的应有程序。村民议事会严格按《村民议事规则》执行等。总之，严格按相关法律和规定办事，是有效地促进温岭基层民主建设的顺利开展的重要制度保证。人民当家作主是民主恳谈的本质要求和内在内容，群众参与、群众管理、群众监督、服务群众是民主恳谈的核心内容，也是坚持党的领导和依法治国的基本内容；依法办事是温岭民主恳谈活动的制度保证，它保证了民主恳谈活动的规范化、制度化、程序化，使其规范有序地顺利进行。

制度建设源于民主实践，同时制度也随着民主实践的发展而不断修正与完善，这也大大增强了民主实践中的广大人民群众对中国特色社会主义的道路自信、理论自信、制度自信。首先，民主政治制度建设是符合社会发展的内在规律，符合时代发展的市场化、全球化、民主化趋势，符合社会主义基本原则与要求的，与按劳分配、共同富裕等原则和要求相一致。其次，基层的"草根式"民主实践不断生成、完善、推进了具体的民主政治制度的建立。特别是进入21世纪后的十多年来，改革与发展促进了全省经济水平快速发展、人民生活水平大幅提高、民主权利与日俱增、社会文化建设大步前行，源于实践探索符合实际需求的基层民主建设也取得良好实效。这些活生生的成就从理论和实践两方面体现了中国发展模式的优越性，体现了浙江政治发展的独特性，在浙江基层治理和民主实践过程中，人民群众对中国特色社会主义的认同度和自信度不断增强。

四 把决策权、执行权、监督权有机统一起来，强化民主监督在基层政治发展中的作用

保障人民知情权、参与权、表达权、监督权，是权力正确运行的重要保证。要确保决策权、执行权、监督权既相互制约又相互协调，确保国家机关按照法定权限和程序行使权力。加强党内监督、民主监督、法律监督、舆论监督，让人民监督权力，让权力在阳光下运行。

民主监督是权力监督体系的重要组成部分，是社会主义民主政治的重要内容，是人民当家作主权利的充分体现。从理论上讲，只有社会主义国家真正将权力复归于人民，使人民成为监督权利的拥有者和监督的主体，才能从根本上解决权力制约主体问题。在中国革命和建设事业中，中国共产党人根据具体国情和实际，不断探索建立健全富有自身特色的民主监督制度，并在实践探索中提炼出民主监督理论成果。21世纪以来，历届浙江省委一直高度重视民主监督，强调克服权力腐败问题，强调一切权力属于人民，人民有选举权、罢免权、参政权、议政权，强调通过民主监督的形式，将权力关进制度的笼子。

在基层民主政治的探索实践中，浙江省各地不断创新路径、渠道、方

式方法，诞生了诸如"民主恳谈会""后陈经验""八郑规程"等先进做法和经验，基层民主政治的建设与发展走在全国前列。当前，在城市社区，居委会、居民（代表）会议、协商议事会议等社会居民自治组织和居务公开、民主管理、民主决策、民主监督等各项制度不断完善；在农村，村民自治组织体系逐步健全，村务监督委员会、民主恳谈、民主听证等制度创新不断涌现。但相对而言，民主监督层面的创新在民主四个环节的创新系统中仍处于相对滞后的状态，探索民主决策权、执行权和监督权的有机统一，注重三者之间的协调平衡和相互制约，特别是强化民主监督在基层政治中的重要作用，成为推动基层民主政治发展和地方治理现代化的内在需要。

在实践过程中，浙江已逐步形成了四种具有代表性的村级民主监督形式，即全省普遍建立的村务公开监督小组和民主理财小组、天台县的廉情监督站、温岭市的村民代表监督委员会以及武义县后陈村的村务监督委员会。其中，武义县后陈村的村务监督委员会实现了对农村基层民主监督现状的革新，是农村基层民主监督机制成功探索的典范，已在全省推广。随着2009年底全省3万多个行政村全部建立"村务监督委员会"，这种监督主体形式实现了组织全覆盖。村务监督委员会的设立将村务监督机构与村两委的关系变为平行关系，实现了村务监督与村务管理的分离，村务监督委员会在村党支部的领导下直接实施对村委会的监督权，从而理顺了村级组织关系，形成了村党支部管方向、村委会抓执行、村务监督委员会抓审核监督的三位一体、各司其职、相互制约的运行机制，保障了村务监督委员会的地位和权力的落实。

完善基层民主监督机制，提高基层民主监督的水平与成效，是推动民主选举、民主决策、民主管理、民主监督四大环节走上均衡配套的发展道路的需要，既是区域民主政治发展的核心问题，也是我国基层自治与治理现代化进程中的重要内容。从浙江的实践看，它对于推进基层社会管理创新、推动基层群众工作、促进和谐乡村（社区）建设、推动基层反腐倡廉工作都具有重要现实意义。

五　坚持自上而下和自下而上的有机统一，在实践中切实贯彻党的群众路线

坚持自上而下与自下而上的辩证统一，就是坚持党的路线方针政策与坚持走群众路线的有机统一。所谓"自上而下"就是指党的路线方针政策自上而下逐级贯彻执行下去，最终变为群众实践的物质力量的过程；所谓"自下而上"就是将群众实践过程中种种有效的经验和出现的问题，逐级地向上传递，并且为决策者所采纳和重视，最终成为党的各项方针政策制定的现实依据的过程。党的群众路线本身也体现了其作为一种民主方式而将自上而下与自下而上有机结合的特征。从政治运行的角度看，坚持自上而下与自下而上的辩证统一是浙江政治实践的一条重要经验。

21世纪以来，浙江省的民主政治发展生动地体现了自上而下与自下而上的辩证统一：一方面，通过加强党的领导，推动民主政治建设的不断发展；另一方面，通过发动群众，依靠群众，尊重群众的创造力，为民主政治发展提供不竭动力。首先是放手发动群众，鼓励群众的创造热情，把党的路线、方针、政策转化为群众的内在本质力量，进而使精神力量转化为物质力量，使"上"和"下"内在统一。其次是总结群众实践的经验，甄别群众实践后果的正负面，积极引导群众，扶正抑邪，把"下"的行动统一到"上"的基本精神层面来。再次是坚持真理，顶住种种压力，积极保护群众的首创精神，从而使"上"的政策精神得到正确的贯彻，使"下"的活动与"上"的正确路线始终保持统一。

"一切为了群众，一切依靠群众，从群众中来，到群众中去"的群众路线是将我党将我国古代传统的"民本思想"、经典马克思主义群众观与我国的革命和建设实践相结合的产物。1943年6月，毛泽东在为中央起草的《关于领导方法的若干问题》一文中，从辩证唯物主义认识论的高度对作为党的领导方法的群众路线进行了精辟概括："在我党的一切实际工作中，凡属正确的领导，必须是从群众中来，到群众中去。这就是说，将群众的意见（分散的无系统的意见）集中起来（经过研究，化为集中的系统的意见），

又到群众中去作宣传解释，化为群众的意见，使群众坚持下去，见之于行动，并在群众行动中考验这些意见是否正确。然后再从群众中集中起来，再到群众中坚持下去。如此无限循环，一次比一次地更正确、更生动、更丰富。这就是马克思主义的认识论。"在《论联合政府》一文中，毛泽东还进一步阐述了党的群众路线的核心内容："我们共产党人区别于其他政党的又一个显著的标志，就是和最广大的人民群众取得最密切的联系。全心全意地为人民服务，一刻也不脱离群众；一切从人民的利益出发，而不是从个人或小集团的利益出发；向人民负责和向党的领导机关负责的一致性；这些就是我们的出发点。"此后，群众路线成为毛泽东思想三大"活的灵魂"之一，成为我党的根本政治路线和组织路线。

党的十八大召开以来，我们党对群众路线的认识有了进一步的提高和推进。十八届三中全会提出"社会主义协商民主是党的群众路线在政治领域的重要体现"的重要论断，这便明确将群众路线纳入了民主政治制度范畴，凸显了这一路线的政治意义和民主价值。也就是说，这一路线既是党的领导方式和决策方式，也是"党内民主和人民民主的运作形态和重要形式"①。"一切为了群众，一切依靠群众"，体现了人民群众的主体地位和党和国家的根本性质；"从群众中来，到群众中去"，是一种依靠群众、深入群众、为了群众的领导方式和决策方式，是一种上下互动、双向运行的民主形态。"它不仅强调广大群众主动的政治参与，而且强调领导者要主动深入群众，查民情，听民意，解民忧，与群众打成一片。"② 人民主体和主权在民的民主价值由此得以真实而广泛地体现。

因此，坚持自上而下和自下而上的有机统一，有利于实现民主基础上的集中和集中指导下的民主，既充分地发扬民主，又真实地实现民主。这种民主政治的运行方式，在维护个人合理利益的基础上，做到个人利益与集体利

---

① 《中共中央关于全面深化改革若干重大问题的决定》，中国共产党第十八届三中全会通过，2013 年 11 月 9～12 日。

② 刘靖北：《协商民主——党的群众路线在政治领域的重要体现》，人民网，http：//theory.people. com. cn/n/2013/1118/c40531－23574946. html，2013 年 11 月 18 日。

益、局部利益与整体利益、暂时利益与长远利益的有机统一，既避免了个人独断专行和官僚主义，又防止了极端民主化以及无政府状态。这不仅是党和政府的执政需要，也是中国的现实国情和基层政治的实际要求和客观反映，是公民享有知情权、参与权、表达权和监督权的客观需要。

六　把中国特色社会主义建设各方面的政治力量团结凝聚起来

党的十八大报告指出："统一战线是凝聚各方面力量，促进政党关系、民族关系、宗教关系、阶层关系、海内外同胞关系的和谐，夺取中国特色社会主义新胜利的重要法宝。"把中国特色社会主义建设各方面的政治力量团结凝聚起来，使各方政治力量同心同德同向同行，不断巩固执政基础是浙江政治发展的一条重要经验。

全面建设小康社会，构建社会主义和谐社会，需要包括统一战线各界人士在内的全省人民万众一心、共同奋斗。必须充分发挥统一战线凝聚人心、汇聚力量的独特优势，调动一切积极因素，把各党派、各团体、各民族、各阶层和各界人士的智慧与力量凝聚起来。浙江发挥统一战线参政议政、民主监督的政治优势，为促进"法治浙江"建设、发展社会主义民主政治作出新贡献；发挥统一战线人才荟萃、联系广泛的组织优势，为深入实施"八八战略"、促进浙江经济社会又好又快发展作出新贡献；发挥统一战线智力密集、内涵丰富的资源优势，为促进文化大省建设作出新贡献；发挥统一战线协调关系、化解矛盾的功能优势，为建设"平安浙江"、构建和谐社会作出新贡献。在实践中，浙江切实加强和改善党对统战工作的领导，不断提高领导统一战线工作的能力，建立健全统一战线工作的体制机制，认真抓好基层统战工作，加强统战部门和统战干部队伍建设，努力把浙江统战工作提高到一个新水平，不断促进浙江经济社会又好又快发展。

近年来，浙江省委、省政府认真贯彻落实习近平同志的指示精神，推动统一战线蓬勃发展、不断壮大。浙江是我国经济发展较快的省份，因而也是诸多新情况、新问题较早出现的省份。近年来，社会阶层构成发生深刻变化，由此带来社会价值观念多元化、利益需求多样化、利益差距扩大化等许多新情况新问题，对全省的统战工作提出了新要求。如社会阶层构成从传统结构向多元成分发展，工农阶级队伍发生变化和新社会阶层不断涌现，对进一步扩大党的群众基础、凝聚各方面的政治力量提出了新挑战；社会阶层思想意识多元多样多变，对加强社会成员的思想价值认同提出了新挑战。同时，社会阶层利益多元化导致社会矛盾复杂化，导致的社会结构变迁，对建立与之相适应的统战体系提出了新挑战。

新社会阶层主要由非公有制经济人士和自由择业的知识分子组成，是完善社会主义市场经济体制和推动经济社会发展的一支新兴力量，近年来呈现出快速壮大的态势。因此，广泛团结新社会阶层人士，最大限度地把他们团结在党的周围，充分发挥他们的作用，将新社会阶层作为统战工作新的着力点，既是新世纪新阶段全省统一战线的重要任务，也是全省政治发展的重点与亮点。

总之，浙江各级党组织、统战部门和统一战线广大成员，切实把思想统一到中央的部署和要求上来，深刻理解和把握新世纪新阶段统一战线工作的重要地位和作用，深刻理解和把握在构建社会主义和谐社会中统战工作要正确处理好政党关系、民族关系、宗教关系、阶层关系、海内外同胞关系等五大关系，深刻理解和把握新形势新任务对统战工作提出的新要求，把新世纪新阶段浙江统一战线建设成为具有强大凝聚力和可持续发展的统一战线，为浙江基本实现全面小康社会目标提供广泛而强大的力量支持和可靠的政治保证。

第三节　浙江政治发展的有益启示

十多年来，浙江的政治发展取得了较大的成就，积累了许多经验，但在实践中也遇到了很多新情况、新问题、新矛盾。正确认识和梳理这些前进中的问题与矛盾，我们可以从中收获许多有益启示。在新的实践和新的发展中，我们必须以党的十八大，党的十八届三中、四中全会为指针，把握政治发展的正确方向，明确政治建设的目标任务，促进社会公平、确保社会稳定、提升执政能力、加快职能转变、以法治化推进执政的科学化民主化、唱响社会主义主流意识形态旋律，不断在实践中夯实和拓展中国特色社会主义政治发展道路。

一 把促进社会公平作为政治发展的重要任务，确保全体人民共享改革发展成果

"公平正义是中国特色社会主义的内在要求。要在全体人民共同奋斗、经济社会发展的基础上，加紧建设对保障社会公平正义具有重大作用的制度，逐步建立以权利公平、机会公平、规则公平为主要内容的社会公平保障体系，努力营造公平的社会环境，保证人民平等参与、平等发展权利。""共同富裕是中国特色社会主义的根本原则。要坚持社会主义基本经济制度和分配制度，调整国民收入分配格局，加大再分配调节力度，着力解决收入分配差距较大问题，使发展成果更多更公平惠及全体人民，朝着共同富裕方向稳步前进。"党的十八大报告明确要求，新的历史条件下夺取中国特色社会主义新胜利，必须牢牢把握"坚持维护社会公平正义"和"坚持走共同富裕道路"的基本要求，并使之成为全党全国各族人民的共同信念。

当前，社会经济发展中的突出问题是发展的不平衡。城乡二元分割、贫富差距扩大、社会事业滞后等问题越来越严重地制约着经济的可持续发展。日益扩大的城乡不公、区域不公、收入不公等社会不公不仅危及未来的经济增长，还会激化社会矛盾，影响社会稳定，影响人们对改革开放的认同，甚至会动摇人们对党和政府的信任，削弱执政基础。为此，必须以科学发展观为指导，对改革重心进行全面调整，从以往重视以 GDP 增长为核心的经济优先发展论转向社会均衡发展论，把落实以人为本，促进社会公平作为政治发展的基本内容和支撑，保障全体人民共享改革发展成果。

促进社会公平，政府必须加快职能转变，从发展型政府转向服务型政府，从单纯追求经济发展转变为经济、社会、环境等方面的共同发展，强化社会管理和公共服务职能，更多地承担起维护社会公平的责任。社会公正的实现离不开政府的干预，市场是讲效率的，但对于公正或平等却是盲目的。因此，

政府应将其职能真正集中到建构和维护社会公平的秩序上来，承担起捍卫社会公平，合理地干预与调控利益格局以及调整社会阶层分化的职责，将利益分化和阶层分化导入公正、有序、规范的轨道。当前的重点是要强化政府二次分配的调节作用，强化政府的公共服务职能，在协调经济发展和社会发展的同时，统筹兼顾社会各方面的利益，着力解决社会发展中的分化和失衡问题，让各个阶层的人尤其是弱势群体都能享受到社会经济繁荣与发展的成果。

二 充分发挥社会组织的利益表达和整合功能，确保社会和谐与政治稳定

在市场经济条件下，人民群众的利益不再是铁板一块，各种利益群体、社会组织和个人之间产生利益矛盾与冲突是不可避免的。这就要求党和政府充分发挥利益协调和整合的功能，实现好、维护好、发展好最广大人民的根本利益。从浙江的实践看，要实现利益整合的有效性，维护社会的政治稳定，重点是要做好三个方面的工作。

1. 积极创建和拓宽利益表达渠道

履行利益整合功能的前提是能够准确地把握公共利益，而公共利益的表达需要有通畅的表达渠道和形式。教育、医疗卫生、社会保障等社会事业，具有明显的公益性质，直接关系社会公众利益和福祉，直接关系社会公平和正义。群众对发展社会事业的需求，如不能及时准确地得以表达，就会使更多的群众选择体制外的表达，加深党群之间的隔阂，引发党群矛盾。因此，党和政府必须积极畅通和拓宽利益表达渠道，特别是要保证下岗职工、农村贫困人口、城市贫困居民和农民工等弱势群众的话语权，真心实意地帮他们解决实际问题。只有这样，我们才能及时准确地了解社情民意，才能使党的决策体现人民群众的意志和愿望，才能兼顾社会各阶层、各方面群众的利益，让发展的成果惠及全体人民，让惠民政策的成效真正体现到为群众解决民生难题上来，体现到实现和维护群众的切身利益上来。

2. 努力优化利益整合机制，发挥政策的调控作用

利益整合和利益表达相联系，是同一过程的两个侧面。利益表达是利益

整合的前提和基础，利益整合则是把不同群体的利益要求集中起来，通过提炼、简化和综合使之成为社会各个阶级、阶层和集团共同接受的政策主张。民生问题是事关群众切身利益的问题，也是群众迫切需要解决的现实问题。这就要求党在政策制定过程中找出、找准群众生产生活中反映最强烈、最不满意、最迫切要求解决的民生问题。要以民主方式为基本的整合途径，尽可能平等地分配权利和义务，保障每个社会成员都享有平等的国民待遇，获得基本的生存权和发展权。要从政策上进一步调整国民收入分配结构，切实增加对社会建设的投入，为加快社会事业发展提供更多、更有力的支持。同时，又要注意向农村、困难地区和弱势群体倾斜，努力改变公共服务设施分布不合理的现状。要充分发挥党的利益整合功能，在不断增加公共产品和公共服务的供给的同时，减轻群众在教育、医疗、住房等方面的支出负担。要综合运用经济、法律和行政手段，建立促进公平与正义的利益调节与整合机制，逐步提高劳动报酬在初次分配中的比重，创造条件让更多群众拥有财产性收入。

3. 充分发挥社团组织在化解社会矛盾中的作用

受传统社会主义模式的影响，我们的很多社会组织和团体具有国家组织和社会组织的双重身份，是双重利益的代表，对政府的依赖性大。这样的身份，使这些社会团体和组织难以对政府的决策形成实质性的影响。有序的政治发展，要求必须把各种不同利益群体的诉求容纳在现行体制的框架内，使利益诉求及社会冲突以制度化方式被容纳、化解。为使这些利益表达有序化、法制化，就必须大力扶持能够代表社会各阶层利益的社会团体，发挥其在利益表达和整合方面的积极作用，有效地动员社会力量和社会资本实行社会整合，真正把政府从那些不该管、管不了、管不好的事情中解放出来。

三　完善公民有序参与机制，不断改进党和政府的治理方式

党的十八大报告指出，在加快完善社会主义市场经济体制的同时，必须"加快推进社会主义民主政治制度化、规范化、程序化，从各层次各领域扩大公民有序政治参与，实现国家各项工作法治化"。

公民参与扩大化是现代化的必然结果。在公民参与扩大化的情势下，政

府必须有能力、有渠道吸纳公民参与的需求，对公民参与进行正确的引导和规范。如果公民参与机制不健全，缺乏通畅的合法参与途径，非法的或非正常的公民参与就会大量出现，公民参与就会失去控制，危害社会的正常秩序，甚至演变为破坏国家政权的政治危机。扩大公民有序参与，畅通公民利益表达渠道，可以将公民的利益要求及时全面地传递到决策中心，使公共政策能兼顾社会各方面的利益，可以通过政治协商和利益协调，增进不同社会群体和阶层之间的相互了解，以合理合法的形式解决利益纠纷和冲突。

建立完善的公民参与机制，必须加强法制建设，完善参与权利的法律建设，对参与权利赋予法律保障。我国现行法律对公民的参政权虽有相应的规定，然而由于其过于笼统，程序保障缺位，可操作性不强，还有待于进一步的完善。要尽快改变这种情况，就应抓紧落实有关公民权利的立法和其他有利于扩大公民政治参与的立法。加强公民参与的法律制度建设，一方面有利于保护公民个人权利，为公民参与提供制度保障，从而保证公民参与的权利与渠道的畅通，促进民主的发展进程；另一方面有利于规范公民的参与行为，使参与朝着有序的方向发展，营造稳定祥和的社会环境。当前，可以先行制定公民参与的程序法，把每个参与渠道的具体参与环节用法规的形式确立下来，并加以保障。通过法律的规范，让公民选择正确的参与渠道，避免出现占用参与资源或参与资源利用不足的情形。

建立完善的公民参与机制，必须进一步完善政务公开和信息公开制度，扩大公民的知情权。知情权是公民基本的政治权利，坚持信息公开制度，保障公民的知情权，是公民有序政治参与的前提条件，也是建设社会主义政治文明的基础工作。列宁曾说过，没有公开性而来谈民主是很可笑的。在社会主义政治文明建设中，要切实保障和扩大公民的知情权，鼓励公民了解政治决策的过程，调动公民参与国家政治生活的积极性。当前，不但要坚持和完善政务公开、厂务公开、村务公开等办事公开制度，保证基层群众依法行使选举权、知情权、参与权、监督权等民主权利，而且要在人大、政府、司法机关建立健全各种形式的信息公开制度，充分满足公民的知情权。

建立完善的公民有序参与机制，必须进一步完善公民决策参与机制，强化党和政府的利益整合功能，提高党的执政权威。在政策制定前，要健全公民的利益表达机制，拓宽公民利益表达渠道，以利于公民的利益要求及时全面地传递到决策中心。同时要减少公民参政渠道的中间环节，缩短公民表达的利益需求信息传递到决策中枢系统的距离，避免利益需求信息在传递过程中的损失；在政策制定过程中，要发挥公民团体和咨询机构的作用，在决策过程中要充分酝酿、协商讨论、广泛磋商，以利于更好地沟通、协调、整合各阶层和群体的利益，化解社会矛盾。

建立完善的公民有序参与机制，必须健全监督制度，保证公民的监督权。要建立结构合理、配置科学、程序严密、制约有效的权力运行机制，改革和完善权力监督体系，加强对权力的监督与制约，确保公共权力真正为人民、为社会谋福利。公民的监督权是宪法赋予公民的政治权利。公民享有和行使监督权是公民有序参与政治的重要方面，它有利于克服官僚主义和不正之风，提高工作效率，有利于维护国家利益和公民的合法权益。事实说明，权力失去制约和监督，必然导致滥用和腐败。因此，必须进一步健全和完善公民批评制度、建议制度、控告制度、检举制度、公益诉讼制度、信访制度等体现公民的监督权和公民有序参与政治的监督机制，使其发挥出应有的作用。各级国家机关要积极拓宽公民要求参与政治的渠道，自觉接受人民群众的监督，实质而不是形式地对人民负责。

四　加快服务型政府建设，不断推进行政民主

行政体制改革是推动上层建筑适应经济基础的必然要求。要按照建立中国特色社会主义行政体制目标，深入推进政企分开、政资分开、政事分开、政社分开，建设职能科学、结构优化、廉洁高效、人民满意的服务型政府。党的十八大要求进一步深化行政审批制度改革，继续简政放权，推动政府职能向创造良好发展环境、提供优质公共服务、维护社会公平正义转变；稳步推进大部门制改革，健全部门职责体系；优化行政层级和行政区划设置，有条件的地方可探索省直接管理县（市）改革，深化乡镇行政体制改革；创新行政管理方式，提高政府公信力和执行力，推进政府绩效管理；严格控制

机构编制，减少领导职数，降低行政成本；推进事业单位分类改革。完善体制改革协调机制，统筹规划和协调重大改革。

由于民营经济的快速、持续、健康发展以及在此基础上公民权利意识的不断增强，社会公众要求直接参与公共事务管理的呼声和要求日益高涨，浙江各级政府以理性、务实的态度，因势利导，积极探索如何通过在行政过程中构建供民众参与的平台，提高政府决策的合法性和政策执行的有效性。行政民主的不断推进和深化，成为浙江政府治理改革中的一大特色。

行政民主是在基层民主基础上具有治理意义的民主，是实现人民民主的重要形式。它突破了西方民主局限于选举民主的狭隘观念，将民主发展的重心从竞争性民主转向参与性、协商性民主，从选举民主转向治理民主（后选举民主)①，突出了人民对于社会公共事务的直接参与，是符合中国国情、具有丰富发展潜能的民主形式，是中国特色社会主义民主政治大有可为的重点领域。

推进行政民主，关键是要真正实现由管制型政府向服务型政府的转变，加快建设"以服务社会和公民为本位"、以"有限、责任、法治、高效、廉洁"为内涵的服务型政府。服务型政府是社会主义市场经济条件下政府管理的目标模式。从内容上讲，服务型政府就是要以人为本，保障和实现人的基本权利，重点解决各种民生问题，完善公共服务与社会政策体系；同时，创新政府管理方式，寓管理于服务之中，更好地为基层、企业和社会公众服务。建设服务型政府必然要求将民主的精神贯彻落实到政府管理活动中去，以行政民主推动社会主义民主政治发展。

建设服务型政府，必须进一步强化公共服务理念，建设负责任的服务型政府。服务型政府要求政府的定位必须紧扣"服务"二字，公共服务应该是公民需求的反映，而不是政府的需求或者是强势利益集团需求的反映。服务社会、服务公众的理念要成为政府工作的根本宗旨，寓管理于服务中，为

---

① 参见何显明《顺势而为：浙江地方政府创新实践的演进逻辑》，浙江大学出版社，2008，第 339 页。

企业发展创造良好、公平的竞争环境，为公民提供快捷、完善的公共服务。服务型政府是责任政府，相对管制型政府而言，服务型政府更加强调民主责任和法治秩序，要求政府在提供服务时必须对服务对象负责，要求政府既是秩序的建立者，又是秩序的遵守者。

建设服务型政府，必须进一步创新政府运行机制，优化政府管理方式，提高政府服务效率。服务型政府的灵魂是提高政府服务的效率和质量，对行政行为方式、原则和程序进行规范性的约束。政府运行机制的创新，关键是优化政府流程，在理顺各种权责关系的基础上，重新设计和安排行政管理过程和办事程序，规范运行程序，提高管理效能。同时，要促进行政技术革新，加快电子政务建设，运用现代信息技术手段，对政府动作方式和业务流程改造，通过互联网将管理与服务进行集成，打破时间、空间和部门分割的限制，为政府提供公共服务构建技术平台。

五 以法治化推进执政的科学化、民主化，不断提升依法执政的能力

法治是民主的根本保障，民主规则和程序的遵守离不开法治，民主成果的巩固也离不开法治，只有在法治的轨道上，民主才能有效而顺利地运行。浙江政治发展取得的一条重要启示就是以法治化推动民主化，不断在实践中推进民主的制度化、法律化，因此，浙江民主政治的进一步发展仍然需要在法治的基础上有序推进执政的科学化、民主化。

强化各级领导干部和政府官员的法治观念，提高依法执政和依法行政的能力。法治，不仅意味着依法治"民"，更意味着依法治"官"、依法治"权"。由于传统思维的惯性作用，"法律工具主义"还影响着某些人的思维，他们把法律视作政府管制社会和人民群众的工具，淡化对公民权利的保护，忽视对政府权力的控制。这显然违背了法治的要求，不利于法治的建设，必须进一步加强依法执政、依宪执政的教育和培训。

加强对政府规范性文件的备案审查。实践中，俗称"红头文件"的各种规范性文件大量存在，其制定程序和质量保障机制无法与严格的地方立法程序相统一，所以，规范性文件的违法甚至违宪的情形并不少见，加强规范

性文件的备案审查势在必行。县级以上地方各级人大常委会所实施的备案审查制度，对于纠正规范性文件中的违法甚至违宪情形起到了一定的监管作用，今后应当通过机制和制度建设切实增强其实效性和审查力度，以真正实现其保障规范性文件合法、合宪的定位，维护国家法制统一。

推动公民参与行政的法制化建设。目前，我国公民参与行政已实现了多样化、多渠道的参与，有了相应的制度建设，如听证制度、信息公开制度等，但也存在较多不足，其中一个突出的问题就是法制化保障不够，公民参与行政的规定往往流于形式，因而必须进一步完善现有的制度，强化法律约束。

促进重大行政决策的基本程序法定化，以法定化推进决策的民主化、科学化。重大行政决策的基本程序一般应当包括如下步骤：决策调研→决策规划→征求意见（听证等）→可行性论证→合法性审查→审议审批→公布备案。对于这些基本程序要素，应该通过明确的制度加以规范。

创新社会矛盾化解机制，积极引导普通民商事纠纷进入法律救济渠道。各级政府在处理和化解社会矛盾时应当克服"泛行政化"和包办思维，对一些不是由政府行为引起的普通民商事纠纷，应当积极引导其进入法律救济渠道，而不能曲意迁就，更不能"用人民币解决人民内部矛盾"，否则会形成"大闹大实惠，小闹小实惠，不闹没实惠"的不良社会氛围。在需要政府介入解决的矛盾纠纷中，应当在处理过程中引入利益对抗方，依法公平解决各类矛盾。

切实加强行政程序的立法。一个国家或者一个地区的法治政府建设情况，很大程度上可以通过其行政程序立法情况来判断。当前，浙江在行政程序的实践中还存在不少问题：行政程序法治观念淡薄，在执法中重结果的合法性，轻过程的正当性；行政程序正当价值缺位，目前的行政程序规范大都由行政机关自己设计，因缺乏有效的监督，程序建设往往以便利行政机关为宗旨，相对人的程序权利"量"过小；行政程序保障机制软弱。由于现有行政程序规范缺乏足够的保障机制，是否被遵守时常取决于行政机关的自律能力，相对人法定的程序权利可能难以获得全面救济，等等。因此，研究制定科学合理的程序规则体系，以地方性法规或规章的形式对行政程序进行先行立法，将地方各级政府的主要行政行为均纳入制度化、规范化、程序化的轨道非常迫切。

六　引导和整合政治文化的发展，努力唱响主流意识形态和社会主义核心价值观的主旋律

社会转型的过程中，思想意识的多样化和思想文化的多元冲突是客观存在的，但是，我们不能无所作为，如果不加以调控和引导，多元文化的矛盾和冲突，不仅会造成社会道德的冲突或沦丧，破坏社会的凝聚与团结，而且会冲击、削弱主流意识形态的凝聚力和吸引力，边缘化乃至颠覆主流意识形态的地位，所以，我们必须加强主流意识形态的建设，整合和引导多元文化的发展，既重视对马克思主义理论体系中民主、自由、平等、公正等价值理念的发掘和弘扬，又重视对中国传统文化优秀资源的开发和创新。

加强主流意识形态建设，必须坚持和发展马克思主义，用不断发展的中国化的马克思主义来引导多元文化的发展，牢牢掌握马克思主义意识形态在思想文化领域的领导权。在意识形态建设上，要发挥主流意识形态的社会整合和引导功能，增强其吸引力和凝聚力，就必须彻底摒弃不符合时代要求的"左"倾观念和错误意识，与时俱进地创新和发展马克思主义意识形态。

马克思主义之所以是科学，就在于它是一个开放的体系，不断吸收人类创造的新的文明成果。以马克思主义为指导的当代中国主流意识形态不仅包括马列主义、毛泽东思想、邓小平理论、"三个代表"重要思想、科学发展观、习近平系列重要讲话精神等思想理论，也包括民主、自由、平等、公正等社会主义核心价值观。因此，加强意识形态建设必须结合时代的新常态，高度重视对社会主义核心价值理念的发掘和弘扬。

加强主流意识形态建设，必须重视对中国传统意识形态资源的开发和创新，汲取中国传统文化的精华。中国传统文化中包含着许多优秀的思想观念和价值取向，例如"国家兴亡，匹夫有责"的整体价值观，提倡仁爱、忠孝、勤劳、俭朴和自强不息的美德，重视家庭文化和教育，等等。这些是我

国传统文化中宝贵的精神遗产和财富。我们只能在新的历史条件下进行转化、发掘、传承，而不能中断、消解。总之，时代发展和形势变化要求主流意识形态必须与时俱进、开拓创新，这是增强马克思主义的说服力、吸引力、凝聚力和战斗力的关键，也是开放环境中社会主义意识形态发展的动力。

加强主流意识形态建设，必须在政治社会化过程中加大对主流意识形态的宣传引导。政治社会化具有传播政治文化、塑造政治角色、维系政治统治的重要功能，因而是一切政治体系维护并巩固其政治秩序所必需的任务。就完善政治社会化渠道、优化政治社会化过程而言，要加强对大众传播媒介的引导和控制，促成各种政治社会化机构之间的一致性。家庭、群体、社区、学校、工作单位以及大众传播媒介都是执行政治社会化的单元，要充分建设和利用各种政治象征设施和政治符号，如大力地、长期地进行教育场所和教育环境建设，在全国各地建立各种纪念馆、博物馆、国家公园、展览馆等，对公民特别是青少年进行政治社会化的教育，为传播主流意识形态和社会主义核心价值观创造良好的人文环境。

总之，构建治理体系和治理能力现代化，建设社会主义法治国家必须以更大的政治勇气和智慧，不失时机地深化重要领域改革，坚决破除一切妨碍科学发展的思想观念和体制机制弊端，构建系统完备、科学规范、运行有效的制度体系，使各方面制度更加成熟更加定型。浙江的政治发展取得了很大的成就，但在迈向治理体系、治理能力现代化和建设社会主义法治国家的征途上，还任重道远。在新的发展阶段，面对政治领域出现的新变化、新特点、新常态，我们必须因时制宜、因地制宜，不断加大改革的力度，持续推进浙江的政治发展。

参考文献

1. 胡锦涛：《坚定不移沿着中国特色社会主义道路前进，为全面建成小康社会而奋斗——在中国共产党第十八次全国代表大会上的报告》，人民出版社，2012。

2. 《中共中央关于全面深化改革若干重大问题的决定》，《人民日报》2013年11月16日。

3. 《中共中央关于全面推进依法治国若干重大问题的决定》，《人民日报》2014年10月29日。

4. 国务院新闻办公室、中央文献研究室、中国外文局编《习近平谈治国理政》，外文出版社，2014。

5. 《中国共产党第十八届中央委员会第三次全体会议文件汇编》，人民出版社，2014。

6. 中共中央文献研究室编《习近平关于全面深化改革论述摘编》，中央文献出版社，2014。

7. 中共中央宣传部编《习近平总书记系列重要讲话读本》，学习出版社、人民出版社，2014。

8. 习近平：《在首都各界纪念现行宪法公布施行30周年大会上的讲话》，《人民日报》2012年12月5日。

9. 习近平：《干在实处　走在前列——推进浙江新发展的思考与实践》，中共中央党校出版社，2006。

10. 习近平：《之江新语》，浙江人民出版社，2007。

11. 中共浙江省委理论学习中心组：《中国特色社会主义在浙江实践的重大理论成果》，《浙江日报》2014年4月4日。

12. 夏宝龙：《"八八战略"：为浙江现代化建设导航》，《求是》2013年第5期。

13. 《中共浙江省委关于建设"法治浙江"的决定》，《浙江日报》2006年5月8日。

14. 《人民政协重要文献选编》（上、中、下），中央文献出版社、中国文史出版社，2009。

15. 乔传秀、周国富主编《浙江政协工作创新案例：2012》，浙江人民出版社，2012。

16. 中共浙江省委统战部：《浙江统一战线年鉴（2006～2014）》，杭州出版社，2006～2014。

17. 中共浙江省委党史研究室编著《创业富民　创新强省：中共浙江省第十二次代表大会以来》，浙江人民出版社，2012。

18. 胡坚：《中国梦想　浙江实践》，《浙江日报》2013年12月20日。

19. 房宁、贠杰主编《浙江经验与中国发展：科学发展观与和谐社会建设在浙江（政府管理卷）》，社会科学文献出版社，2007。

20. 房宁：《民主的中国经验》，中国社会科学出版社，2013。

21. 张伟斌主编《2013年浙江发展报告（政治卷）》，浙江人民出版社，2013。

22. 张伟斌主编《2014年浙江发展报告（政治卷）》，浙江人民出版社，2014。

23. 浙江省社会科学院：《天下浙商》（七卷本），浙江教育出版社，2011。

24. 孙笑侠等：《先行法治化："法治浙江"三十年回顾与未来展望》，浙江大学出版社，2009。

25. 夏阿国、蓝蔚青等：《平安浙江——全面构建和谐社会》，浙江人民出版社，2006。

26. 陈国平、陈广胜、王京军：《政府转型看浙江》，浙江人民出版社，2008。

27. 何显明：《顺势而为：浙江地方政府创新实践的演进逻辑》，浙江大学出版社，2008。

28. 高建、佟德志主编《基层民主》，天津人民出版社，2010。

29. 陈剩勇、何包钢主编《协商民主的发展》，中国社会科学出版社，2006。

30. 郭竞成：《浙江社区的建设与发展（1949～2009）》，浙江工商大学出版社，2009。

31. 卢福营、应小丽：《村民自治发展中的地方创新：基于浙江经验的分析》，中国社会科学出版社，2012。

32. 吴锦良等：《走向现代治理：浙江民间组织崛起及社会治理的结构变迁》，浙江大学出版社，2008。

33. 马斌：《政府间关系：权力配置与地方治理——基于省、市、县政府间关系的研究》，浙江大学出版社，2009。

34. 负杰：《有限政府论：思想渊源与现实诉求》，《政治学研究》2005年第1期。

35. 余逊达：《浙江农村村民自治中监督制度的几种设计和安排及其启示》，载陈明明主编《复旦政治学评论》第9辑，上海人民出版社，2011。

36. 中央纪委研究室、中央纪委监察部廉政理论研究中心：《反腐败：权力制约和监督》，《中国监察》2011年第5期。

37. 江必新、刘润发：《强化权力运行制约和监督的实现路径》，《湖南社会科学》2014年第2期。

38. 马光明：《努力实现政府决策民主化、科学化和法制化》，《今日浙江》2009年第21期。

39. 郁建兴、徐越倩：《从发展型政府到公共服务型政府——以浙江省为个案》，《马克思主义与现实》2004年第5期。

40. 吴云法：《浙江省"省管县"财政体制分析》，《经济研究参考》2004年第86期。

41. 黄武：《科学立法 民主立法——浙江立法工作的创新实践》，《今日浙江》2011年第12期。

42. 卢福营、孙琼欢：《村务监督的制度创新及其绩效》，《社会科学》2006

年第 2 期。

43. 赵伟：《浙江经济"奇迹"遇到麻烦？——审视浙江模式之一》，《浙江经济》2009 年第 18 期。

44. 徐越倩、马斌：《强镇扩权与政府治理创新：动力、限度与路径》，《中共浙江省委党校学报》2012 年第 1 期。

45. 浙江省纪委：《浙江省着力推进廉政风险防控机制建设全覆盖》，《中国纪检监察报》2011 年 9 月 16 日。

46. 方力：《把权力关进制度笼子里》，《浙江日报》2014 年 1 月 6 日。

47. 陈东升、马岳君：《领导干部带头　形成示范效应——浙江省扎实推进领导干部学法用法》，《法制日报》2010 年 7 月 10 日。

48. 朱海兵：《建设法治中国的浙江实践》，《浙江日报》2014 年 10 月 13 日。

49. 廖小清：《拓宽公民有序参与立法途径》，《浙江日报》2014 年 12 月 1 日。

50. 马莉莉：《编织一张拒腐防变"安全网"》，《浙江日报》2004 年 11 月 24 日。

后　记

为深入落实党的十八大精神，学习贯彻习近平总书记系列重要讲话精神，中共浙江省委与中国社会科学院合作启动了"中国梦与浙江实践"重大课题研究工作。该课题设立七个研究小组，最终成果为"中国梦与浙江实践"丛书（七卷本）。政治卷作为丛书中的一卷，总结了"八八战略"实施十多年来浙江的政治发展与实践探索，深入研究习近平同志主政浙江期间的思想观点、丰硕成果，充分体现他带领省委一班人推进中国特色社会主义在浙江实践基础上形成的科学思想体系。全书在章节编排方面以十八大报告为依据，按照"坚持走中国特色社会主义政治发展道路和推进政治体制改革"中的七条内容设计了第一至第七章，并增加了导论和第八章作为全书的总体性引入与经验总结，确保本书逻辑上的体系完整。

该课题组中的政治组由中国社会科学院、浙江省社会科学院、浙江省政府研究室等多家单位的专家学者组建而成，中国社会科学院政治学研究所所长、研究员房宁任组长，浙江省社会科学院政治学研究所所长、研究员陈华兴任副组长，成员包括中国社会科学院政治学研究所行政管理学研究室主任贠杰、副研究员孙彩红，浙江省政府研究室社会发展处副处长马斌，浙江省社会科学院政治学研究所副研究员唐玉、法学研究所副研究员宋小海等。

2014年3月下旬，"中国梦与浙江实践"重大课题正式启动。浙江省委书记夏宝龙与中国社会科学院院长、党组书记王伟光对课题任务和工作安排进行总体部署和全局指导。4月上旬，政治组在浙江省社会科学院召开组建会议，确定小组人员与初步研究计划。紧接着，重大课题工作动员会、专题学习座谈会和编著大纲框架研讨等一系列研究活动也相继在杭州召开，浙江省委常委、宣传部部长葛慧君及省委宣传部常务副部长胡坚、浙江省社会科学院党委书记张伟斌对课题的重要性以及研究的思路、方案、步骤、人员等方面作重要指示。4月中旬，重大课题浙江方成员在杭州天元大厦封闭学习十八大精神和习近平同志的系列重要讲话，在小组讨论的基础上草拟分卷提纲，并听取了浙江省社会科学院领导的指导意见。此后，重大课题理论研讨会在杭州之江饭店召开，中国社会科学院副院长李培林就写作风格等问题作重要讲话，浙江省委宣传部常务副部长胡坚对调研安排进行了详细介绍。中国社会科学院与浙江省委宣传部、浙江省社会科学院进行小组工作对接，共同商定研究团队、课题框架与进度安排等事项。其间，政治组还与省人大、省政法委、台州市委政研室等相关对口单位代表进行了座谈，对全省政治发展的总体情况进行初步了解。

2014年4月至10月，政治组先后开展了两次大型调研活动和多次走访、座谈。调研组赴建德、富阳、温州、台州、宁波、舟山、杭州等多地进行实地访谈、调查。调研主题涉及政府职能转变、政府管理方式创新、干部人事制度改革、基层民主与协商民主、公民有序政治参与、权力监督、"法治浙江"建设等多个方面。调研对象包括建德"寿昌经验"、富阳"权力清单"等政府管理方式创新的做法与经验，乐清"人民听证"的实践与探索，浙江正泰集团"四结合"学习型班组的经验与成效，温州"市民监督团"、"利益回避"制度、"三社联动"治理机制等创新实践，台州民主恳谈会、"参与式预算"、人大代表工作站、政治协商、工资集体协商，舟山基层网格化管理，等等。通过一系列调研活动，政治组专家对浙江省省级层面的总体情况和各地政治发展的重大创新实践、成功经验等内容获得了全面把握和深入了解，为书稿的撰写工作搜集了大量一手资料，同时也就全书的编排撰写等事宜进行了充分交流。

2014年10月中旬，《中国梦与浙江实践·政治卷》的各章作者均完成初稿撰写工作，并提交政治组审稿小组审阅。中国社会科学院政治学研究所所长、《中国梦与浙江实践·政治卷》课题组组长房宁研究员对初稿给予了基本肯定，对下一阶段的统稿和修改工作提出了原则性指导意见。10月底，政治组审稿会议在杭州之江饭店召开，陈华兴副组长、中国社会科学院政治学研究所行政管理学研究室主任负杰研究员提出了相关审稿意见，强调修改工作要进一步突出浙江特色、深化主题的提炼，谋篇布局应更为紧凑，做到编排规范、统一，并分别就写作情况与各章作者进行了深入细致的一对一讨论，提出了具有针对性的修改建议。此后，《中国梦与浙江实践·政治卷》提交浙江省审稿小组，并于浙江省社会科学院召开重大课题审稿会议，审稿专家分别就各卷的写作情况和修改要求提出详细说明与指导。12月初，重大课题组在杭州白马湖建国饭店完成统稿工作。

在本卷的提纲设计、调查研究、撰写修改的工作中，我们得到了许多领导的指导、支持与帮助。他们是：浙江省委宣传部常务副部长胡坚、中国社会科学院政治学研究所研究员陈红太、浙江省政协副秘书长兼办公厅主任李火林、浙江省委党史研究室主任金延锋、浙江省人大常委会研究室副主任张国强、浙江省政协副秘书长盛世豪、浙江省社会科学院党委书记张伟斌、浙江省社会科学院院长迟全华、浙江省社会科学院副院长毛跃、中共浙江省委党校副校长马力宏、浙江省政法委政治部副主任周政华、浙江省社科联副主席邵清、浙江省社科联副主席陈先春、中国社会科学院政治学研究所行政管理学研究室副研究员樊鹏等，在此对他们表示诚挚的感谢。

同时，在调研过程中，我们也得到了各级党委、政府、其他相关部门、乡镇、社区等方方面面的大力支持与帮助。它们是：浙江省委、省人大常委会、省政府、省政协、省纪委、省委组织部、省政府研究室、省法制办、省民政厅、省总工会、省妇联等；杭州市委、市人大常委会、市政府、市纪委、市委组织部、市委政研室、市委政法委、市决咨委、市法制办、市民政局、市总工会以及江干区区委办、区政府办、区委组织部、区民政局、区农办、闸弄口街道、凯旋街道等；建德市委宣传部、市委组织部、寿昌镇等，富阳市委宣传部、市法制办、市行政服务中心、市纪委、市编办、市发改局等；温州市委宣传部、市委组织部、市委党校、市政法委、市人社局、市纪委、市政研室、市发改委、市民政局等；乐清市人大、市政协、市纪委、市委组织部、市民政局、市法工委、市教科文卫体工委、市质监局、柳市镇、正泰集团等；台州市人大、市政协、市委宣传部、市委组织部、市纪委、市委政法委、市委党校、市委政研室、市政府研究室、市民政局、市行政服务中心、市社科联、台州学院、黄岩区委等；温岭市人大、市政协、市委宣传部、市总工会、市委办政研室、泽国镇、新河镇等；宁波市委、市人大、市纪委、市委组织部、市委政法委、市委政研室、市委办、市法制办、市民政局、市行政审批管理办、市政府发展研究中心、市总工会、市社科院等；舟山市委、市人大、市政协、市纪委、市委组织部、市委政法委、市委政研室、市政府研究室、市民政局、普陀区委等相关单位及部门。在此一并对上述机构表示诚挚的感谢。

全书撰写工作由十余位专家同人合作完成，由房宁、陈华兴、贠杰统稿，唐玉、孙彩红协助统稿并完成后期文字工作。限于我们的水平，书中难免有许多不当之处，敬请广大领导、同人批评指正。

政治卷各章作者分工如下：

导论，房宁、贠杰（中国社会科学院）；

第一章，申艳国、吴江、邹绍平、樊鹏等（浙江省人大）；

第二章，叶良（浙江省政协研究室）；

第三章，唐玉（浙江省社会科学院）；

第四章，宋小海（浙江省社会科学院）；

第五章，马斌（浙江省政府研究室）；

第六章，孙彩红（中国社会科学院）；

第七章，许军（浙江省委统战部）；

第八章，陈华兴（浙江省社会科学院）。

《中国梦与浙江实践·政治卷》课题组

2014 年 12 月 8 日

图书在版编目（CIP）数据

中国梦与浙江实践. 政治卷/房宁主编. —北京：社会科学文献
出版社，2015.8
ISBN 978 - 7 - 5097 - 7662 - 9

Ⅰ.①中…　Ⅱ.①房…　Ⅲ.①社会主义建设成就 - 浙江省
②政治建设 - 研究 - 浙江省　Ⅳ.①D619.55

中国版本图书馆 CIP 数据核字（2015）第 147297 号

中国梦与浙江实践·政治卷

主　　编/房　宁
副 主 编/陈华兴　贠　杰

出 版 人/谢寿光
项目统筹/王　绯　曹义恒
责任编辑/贾宏宾　刘　荣

出　　版/社会科学文献出版社·社会政法分社（010）59367156
　　　　　地址：北京市北三环中路甲 29 号院华龙大厦　邮编：100029
　　　　　网址：www. ssap. com. cn
发　　行/市场营销中心（010）59367081　　59367090
　　　　　读者服务中心（010）59367028
印　　装/三河市尚艺印装有限公司

规　　格/开　本：787mm × 1092mm　1/16
　　　　　印　张：21.25　字　数：323 千字
版　　次/2015 年 8 月第 1 版　2015 年 8 月第 1 次印刷
书　　号/ISBN 978 - 7 - 5097 - 7662 - 9
定　　价/68.00 元